Komm mit ins Land der Fantasie

Das große Vorlesebuch

Mit Bildern von Dorothée Böhlke,
Stéffie Becker und Kai Schüttler

ellermann im Dressler Verlag GmbH · Hamburg
Zeitverlag Gerd Bucerius GmbH & Co. KG

Vorwort

Liebe Vorleserinnen und Vorleser,

Kinder lieben Vorlesen. Das wissen Sie aus eigener Erfahrung – und das bestätigt auch die Vorlesestudie der Stiftung Lesen, der Wochenzeitung DIE ZEIT und der Deutsche Bahn Stiftung. Kinder schätzen das Vorlesen, weil es so gemütlich ist, weil sich Zeit für sie genommen wird und weil sie dabei in spannende Geschichten eintauchen können. Das Entdecken neuer Welten erfordert Neugier und manchmal auch ein bisschen Mut. Aber wer sich an eine vertraute Schulter lehnen kann und vorgelesen bekommt, braucht sich vor nichts zu fürchten!

Kinder können nie genug vom Vorlesen bekommen. Fast jedes dritte Kind wünscht sich, dass dies noch öfter geschieht. Eltern, Großeltern, Erzieherinnen und Erzieher kommen diesem Wunsch gerne nach, auch weil sie um die große Bedeutung des Vorlesens für die Zukunft ihrer Kinder wissen: Kinder, denen vorgelesen wird, haben einen größeren Wortschatz, werden später oftmals selbst zu Lesern und haben damit grundsätzlich bessere Bildungschancen. Um ein Zeichen für das Vorlesen zu setzen, initiieren die Stiftung Lesen, DIE ZEIT und die Deutsche Bahn Stiftung bereits seit 15 Jahren den Bundesweiten Vorlesetag: Am dritten Freitag im November lesen jedes Jahr überall im ganzen Land passionierte und engagierte Erwachsene Kindern Geschichten vor.

Die Wahl der richtigen Geschichte fällt manchen schwer: Was gefällt meinem Kind? Welches Buch passt zu welchem Alter? Mit unserem neuen Vorlesebuch *Komm mit ins Land der Fantasie* haben wir 37 Geschichten zum Vorlesen für Kinder von 4 bis 7 Jahren zusammengestellt, mit denen wir Ihnen die Auswahl erleichtern wollen. Viele der Geschichten wurden eigens für dieses Buch geschrieben, aber auch einige Klassiker der Kinderliteratur sind darunter. Neben alten Bekannten wie »Rosannas großer Bruder« von Cornelia Funke oder Janoschs »Die Fiedelgrille und der Maulwurf« lernen Sie also auch neue Freunde kennen: Mit Mister Tiger und Edgar Kläff werden Sie sicher genauso viel Spaß haben wie mit dem Schlafschaf Smilla oder den Maistussis. Ob Tiergeschichten, Lachgeschichten oder die klassische Gutenachtgeschichte – hier ist für jeden Kindergeschmack etwas dabei.

Wir wünschen Ihnen viel Freude beim Vorlesen!

Dr. Rainer Esser,
Geschäftsführer DIE ZEIT

Dr. Richard Lutz,
Vorstandsvorsitzender Deutsche
Bahn AG und Beiratsvorsitzender
Deutsche Bahn Stiftung GmbH

Dr. Jörg F. Maas,
Geschäftsführer Stiftung Lesen

Julia Bielenberg,
Verlegerin Verlagsgruppe Oetinger

Inhaltsverzeichnis

Familiengeschichten

illustriert von Dorothée Böhlke

Freundschaftsgeschichten

illustriert von Kai Schüttler

Fantasiegeschichten

illustriert von Stéffie Becker

Tiergeschichten

illustriert von Stéffie Becker

Lachgeschichten

illustriert von Kai Schüttler

Gutenachtgeschichten

illustriert von Dorothée Böhlke

Familiengeschichten

Der Honig tropft, mein Bruder kleckert,
und Mama fragt, wer Müsli mag.
Ich gähne laut, und Papa meckert.
Wir starten fröhlich in den Tag.

Elisabeth Zöller

Sonntagspapa

Paula lebt mit ihrer Mama zusammen. Sie hat ein eigenes Zimmer und ein Puppenhaus. Sie hat eine Freundin und ihren Kuschelbären. Sie hat eine Mama, aber sie hat keinen Papa.

»Wir brauchen keinen Papa«, sagt Mama immer.

Manchmal wird Mama ganz schön sauer. Besonders, wenn Paula ihr vorschlägt, dass sie sich doch einen Papa suchen könnten. Einmal hat Paula einen ganz tollen Papa gesehen. Aber Mama hat zum tausendsten Mal gesagt: »Wir brauchen keinen Papa«, hat ein bisschen mit Paula herumgemeckert und ist in ihrem Zimmer verschwunden. Bums, Tür zu.

Eigentlich findet Paula es auch alles gut so, denn sie verstehen sich prima, Paula und Mama, und machen es sich oft sehr, sehr schön.

Nur manchmal träumt Paula doch von einem Papa. Eine Mama ist eben kein Papa. Und wenn es nur so ein Fernsehpapa wäre, wie Jule den hat, der zu Hause immer in den Fernseher guckt. Oder ein Fußballpapa, der fast noch den Fußball mit ins Bett nimmt. Oder wenigstens ein Sonntagspapa, wie Anna den hat, der ist nur am Wochenende da.

Traumpapas gibt es nicht in echt, das weiß Paula.
Aber einem Papa könnte man wenigstens mal einen Gutenachtkuss auf die Stachelbacke drücken
und mit ihm schmusen. Oder der Papa würde Paula
in den Arm nehmen und dabei brummen wie ein
Bär.

An einem Mittag, als Mama noch im
Gericht ist bei der Arbeit, hat Paula eine
Idee. »Ich mal mir einfach einen Papa!«,
ruft sie. »Ich mal mir einen Papa und
pinn ihn an die Wand.« Sie holt sich
Buntstifte und Papier und malt:
einen tollen Papa, einen Traum-
papa. Einen mit braunen Locken
und einem großen, schönen Gesicht. Die Nase ist ein bisschen
groß und ein bisschen klein.
Und einen Lachmund hat er.
Aber der lacht nur auf einer
Seite. Denn Papas lachen
nicht immer. Das weiß Paula.
Er bekommt noch eine Fliege
und große, schöne Lauscher-
ohren. Dann kann sie ihm ganz

viel erzählen. Paula findet ihren Papa schön und pinnt ihn an die Wand.
Aber was wird Mama sagen? Paula überlegt eine Weile und klebt den Papa
dann doch lieber von innen an ihren Schrank, wo Mama ihn nicht sehen
kann. Jetzt hat sie einen Geheimpapa. Am liebsten würde sie ihrer Freundin
Marie davon erzählen oder ihrer Lehrerin. Aber sie verrät nichts. Geheim ist
geheim.

In letzter Zeit ist Mama auf einmal ganz anders! Immer macht sie sich schön, viel schöner als früher. Und wenn Mama und Paula ihre Kuschelstunde haben, lacht Mama viel mehr als früher.

»Weißt du«, sagt Mama, »weißt du, ich hab einen Freund.«

Da schreit Paula: »Wir brauchen keinen Papa, echt nicht. Brauchen wir nicht. Und ich will auch gar keinen Papa!« Und sie rennt in ihr Zimmer. Bums, Tür zu.

Am nächsten Sonntag sagt Mama: »Heute kommt mein Freund mal zu Besuch.«

»Jö«, murmelt Paula, dabei würde sie am liebsten Nein sagen. Und dann wartet sie. Wartet. Da kommen Schritte. Schritte, die Paula nicht kennt.

Paula macht die Tür auf – ein bisschen. Da kommt er.

Der sieht überhaupt nicht aus wie ihr Geheimpapa.

So blonde glatte Haare hat der und eine Halbglatze. Spaghettihaare, denkt Paula, und Spaghettihaare mag Paula nicht. Und er hat eine kleine, dicke Nase und ein Gesicht so rund wie ein Mond. Mondkopp, denkt Paula, und Mondköppe mag Paula nicht. Jetzt streckt er Paula seine Wurstfinger entgegen, die wollen ihre Hand schütteln. »Guten Tag, Paula.«

So einen will sie nicht, und sie rennt in ihr Zimmer. Bums, Tür zu. Sie hängt ein Schild an die Tür: »Eintritt strengstens verboten!«

Dann denkt sie nach. Ist ja klar, sie ist jetzt Luft. Ab jetzt ist Sonntag Mondkopptag, denn der wird jetzt bestimmt immer kommen, der olle Mondkopp.

Und dann baut Paula einen Wall hinter die Tür, einen Wall aus Federbett und Kissen, damit nie wieder einer hereinkommen kann. Vor allem nicht der Mondkopp! Und dahinter baut sie eine Mauer aus ihrem Tisch und den Stühlen, damit sie für immer allein bleiben kann. Auch die Wurstfinger sollen hier nicht herein. Und hinter die Mauer stellt sie das Puppenhaus und die Kasperlbühne und wirft all ihre Kleider drüber, damit keiner, keiner mehr durchkommt zu ihr. Besonders nicht der Mondkopp. Und sie wird immer wütender und der Berg immer höher.

Vor die Heizung unter dem Fenster baut sie sich eine Höhle. Da will sie bleiben. Paula allein.

Und als sie dann allein in ihrer Höhle sitzt, da kann Paula plötzlich ihr Herz pochen hören. Und ihre Tränen kann sie fühlen, die auf einmal kullern. Und plötzlich kommt alles, was in ihr drinnen ist, aus ihr raus. Das Bild von ihrem geheimen Papa. Und von Mama und ihr, wie sie sonntags immer gemütlich kuscheln und sich Geschichten erzählen. Bilder vom Kastaniensammeln in der Kastanienallee. Auch ihre Lehrerin ist da und Marie, ihre beste Freundin, und der blöde Nachbarsjunge, der immer die Zunge rausstreckt. In Paula ist es wie in einem großen Buch. – Aber das Buch macht sie jetzt zu. Es soll keiner mehr hinein, vor allem nicht das blöde Mondgesicht.

Sie sitzt lange. Bestimmt zehn Stunden! Es ist dunkel geworden, und sie kann kaum noch ihre Finger sehen. Und sie hat Hunger.

Die essen jetzt zu Abend, denkt sie, ganz fein und allein. Ihr Sonntagslieblingsessen, was sie mit Mama gekauft hat. Die brauchen sie nicht.

Da kommen Schritte – und gehen. Wieder Schritte – es klopft. Jemand drückt gegen die Tür. Aber Paulas Schutzwall ist davor. Licht fällt durch den Türspalt.

»Ich will keinen Papa.« Aber das flüstert Paula nur, sie hat Hunger, verflixten Hunger.

Jetzt guckt das Mondgesicht durch den Türspalt.

»Ich will keinen Papa«, sagt Paula laut und will etwas werfen. Doch da zwängt sich der Mondkopp durch die Tür, die Wurstfinger legen ganz langsam und vorsichtig das Federbett zur Seite.

Er lächelt, der Mondkopp. Er lächelt, und Paula hat Hunger und ist schon so lange allein.

»Ich will keinen Papa«, sagt Paula – doch jetzt sagt sie es ganz leise.

Der Mondkopp schiebt langsam den Tisch zur Seite, danach die Stühle.
Paula will etwas sagen – und tut es doch nicht. Sie schaut ihn nur an.

»Ich heiße Paul«, sagt der Mondkopp und hebt das Puppenhaus hoch. Er
kämpft sich weiter durch den hohen Berg, immer weiter zu Paula. Vorsichtig, langsam. Ein Teil nach dem andern. Dann ist er fast bei ihr – und lächelt
immer noch.

»Paul heißt du?«, fragt sie. »Ich heiße Paula. Das finde ich witzig.« Sie muss
lachen.

»Dann bist du ja fast mein Zwilling«, sagt er.

Aber er ist doch ein blöder Mondkopp, denkt sie und muss wieder lachen.

»Ich dachte, dass du mit uns essen könntest«, sagt er.

Paula kneift die Lippen zusammen.

»Ich will aber n…«

»Schade«, sagt er. »Dann machen
wir …«, sagt er und dreht sich
um. »Dann machen wir …«

»Was machen wir denn?«, fragt Paula. Doch da ist er weg, der Mondkopp. Und dann steht er wieder in der Tür und hat einen Korb in der Hand. »Das machen wir!«, ruft er und wirft ihre Picknickdecke auf den Boden, mitten ins Zimmer. »Wir machen ein Sonntagspicknick, denn Picknick machen ist das, was ich sonntags am allerliebsten tue.«

»Da sind wir ja schon wieder Zwillinge«, sagt Paula und lacht. »Picknick machen ist nämlich das, was ich am allerallerallerliebsten tue.«

»Besonders, wenn es Kartoffelsalat gibt!« Und er reicht ihr einen Teller.

»Und Würstchen!« Und sie gibt ihm ein Würstchen.

»An mich denkt ihr wohl gar nicht!« Mama hockt sich auch auf die Decke. Alle sitzen im Schneidersitz zusammen. Das ist schön, findet Paula.

Ein bisschen ist Paul zwar doch ein Mondkopp. Aber auch eine gute Stachelbacke oder ein gemütlicher Sonntagspapa. Ausprobieren kann sie das ja mal – vielleicht. Denn Traumpapas gibt's nicht in echt, das weiß sie.

Aber da hat sie den Mund schon voll mit Kartoffelsalat. Da kann sie nichts sagen. Echt nicht.

Cornelia Funke

Rosannas großer Bruder

Rosanna hatte einen Verehrer, der war der stärkste Junge in ihrer Klasse. Jeden Tag nach der Schule wartete er genau dort, wo Rosanna die Abkürzung durch die Wiesen nahm, und drohte, sie zu verhauen, wenn sie ihm nicht sofort und auf der Stelle einen Kuss gäbe – auf den Mund natürlich. Rosanna hatte weder Lust, diesen Flegel zu küssen, noch wollte sie auf ihre wunderbare Abkürzung verzichten.

Also sagte sie: »Verschwinde, du Klops, sonst hol ich meinen großen Bruder, der ist viel stärker als du und wirft dich mit einer Hand in die Brennnesseln.« Doch diese dickste aller Lügen erschreckte den Muskelprotz leider überhaupt nicht.

»Ach was, Zuckergesicht«, sagte er mit frechem Grinsen. »Du hast doch überhaupt keinen großen Bruder.«

Und Rosanna konnte nichts tun, als mit krebsrotem Kopf umzukehren und doch wieder den langen, entsetzlich langweiligen Weg nach Hause zu gehen. Denn sie hatte zwar sehr wohl einen älteren Bruder, aber der taugte rein gar nicht zum Beschützer. Er hieß Boris, war genau zwei Zentimeter kleiner als Rosanna, dünn wie ein Strohhalm und ängstlicher als ein Kaninchen. Es war zum Auswachsen.

Sie konnte nichts tun.

Überhaupt nichts.

Bis sie eines Morgens auf der Rückseite der Zeitung, die ihr Vater sich beim Frühstück vor die Nase hielt, eine Anzeige entdeckte: »Professor Doktor Salomon Schwindelfrei macht aus Ihren Lügen die Wahrheit«, stand da dick und deutlich zu lesen und darunter, etwas kleiner, die Adresse. Also stopfte sich Rosanna all ihr Erspartes in die Hosentasche und machte sich nach der Schule auf den Weg.

Professor Schwindelfrei lebte in einem Haus gleich hinter dem Stadtpark, im allerobersten Stock. Rosanna zählte 123 Stufen, bis sie endlich oben vor seiner Wohnungstür stand. Einen Klingelknopf gab es nicht, nur einen Eisenring, an den Rosanna gerade mal auf den Zehenspitzen heranreichte.

»Dong, dong«, hallte es durch das Treppenhaus, als sie damit gegen die Tür klopfte.

Die Tür öffnete sich, und ein langer, dünner Mann blickte freundlich auf Rosanna herab.

»Ich komme wegen der Anzeige«, sagte sie.

»Ah ja?«, sagte der Professor. »Um welche Lüge handelt es sich? Notlüge, Angeberlüge, Zeugnis- oder Trostlüge …«

»Schutzlüge, würde ich sagen«, antwortete Rosanna.

»Aha«, sagte der Professor. »Das ist eine interessante Sorte. Bitte tritt ein.«

Er führte Rosanna in ein Zimmer mit zwei grünen Sesseln, die neben einem Tisch mit einer Glühbirne in der Mitte standen. Darunter lag ein quittengelber Drache.

»Lass dich von ihm nicht stören«, sagte der Professor. »Er ist eine meiner Lügen, sehr freundlich und meistens müde.« Der Drache öffnete ein Auge. Rosanna setzte sich und erzählte dem Professor von ihrem Problem.

»Pfui Teufel, das ist ja ein ganz unverschämter Kerl!«, sagte er. »Aber weißt du, die Lüge vom großen Bruder wird sehr häufig benutzt und wirkt nur sehr selten! Du hast natürlich keinen Bruder, oder?«

»Doch, doch!«, sagte Rosanna und seufzte. »Aber er ist kein bisschen stark und überhaupt nicht streitlustig!«

»Hm, hm, ich verstehe«, sagte der Professor. »Deine Lüge wahr zu machen, ist kein Problem, aber bist du wirklich sicher, dass du so einen starken und streitlustigen Bruder willst?«

»Sicher!«, rief Rosanna.

Der Professor nickte. »Dein Bruder weiß natürlich Bescheid, nicht wahr?«, sagte er.

»Na-natürlich«, log Rosanna, worauf die Glühbirne auf dem Tisch sanft zu leuchten begann.

Aber zum Glück schien der Professor das nicht zu bemerken.

»Also gut«, sagte er. »Wie lange soll deine Lüge Wahrheit werden?«

»Na, für immer«, antwortete Rosanna überrascht.

»Das muss ich in diesem Fall ablehnen«, sagte der Professor. »Sagen wir erst einmal – eine Woche. Einverstanden?«

Beim Abendbrot konnte Rosanna an ihrem Bruder keinerlei Veränderung feststellen. Er erzählte schlechte Witze, über die sie trotzdem lachen musste, und beim Fernsehen hielt er sich bei den spannenden Stellen die Augen zu.

Rosanna konnte die ganze Nacht nicht schlafen vor Wut. Der Professor hatte sie betrogen. Angelogen. Für dumm verkauft.

Am nächsten Morgen war Boris fünf Zentimeter größer als sie.

Nach dem Frühstück waren es schon zehn. Mindestens.

»Wie der Junge auf einmal wächst!«, sagte Rosannas Mutter.

Und Rosanna war begeistert.

Am Abend war Boris unglaublich groß und stark. Und streitsüchtig. Statt Witze zu erzählen, trat er Rosanna unterm Tisch gegens Schienbein und nannte sie in einem fort »Kleine«.

»Gehst du morgen nach der Schule mal mit mir nach Hause?«, fragte Rosanna und rieb sich ihr Schienbein. »Ich hol dich auch bei deiner Klasse ab.«

»Bloß nicht!«, brummte Boris. »Da blamier ich mich ja bis auf die Knochen, wenn mich so ein Knirps abholt.«

Irgendwas lief falsch.

»Tu deiner Schwester doch den Gefallen«, sagte ihre Mutter und lächelte ihren Riesensohn stolz an.

»Na gut!«, brummte Boris. »Aber nur das eine Mal, klar?«

Als der stärkste Junge der Klasse Rosannas Bruder sah, grinste er nur noch breiter.

»He, Zuckergesicht, du hast ja wirklich einen großen Bruder. Aber hat der nichts Besseres zu tun, als kleine Mädchen zu bewachen?«

»Bewachen, ich?«, knurrte Boris und schubste Rosanna kurzerhand aus dem Weg. »Seh ich etwa so aus, als ob ich nichts Besseres zu tun habe?«

Das war zu viel! Rosanna streckte den zwei Riesen die Zunge raus und rannte davon.

»Sie müssen sofort wieder eine Lüge aus ihm machen!«, rief Rosanna, als sie völlig atemlos wieder in Professor Schwindelfreis grünem Sessel saß. »Bitte!«

»Das hatte ich befürchtet«, sagte der Professor. »Die Lüge vom großen Bruder wirkt wie gesagt nur selten. Aber es gäbe da vielleicht eine andere Lüge …«

»Welche denn?«, fragte Rosanna.

»Tut mir leid, auf seine Lügen muss man schon selber kommen«, antwortete der Professor. »Aber sei gewarnt. Deine nächste Lüge wird Wahrheit sein bis an dein Lebensende!«

Drei Tage und drei Nächte zerbrach Rosanna sich den Kopf.

Dann, am vierten Tag, stand sie wieder bei Professor Schwindelfrei vor der Tür.

»Ich hab's!«, sagte sie – und dann log sie, bis die Glühbirne auf dem Tisch des Professors fast zerplatzte.

»He, Rosanna«, sagte der stärkste Junge der Klasse am nächsten Tag. »Wie wär's heute mit einem Kuss?«

Zur Antwort nahm Rosanna ihn ganz sacht am Kragen, hob ihn hoch in die

Luft, ließ ihn ein paar Augenblicke lang über den Brennnesseln schweben und setzte ihn dann fein säuberlich hinter sich auf den Weg.

»Bis irgendwann«, sagte sie und hüpfte pfeifend davon.

Denn sie war – frisch gelogen – das stärkste Mädchen der Welt.

Alice Pantermüller

Affi spielt Ball

Affen sind ja im Allgemeinen eher freche Tiere. Dafür können sie nichts, das ist einfach so. Das Problem ist bloß: Wenn man so einen Affen mit nur Unsinn im Kopf hat, dann kriegt man den ganzen Ärger immer selbst ab. Und das ist doch echt unfair! Schließlich versucht Ole immer ganz doll, auf seinen Affi aufzupassen. Aber kaum guckt er mal in die andere Richtung … schwupp!, schon hat Affi wieder was angestellt.

Gestern zum Beispiel. Da hatte Sina Geburtstag. Sina ist Oles Schwester, und sie ist schon ganz schön groß. Neun nämlich, seit gestern.

Es war ein Sonntag, und deshalb wollte Ole gern ein bisschen ausschlafen. Sonntags ist ja kein Kindergarten. Aber weil Geburtstage immer furchtbar aufregend sind, hat Affi ihn schon ganz früh geweckt. Er ist so rumgehüpft und hat »Huhuhu« gemacht, und da musste natürlich auch Ole aus dem Bett springen. Und dann standen sie vor dem Tisch mit den Geschenken, den

Mama schon gestern Abend vorbereitet hatte, und Oles Herz hat ganz laut geschlagen. Weil alles so bunt und so schön aussah und die ganzen Geschenke so geheimnisvoll eingepackt waren – fast fühlte es sich an wie selbst Geburtstag haben!

Und während Ole noch dastand und gestaunt hat, haben Affis lange, pelzige Arme bereits nach dem größten Geschenk gegriffen. Nach dem Geschenk, das die beste Form von allen hatte. Es war nämlich rund.

»Nein, Affi!«, hat Ole erschrocken gerufen und versucht, seinem Affi das Geschenk wieder wegzunehmen. Aber Affi hat es festgehalten, und Ole hat daran gezogen, und ratsch!, ist das bunte Geschenkpapier ein bisschen kaputtgegangen. Und da fand Affi, dass er ja auch gleich mal einen Blick durch das Loch werfen konnte.

»Das darfst du nicht, Affi! Das ist für Sina!«, hat Ole ihm noch streng erklärt. Aber Affi hat trotzdem weiter am Geschenkpapier rumgeknibbelt, denn dahinter war was Braunes, was sehr vielversprechend ausgesehen hat. Es war ein Basketball, das hat Ole sofort erkannt. Deshalb brauchten sie das Geschenk eigentlich gar nicht weiter auszupacken, sondern konnten den Ball gleich wieder zurücklegen auf den Geburtstagstisch.

Aber draußen an der Hauswand neben der Garage hing der Basketballkorb, und Affi wollte den Ball unbedingt in den Korb werfen. Es hat ihm ganz doll in seinen langen Affenfingern gekribbelt. Deshalb hat er

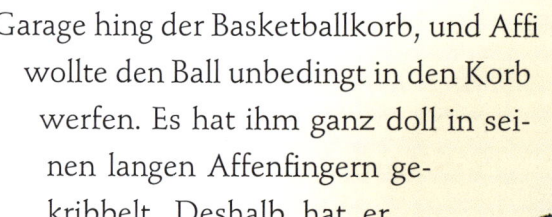

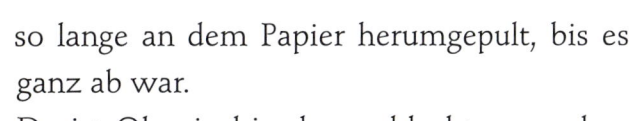

so lange an dem Papier herumgepult, bis es ganz ab war.

Da ist Ole ein bisschen schlecht geworden, weil er wusste, dass er es niemals schaffen würde, den Ball wieder so schön einzupacken wie vorher. Und bestimmt würde er auch den ganzen Ärger abkriegen, obwohl Affi ja eigentlich an allem schuld war. Aber trotzdem konnte Ole nicht anders: Er musste den Ball mit seinen Fingern berühren, ihn in beide Hände nehmen … er war einfach wunderschön! Ein echter Basketball, braun und schwer, mit so schwarzen Linien drauf und schwarzer Schrift. Ganz anders als der olle blaue Gummiball, den sie bisher immer nach dem Korb geworfen hatten.

Ole war noch ganz feierlich zumute, da haben Affis lange Finger schon wieder nach dem Ball gegriffen. Schwups, hatte das Äffchen ihn sich unter den Arm geklemmt und galoppierte den Flur entlang zur Haustür.

»Nein, Affi, das darfst du nicht! Du darfst nicht rauslaufen mit dem Ball! Da wird der doch ganz schmutzig!« Natürlich ist Ole seinem Affen sofort hinterhergerannt, hinaus in den Vorgarten, was hätte er sonst tun sollen? Schließlich musste er doch aufpassen!

Aber Affi hat bereits gezielt. Er wollte unbedingt den ersten Korb mit dem neuen Basketball werfen. Wenigstens den allerallerersten. Sina war nämlich immer die Beste im Basketball, deshalb wollte das Äffchen wenigstens ein Mal Erster und schneller und besser sein!

Rums! Das Garagentor hat gescheppert und gedröhnt, als der schwere Ball dagegengedonnert ist. Oles Herz hat einen Schlag ausgesetzt, er ist nach hinten gesprungen und hat ängstlich zu den Fenstern im ersten Stock hochgeschielt. Vielleicht hatten Mama und Papa und Sina den Lärm ja nicht gehört … Doch, hatten sie. Schon wurde ein Fenster aufgerissen, und Mama und Papa haben sich rausgebeugt, mit wirren Haaren, und haben ziemlich erschrocken und ein bisschen böse geguckt.

»Was zum Kuckuck tust du da, am Sonntagmorgen um sieben?«, hat Papa gegrollt, aber Mama war noch viel schlimmer. Sie hat nämlich gar nichts gesagt, sondern nur von Ole zum Basketball und wieder zurück geguckt und dabei furchtbar enttäuscht ausgesehen. Sie hatte so ein trauriges Gesicht, dass plötzlich nicht einmal mehr genug Spucke in Oles Mund war, um ihr zu erklären, dass er ja ganz doll versucht hatte, auf Affi aufzupassen. Sie würde ihm nicht glauben, das wusste Ole genau, und es hat sich ganz furchtbar schrecklich in seiner Brust angefühlt.

Und Affi? Der hat natürlich mal wieder ganz unschuldig getan und nur irgendwo in die Büsche geguckt mit seinen lieben braunen Augen.

Rums, in dem Moment wurde die Haustür aufgestoßen, und Sina kam herausgeschossen, und natürlich war sie stinksauer, als sie Ole mit dem Basketball gesehen hat. Sie hat sofort gewusst, was los war.

»Was fällt dir ein, du … du Nacktnasenwombat?«, hat sie Ole angeschrien. »Du spinnst wohl! Das ist mein Geburtstag und mein Basketball!« Und sie hat Ole geschubst, sodass er ein paar Schritte rückwärts getaumelt ist. Trotzdem war sie noch nicht fertig mit ihm, wütend ist sie ihm hinterhergesprungen. »Soll ich mich vielleicht an deinem Geburtstag auch ins Wohnzimmer schleichen und deine Geschenke auspacken?«

Oles Augen haben sich geweitet vor Entset-
zen, und er hat heftig den Kopf geschüttelt.
Nein, natürlich sollte sie das nicht! Schließlich wäre es das Schlimmste überhaupt,
wenn irgendjemand die ganze wunderbare
Spannung kaputt machen würde, die sich
hinter dem bunten Papier versteckte!
»Na, siehst du!«, hat Sina gerufen. »Du … du
Schneckenbuntbarsch!«
Ole hat geschluckt. »Aber … aber ich war
das doch gar nicht«, hat er kleinlaut gepiepst. »Ich kann doch gar nichts dafür!
Das war Affi!« Und wie zum Beweis
hat er sein Äffchen hochgehalten, das
natürlich noch immer ganz harmlos
getan und treuherzig geguckt hat.

Und da hat Sina nach Affi gegriffen, hat ihn
einfach aus Oles Händen gerissen, sich umgedreht und ihn in den Basketballkorb geworfen. Sie hat den Korb beim ersten Versuch getroffen, und Affi
ist nicht durchs Netz gefallen, nein, mit seinen langen Armen ist er in den
Maschen hängen geblieben, ganz weit oben. Und dort hat er dann gebau-
melt und sich ganz schrecklich gefürchtet.
»Hol ihn da wieder runter!«, hat Ole gejammert und ist unter dem Netz hin
und her gelaufen. »Er hat ganz dolle Angst!« Fast musste er jetzt weinen,
aber das hat Sina nicht gestört.
»Mir doch egal. Er ist doch selber schuld, dieser … dieser Flachlandgorilla!«
Und dann hat sie den Ball aufgehoben, ihren nagelneuen und wunderschönen Basketball, und ist damit über die Einfahrt vor dem Haus gelaufen,
wobei sie sich hin und her gedreht hat und ihn mal mit der rechten Hand
geprellt hat und mal mit der linken.

Und das, obwohl Affi noch immer hoch oben im Korb gehangen und sich fast zu Tode gegruselt hat!

Auch wenn Affi ihn in große Schwierigkeiten gebracht hatte – Ole musste etwas tun, das war klar. Also hat er einen Regenschirm aus dem Haus geholt und nach Affi geangelt, und dann hat er sogar einen Kleiderbügel von der Garderobe nach dem Korb geworfen. Leider ist der nicht mal in die Nähe von Affi gekommen. Also hat Ole versucht, die Mülltonne unter den Basketballkorb zu schieben und daraufzuklettern, aber auch das hat nicht funktioniert.

Ole war verzweifelt. Schließlich blieb nur noch eine einzige Möglichkeit, um Affi zu retten: Er musste Sina um Hilfe bitten. Und das, obwohl Sina eine ganz gemeine Geburtstagskuh war!

»Bitte, Sina, du musst ihn wieder runterholen!«, hat Ole ganz tapfer gepiepst, und seine Stimme hat nur ein kleines bisschen gezittert dabei. »Er hat doch so schreckliche Angst da oben!«

»Und warum sollte ich das tun, du … du Brasilianischer Zwergotter?«, hat Sina gerufen, sich den Ball unter den Arm geklemmt und ihren Bruder herausfordernd angeguckt.

»Weil …« Ole hat überlegt, aber dann ist ihm was Gutes eingefallen. »Weil du den Ball sonst gar nicht in den Korb werfen kannst, wenn Affi da oben drinhängt.«

»Kann ich wohl!« Mit einem Schwung hat Sina sich umgedreht und gezielt. Schwups, schon hatte sie den Ball im Netz versenkt. Und dabei ist was Gutes passiert: Mit dem Ball ist nämlich auch Affi wieder runtergekommen. Geschickt hat Ole ihn aufgefangen, mit beiden Armen.

Mann, da war Affi aber ganz schön froh!

Später dann, als Sina auch ihre restlichen Geschenke ausgepackt hatte, haben sie alle zusammen vor dem Haus Basketball gespielt. Mama und Papa und Ole und Sina. Und Affi natürlich auch. Allerdings hat Oles Äffchen nicht einen einzigen Korb getroffen. Das war aber nicht so schlimm. Es hat sogar richtig Spaß gemacht.

Weil ihm nämlich niemand mehr böse war. Und das hat sich richtig affengut angefühlt!

Ursel Scheffler

Celias wunderbare Schultüte

Celia bekommt zum Schulanfang von ihrer Patentante eine kleine rote Schultüte. Sie ist nicht besonders groß und federleicht.

Erst ist Celia ein wenig enttäuscht.

Aber dann erklärt Tante Tilly, dass es eine Wundertüte ist:

»Es sind lauter Geheimnisse drin. Und Geheimnisse wiegen nicht viel!«

»Geheimnisse sind aber spannend«, sagt Celia. »Darf ich reinschauen?«

»Erst am ersten Schultag! Du guckst nicht vorher?«, sagt Tante Tilly. »Versprochen?«

»Versprochen«, antwortet Celia.

Morgen ist es so weit! Die Schultasche ist schon gepackt.

Die Wundertüte liegt gleich daneben.

Celia wüsste zu gern, was drin ist! Sie möchte unbedingt das federleichte Geheimnis lüften.
Aber sie hat ja versprochen, nicht nachzusehen!

Endlich ist der erste Schultag da. Noch vor dem Frühstück packt Celia Tante Tillys Schultüte aus. Und dann ist sie ganz enttäuscht: Es sind nur Papierröllchen drin!

Celia zieht die Schleifchen auf, von denen die Rollen zusammengehalten werden. Sie streicht das Papier glatt und entdeckt lauter seltsame Bilder:

einen Tiger, eine Brücke, ein Buch, einen Kuchen, eine Uhr,
einen Schwimmreifen und einen Schlittschuh.

Tante Tilly hat immer etwas daruntergeschrieben.

Aber was? Celia kann ja noch nicht lesen.

»Ich les es für dich«, sagt Mama. »Unter dem Tiger steht: Ein Besuch im Zoo.
Unter der Brücke steht: Eine Nachtwanderung am Fluss. Und unter dem
Buch steht …«

»Ein Buch zum Selberlesen!«, ruft Celia.

»Genau«, bestätigt Mama. »Und der Kuchen bedeutet: Einen
Nachmittag Kuchen backen mit Tante Tilly!«

»Und der Schwimmreifen heißt, dass sie mit mir ins
Schwimmbad geht. Und der Schlittschuh, dass wir
zusammen Schlittschuh laufen!«, ruft Celia begeistert.

»Toll!«, ruft Mama überrascht. »Du kannst ja schon lesen!«

»Bilder lesen«, sagt Celia und lacht. »Aber das Buchstabenlesen
lerne ich auch bald. – Aber sag mal, Mama, was steht unter der Uhr? Es
ist ein langer Satz.«

»Da steht: Eine Stunde Zeit für dich, wenn du mich brauchst!«

»Das ist toll, ganz einfach toll!«, ruft Celia und hüpft vergnügt
durchs Zimmer. Was für ein cooles Geschenk!

Auf dem Schulweg ist Celias Schultüte so leicht wie ein
Luftballon!

Celia schwebt damit fast in die Schule hinein.

Die anderen Kinder schleppen ihre schweren Tüten mit den
vielen Süßigkeiten.

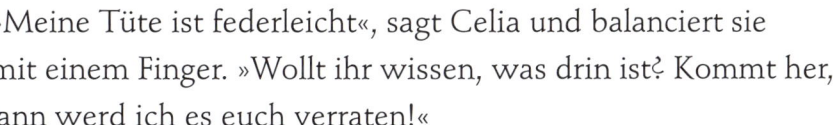

»Meine Tüte ist federleicht«, sagt Celia und balanciert sie
mit einem Finger. »Wollt ihr wissen, was drin ist? Kommt her,
dann werd ich es euch verraten!«

Andreas Steinhöfel

Karotten im Weltall

Das Baby kam im April auf die Welt.
Die Geburt war sehr anstrengend gewesen für Mami, und deswegen war sie ziemlich lange krank. Papi holte sie und das Baby aus dem Krankenhaus ab. Dirk und ich, wir warteten zu Hause.

Wir hatten ein Plakat gemalt, auf dem stand: Herzlich willkommen von Dirk und Andreas! Das Plakat hatten wir über der Tür zum Schlafzimmer aufgehängt, weil da die Babywiege drinstand.

Als Papi und Mami zur Haustür reinkamen, war ich erst mal ganz schön erschrocken, weil Mami so blass war im Gesicht. Aber sie grinste und sagte, das wird schon wieder und wir sollten uns mal das neue Brüderchen angucken.

Das neue Brüderchen lag in einer Babytragetasche und schlief.

Es war winzig klein und auch ziemlich hässlich, fand ich, aber das sagte ich nicht. Papi meinte nämlich, es wäre das schönste Baby von der Welt, dabei hatte es ein knallrotes Gesicht, das war total zerknautscht. Seine Nase war klitzeklein. Dafür waren die Ohren zu groß und standen ab, und überhaupt sah der Kopf fast so aus wie eine Suppenschüssel. Haare hatte es auch keine, nur

so ein paar, und das tat mir leid, dass so ein kleines Kind schon eine Glatze hatte. Die Händchen waren auch ganz schrumpelig.

Und plötzlich machte das Baby die Augen auf. Sie waren blau und sahen aus wie bei einem Chinesen, so schlitzig.

Ich dachte, toll, bestimmt erkennt es gleich, dass ich sein Bruder bin.

Aber es schaute mich gar nicht an, sondern riss den Mund auf und fing an zu schreien. Sein Kopf wurde noch knallröter, und seine kurzen Ärmchen fuchtelten in der Luft herum. Es hatte keinen einzigen Zahn im Mund.

Keine Haare und keine Zähne, das muss man sich mal vorstellen! Und dann noch die komischen Ohren!

Mami sagte, so, das Baby hat jetzt Hunger.

Sie hob es aus der Tasche, zog ihren Pullover hoch und holte einen von ihren Busen raus. Da legte sie das Baby mit dem Kopf dran. Es fing wie wild an zu nuckeln, und dabei machte es grunzende Geräusche. Es hörte sich so ähnlich an wie Tobi, und ich sagte, wir könnten es ja Tobi Zwei nennen.

Aber das Baby hatte schon einen Namen: Es hieß Björn, und als es fertig war mit Nuckeln, schlief es sofort wieder ein.

Also, insgesamt total langweilig.

Zehn Wochen später lagen Dirk und ich unter der Bettdecke in meinem Bett und spielten Raumschiff.

Das war unser absolutes Lieblingsspiel. Man musste dazu unter die Decke kriechen, aber mit dem Kopf zuerst, bis man am Fußende war. Weil es unter der Decke ganz dunkel war, konnte man sich vorstellen, man wäre im Weltall. Das Bett war das Raumschiff. Überall rundrum waren Sterne. Und natürlich sah man die Sonne und die Erde und den Mond, und die anderen Planeten flogen auch durch die Gegend. Dann gab man Gas und raste durch die Milchstraße. Dirk war Kapitän, ich war Admiral oder umgekehrt, und Tobi war immer Offizier, aber ein ziemlich schlechter. Wir erforschten fremde Planeten oder kämpften gegen Außerirdische. Wenn die Außerirdischen in Ordnung waren, wurden wir Freunde und bestanden gemeinsam Abenteuer.

Ich hatte gerade einen riesigen Meteoriten zerballert, der unser Schiff rammen wollte, als Dirk sagte, das Baby wäre langweilig. Es wäre jetzt schon über zwei Monate alt, und es machte nichts anderes als essen und schlafen und rumschreien. Man könnte nicht mit ihm spielen, weil es so klein wäre. Sprechen könnte es auch nicht.

Und dann sagte er noch, es ist sowieso doof und stinkt!

Ich fand das Baby ja auch langweilig, aber das mit dem Stinken war ungerecht. Babys können noch nicht aufs Klo, weil ihr Hintern noch nicht funktioniert. Deswegen machen sie in die Hose, und darum macht man ihnen ja auch Windeln drum. Wir hatten herausgefunden, dass es am meisten stank, wenn Mami das Baby mit Karottenbrei gefüttert hatte. Danach hatten Dirk und ich uns geschworen, nie wieder Karotten zu essen.

Weil Papi tagsüber auf der Arbeit und Mami krank war, machten Dirk und ich den Haushalt. Mami musste den ganzen Tag im Bett liegen, außer wenn das Baby die Windeln gewechselt bekam. Dirk hatte gesagt, das könnten wir auch machen, neue Windeln um das Baby. Aber Mami hatte Angst, weil Dirk immer alles fallen ließ, und ein Baby kann man nicht reparieren. Wenn das runterfällt, ist es womöglich für immer kaputt, und man kann es nicht verstecken und ein neues besorgen.

Aber wir durften beim Windeln zugucken und dem Baby sogar die Beine hochhalten.

Mami wischte ihm dann den Hintern ab. Danach wurde es richtig gewaschen, mit Öl abgerieben, dann mit Creme eingeschmiert und gepudert. Natürlich nur der Hintern. Das Baby war dabei meistens ganz ruhig. Manchmal wurstelte es mit seinen kleinen Fäusten in der Luft herum. Es konnte sich sogar einen Fuß in den Mund stecken, was Dirk und ich auch mal probierten, und es funktionierte.

Der Pimmel von dem Baby war ganz klein und verschrumpelt. Einmal lag es auf dem Rücken und war schon fix und fertig gepudert und alles. Plötzlich stellte sich ohne Vorwarnung sein Pimmel auf, und es pinkelte. Es traf genau in sein linkes Ohr.

Das versuchten Dirk und ich später auch, aber wir trafen unsere Ohren nicht. Das war eine wahnsinnige Schweinerei.

Das Baby windeln durften wir also nicht, aber sonst machten wir alles.

Wir konnten kochen und Wäsche waschen und aufräumen
und einkaufen. Mami war total stolz auf

uns. Wir bereiteten auch das Essen für das Baby zu, und manchmal durften wir es sogar füttern. Es konnte nur Brei essen und zermatschtes Gemüse, weil es ja noch keine Zähne hatte.

Schön blöd! Im Raumschiff aßen wir immer Kekse. Dirk und ich, und Tobi durfte die Krümel auffressen.

Dirk sagte, das Baby dürfte nie in das Raumschiff, weil es seinen Gemüsebrei so oft ausspuckte, und den würde Tobi bestimmt nicht fressen. Außerdem würden wir womöglich auf dem Brei ausrutschen, dann wäre das Schiff führerlos, und wir könnten mit einem Planeten zusammenknallen.

Ich fand, er hatte recht. Ein bisschen hatten wir auch Angst, das Raumschiff könnte irgendwann nach Karotten stinken.

Das Baby hatte zwar jetzt schon mehr Haare gekriegt, und Mami sagte, es würde auch bald Zähne bekommen. Es gab also doch noch Hoffnung, außer für die Ohren. Aber trotzdem fragten wir uns, warum ein Baby überhaupt schon auf die Welt kam, wenn es noch gar nicht richtig fertig war und anderen Leuten nur einen Haufen Arbeit machte. Wir hatten uns einen kleinen Bruder ganz anders vorgestellt. Am liebsten hätten wir ihn gar nicht gehabt oder gegen einen neuen umgetauscht.

Alle meine Freunde guckten sich das Baby an.

Susanne fand es natürlich klasse. Sie durfte es sogar mal halten, und dabei sagte sie dauernd Gutzi-Gutzi und lauter anderes blödes Zeug. Wahrscheinlich fand sie es so toll, weil es abstehende Ohren hatte und zu allem Unglück dann später auch noch eine Zahnspange kriegen würde.

Christiane meinte, das Baby wäre okay, aber Richard und Uli, die fanden es genauso langweilig wie Dirk und ich. Immerhin kann man mit so großen Ohren von einem Wolkenkratzer fallen, ohne dass einem was passiert, sagte Richard, weil, da gleitet man schön ruhig durch die Luft. Wie ein Segelflieger.

Irgendwann ging es Mami endlich besser, und sie musste nicht mehr den ganzen Tag im Bett liegen. Und dann kam der Tag, an dem sie zum Arzt

ging. Später hat Mami dann Papi erzählt, diesen Tag würde sie nie vergessen.

Ich werde ihn auch nie vergessen und Dirk auch nicht. Dirk beschloss nämlich, dass das Baby jetzt alt genug wäre, um Raumschiffadmiral zu werden.

Mami war schon über zwei Stunden beim Arzt, und ich stand in der Küche und kochte ekligen Babybrei, weil bald Fütterzeit war. Ich war sauer, weil ich dieses langweilige Baby nicht leiden konnte mit seinen doofen Ohren und überhaupt. Wahrscheinlich musste man dem noch jahrelang alles mögliche Zeug kochen, und zur Belohnung wurde man dafür eingestinkert. Plötzlich hörte ich das Baby schreien.

Ich dachte, klasse, genau zur richtigen Zeit kriegt es Hunger. Dann schrie Dirk auch, und da wusste ich, etwas war schiefgegangen.

Ich raste in unser Zimmer, und da hatten wir die Bescherung: Dirk hatte das Baby aus der Wiege geholt und in sein Bett gelegt. Dann hatte er Tobi dazugesetzt, eine Packung Kekse geholt, über alles die Decke gezogen und das Raumschiff gestartet. Er wollte nur bis zum Mond, und erst ging auch alles gut. Dirk futterte Kekse, Tobi die Krümel, und das Baby fand wohl auch alles ganz toll. Aber dann gab Dirk ihm ein Stückchen Keks, kurz vor der Mondlandung. Das Baby verschluckte sich, hustete und kotzte – platsch! – ins Raumschiff.

Die ganze Kommandobrücke war voll mit grünem Gemüsebrei und Krümeln. Tobi saß mittendrin. Er hatte die halbe Ladung abgekriegt und sah aus wie einer von den Außerirdischen, grün von oben bis unten. Er grunzte und war total sauer. Das Baby war auch voll mit Brei und Krümeln, und ich glaube, es war wütend.

Es schrie.

Dirk heulte.

Tobi grunzte.

Ich fluchte.

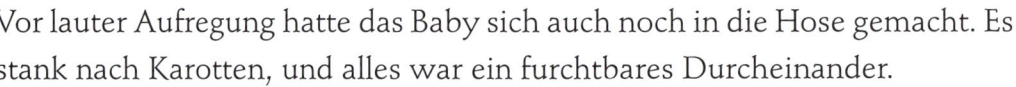

Vor lauter Aufregung hatte das Baby sich auch noch in die Hose gemacht. Es stank nach Karotten, und alles war ein furchtbares Durcheinander.

Ich packte das Baby, rannte ins Badezimmer und legte es dort auf den Wickeltisch.

Es schrie immer noch, aber wie!

Dirk kam hinterher. Er sah sehr erschrocken aus, aber er heulte nicht mehr.

Ich machte einen Waschlappen nass und wischte dem Baby das Gesicht ab. Dirk schickte ich in unser Zimmer, damit er das Bettzeug und Tobi sauber machte.

Dann wollte ich dem Baby neue Windeln umlegen, aber ich konnte es gar nicht richtig ausziehen, weil es wie wild zappelte. Ich hatte Angst, dass es runterfallen könnte, also rief ich Dirk zurück.

Als er kam, hielt er mit der einen Hand das Bettzeug, in der andern Tobi. Er ließ beides vor der Tür fallen. Tobi plumpste Gott sei Dank auf die Bettwäsche.

Zu zweit ging es besser. Wir zogen das Baby nackt aus, was ganz schön anstrengend war, weil es einfach nicht stillhalten wollte. Außerdem rannte uns Tobi zwischen den Beinen rum. Die blöden Klebstreifen von der Windel gingen auch erst nicht ab, aber schließlich schafften wir es. Dirk war so durcheinander, dass er die volle Windel ins Klo schmiss und runterspülte. Es gluckerte kurz, und dann war auch noch das Klo verstopft.

Gut, dass wir beim Windeln schon geholfen hatten. Ich wusste genau die Reihenfolge: Beine hoch, abwischen, abwaschen, einölen, eincremen, einpudern. Leider nahm ich zu viel Öl, und die Creme blieb nicht drauf kleben. Also schmierte ich dem Baby den Rest von der Creme

auf den Bauch. Das fand es klasse und hörte endlich mit dem Geschrei auf.
Um alles trocken zu kriegen, kippte ich jede Menge Puder drüber.

Dirk hustete, alles war in einer weißen Wolke.

Und in diesem Moment beschloss das Baby, uns sein Kunststück mit dem Ins-Ohr-Pinkeln zu zeigen. Da mussten wir dann wieder von vorne anfangen, weil, diesmal traf es nicht sein Ohr, sondern nur seinen Bauch. Alles lief an ihm runter, aber es hatte sehr gute Laune und gluckste aus seinem zahnlosen Mund.

Ich hätte am liebsten geheult.

Aber als wir endlich fertig waren, sah das Baby richtig gut aus, es hatte nur noch ein paar Krümel in den Ohren.

Ich nahm es vorsichtig auf den Arm und ging aus der Tür. Da lag immer noch die Bettwäsche, und ich trat natürlich genau in die Gemüsekotze. Es roch auch plötzlich ganz verbrannt. Der Geruch kam aus der Küche, zusammen mit einem Haufen Qualm, weil der Brei übergekocht war.

Dirk rannte in die Küche. Fast hätte er dabei Tobi zertrampelt. Der war immer noch grün, flitzte kreuz und quer durch die Wohnung und sah aus wie eine Schüssel Spinat auf Beinen. Mir war ganz schlecht.

Und dann klapperte es an der Haustür. Mami war vom Arzt zurück.

Sie hat dann alles in Ordnung gebracht.

Sie fütterte das Baby, holte die Windel aus dem verstopften Klo und steckte die dreckige Wäsche in die Waschmaschine. Ich schrubbte in der Zeit den Herd, und Dirk schrubbte Tobi.

Mami war nicht böse auf uns, aber sie sagte, wir könnten wohl doch noch nicht alleine auf das Baby aufpassen.

Da fingen wir beide an zu heulen, und es tat ihr gleich wieder leid. Am nächsten Tag kauften wir von unserem Taschengeld eine Packung von unseren absoluten Lieblingskeksen und legten sie dem Baby in die Wiege. Erst guckte es komisch, aber dann lachte es. Mami fand es klasse, und sie sagte, okay, ihr seid doch zwei große Jungs, und in ein paar Monaten kann das Baby auch richtig mit euch ins Weltall fliegen.

Also erzählten wir dem Baby jetzt beim Füttern und beim Windeln immer, wie es im Weltraum aussah, und ich glaube, es konnte uns richtig gut leiden. Wir nannten es jetzt auch nicht mehr Baby, sondern Björn. Und eigentlich war es ja doch ganz toll, einen kleinen Bruder zu haben. Wir wollten ihn auch nicht mehr umtauschen.

Höchstens vielleicht die großen Ohren.

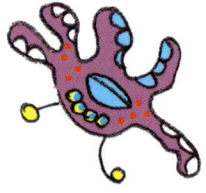

Sabine Ludwig

Das Fräulein von Paraplü

An diesem Morgen herrscht bei Müllers dicke Luft.
Mama reißt sämtliche Schubladen auf und wirft den Inhalt auf den
Boden, während Papa kopfschüttelnd danebensteht.

»Was suchst du da eigentlich, wenn man fragen darf?«

»Fannys Untersuchungsheft, das brauchen wir doch heute, und ich war mir
ganz sicher, dass es hier ist.«

Mama zieht einen roten Strumpf aus der Schublade.

»Wie kommt der denn hierher, der fehlt doch schon seit letztem Sommer.«

»Ist mir bestimmt zu klein«, nuschelt Fanny, die Zahnbürste im Mund.

»Fanny! Du sollst beim Zähneputzen nicht immer durch die Wohnung
rennen! Du tropfst alles voll!«, schimpft Mama und zieht die
nächste Schublade auf.

Fanny bleibt ungerührt stehen. »Isses gelb?«

»Wie bitte?«, fragt Mama.

»Wenn das Ding, das du
suchst, gelb ist, dann
liegt es auf dem Flur-
schrank«, sagt Fanny
und wischt sich
Zahnpastaschaum
vom Mund.

Papa geht in den Flur. »Fanny hat recht«, sagt er und schwenkt ein gelbes Heft in der Hand.

Mama rauft sich das Haar. »Stimmt ja, das hab ich schon vor Wochen dahin gelegt, damit ich es heute gleich zur Hand habe …« Sie sieht auf die Uhr. »Wir müssen los! Fanny, spül dir den Mund aus und zieh die Schuhe an!«

Fanny steht vor dem Spiegel im Badezimmer. Sie kann sich sehen. Sie sieht sich bis zur ersten Sommersprosse auf der Nase. Keiner muss sie mehr hochheben. Sie ist fast sechs und richtig groß, so groß, dass sie in diesem Jahr in die Schule kommt. Sie nimmt den Mund voll Wasser und gurgelt. Und heute geht sie mit Mama zur Schuluntersuchung.

»Was muss ich denn da machen?«, fragt Fanny ihre Mutter, als sie im Bus sitzen.

»Erst wirst du gemessen und gewogen, und dann unterhält sich der Arzt mit dir, und vielleicht musst du noch ein Bild malen.«

Bild malen! Das ist doch babyleicht. Bestimmt wird der Arzt wissen wollen, ob Fanny schon lesen und schreiben und rechnen kann. Und dann wird sie ihm alle Buchstaben des Alphabets aufsagen und die Zahlen bis 150, und schreiben kann sie schließlich auch …

Fanny malt auf die beschlagene Scheibe des Busses die Worte *Mama* und *Papa* und *Fanni*, mit i hinten statt mit Ypsilon, das Ypsilon ist zu schwer.

Als sie aus dem Bus steigen, müssen sie eigentlich linksherum zu einem großen grauen Klotz, aber Fanny zieht Mama nach rechts zu dem Schaufenster einer Konditorei.

»Guck mal, Mama, die leckeren Schokoladentörtchen!«, ruft sie. »Und die Windbeutel. Die sehen ja aus wie kleine Schwäne!«

»Fanny, komm. Wir sind eh schon spät dran.« Mama zieht an Fannys Arm, doch Fanny rührt sich nicht von der Stelle.

Mama seufzt. »Wenn wir beim Schularzt fertig sind, gehen wir in die Konditorei und trinken Kakao, versprochen.«

»Und ich bekomme einen Schwan? Mit Sahne?«, fragt Fanny.

»Ja, ja. Mit ganz viel Sahne, aber jetzt beeil dich!«

In dem großen grauen Klotz müssen sie mit einem Fahrstuhl bis in den 5. Stock fahren. Im Wartezimmer riecht es nach Bohnerwachs und nassen Mänteln. In einer Holzkiste liegen Bauklötze, daneben ein paar zerfledderte Bilderbücher. Mama setzt sich auf einen Stuhl und schlägt ihre Zeitung auf.

Fanny hockt sich neben die Spielzeugkiste zu einem Mädchen, das in einem der Bilderbücher blättert.

»Kommst du auch in die Schule?«, fragt Fanny.

»Weiß nicht«, sagt das Mädchen und wischt sich mit dem Ärmel über die Nase. Sie sieht Fanny ein bisschen ängstlich an. »Mein großer Bruder hat gesagt, wenn man hier 'ne falsche Antwort gibt, muss man ein Jahr länger im Kindergarten bleiben.«

Fanny denkt nach. Jetzt ist Winter. Bald kommt der Frühling, nach dem Frühling der Sommer, und wenn der Sommer vorbei ist, beginnt die Schule. Das ist eine Ewigkeit bis dahin, und das Ganze dann noch einmal von vorn … so weit kann Fanny nicht denken. Muss sie auch nicht, denn gerade wird ihr Name aufgerufen.

»Fanny Müller, bitte!« Die junge Frau hilft Fanny, die dicken Stiefel auszuziehen, bevor sie sich auf die Waage stellen soll. Fanny wird gemessen, sie muss erst das rechte, dann das linke Auge zuhalten und auf den Finger der Frau gucken, und sie muss auf einer weißen Linie balancieren.

»Das hast du ja alles ganz toll gemacht«, sagt die junge Frau, und Fanny darf sich aus einem Glas mit Süßigkeiten ein Bonbon nehmen. »Und nun wartet der Arzt auf dich.«

Die junge Frau schiebt Fanny durch eine Tür. Hinter einem Schreibtisch sitzt ein Mann und kritzelt etwas auf ein Blatt Papier, er hebt den Kopf und sieht Fanny über seine Brillengläser hinweg prüfend an.

Fannys Pulli juckt am Hals, aber sie traut sich nicht zu kratzen.

»So, so, dann wollen wir mal sehen …« Der Arzt schlägt den Pappdeckel auf, den ihm die junge Frau gegeben hat. »Ein bisschen klein bist du für dein Alter, nicht wahr?«

Klein? Fanny findet sich überhaupt nicht klein. Leonie aus dem Kindergarten ist schon sechs und noch viel kleiner als sie.

»So, dann sag mir doch mal, was das hier ist.« Der Arzt zeigt auf ein Bild. Auf dem Bild ist ein Regenschirm zu sehen, sonst nichts. Nur ein Regenschirm. Fanny ist ratlos. Wenn sie einfach nur Regenschirm sagt, ist das bestimmt nicht genug.

»Nun, weißt du nicht, was das ist?«

Natürlich weiß Fanny, dass das ein Regenschirm ist, aber das will der Arzt bestimmt nicht hören, denn das ist ja noch leichter als babyleicht.

»Ich kenne alle Buchstaben …«, beginnt Fanny. »Sogar das Ypsilon, das ist hinten an meinem Namen dran …«

»Was ist hier auf dem Bild zu sehen?« Der Arzt tippt ungeduldig auf den doofen Regenschirm.

»Drei mal zwei ist sechs, und vier und zwei ist auch sechs, und …«

»Was ist das hier auf dem Bild?«

»Ein Regenschirm!«, stößt Fanny verzweifelt hervor.

»Na also, mehr wollte ich doch gar nicht wissen.«

Der Arzt ist zufrieden, aber Fanny nicht.

Nun soll sie noch mit dem Buntstift Kreise und Dreiecke nachmalen, und dann darf sie gehen.

»Nun?«, fragt Mama gespannt. Fanny zuckt nur mit den Achseln und wickelt ihr Bonbon aus. Ihr Blick fällt auf das Mädchen von vorhin, das immer noch auf dem Boden sitzt und sie neugierig ansieht.

Fanny geht zu ihr. »Regenschirm«, sagt sie. »Wenn der Arzt dir ein Bild mit einem Regenschirm zeigt, dann musst du nur Regenschirm sagen, das ist alles.«

»Und jetzt gehen wir Kakao trinken, nicht wahr?«, sagt Mama, als sie den großen grauen Klotz verlassen.

»Hab keine Lust«, sagt Fanny. Sie hat schlechte Laune.

Mama geht trotzdem in die Konditorei und kauft zwei Windbeutelschwäne.

»Einer für dich und einer für Opa«, sagt sie.

Opa kommt am Nachmittag. Fanny sitzt auf ihrem Bett und hält ihr Schmuse-kissen ganz fest. Sie hat immer noch schlechte Laune.

»Wollen wir Mensch-ärgere-Dich-nicht spielen?«, fragt Opa.

Fanny will nicht.

»Soll ich dir was vorlesen?«

Fanny will auch nichts vorgelesen bekommen, sie will eigentlich nur schlechte Laune haben. Da nimmt Opa den großen Zeichenblock und zeich-net Fanny, wie sie wütend in ihr Kissen beißt. Da muss Fanny lachen. Sie nimmt Opa den Stift aus der Hand und zeichnet einen Regenschirm.

»Was siehst du hier auf diesem Bild?«, fragt sie streng.

Opa wiegt nachdenklich den Kopf hin und her.

»Das ist doch … das ist doch …« Er nimmt seine Brille ab. »Natürlich, das ist ja das Fräulein von Paraplü! Hier sind die Beine … und da der Kopf …« Mit ein paar Strichen wird aus Fannys Regenschirm eine kleine Dame mit wei-tem Rock, die mit einem Schirmchen in der Hand auf dem Seil tanzt.

»Bitte, Opa, erzähl mir was von diesem Fräulein!«

»Tja, das war so …«, beginnt Opa. »Eines Tages hatte es das Fräulein von Paraplü satt, immer auf dem Seil zu tanzen, sie wollte gern Ozeanforscherin werden oder Pyramiden bauen, aber dazu musste sie lesen und schreiben lernen, also beschloss sie, zur Schule zu gehen. Aber zuerst musste das Fräu-lein von Paraplü zum Schularzt. Der hat es gewogen und gemessen und dann gelacht.«

»Warum hat er gelacht?«, fragt Fanny.

»Weil das Fräulein von Paraplü nur 25 Zentimeter groß war.« Opa nimmt ein Lineal. »Hier, siehst du: 25 Zentimeter und drei Millimeter. Aber die drei Millimeter haben auch nichts daran geändert. Das arme Fräulein von Paraplü durfte nicht in die Schule, und so hat es nie lesen und schreiben gelernt, und wenn sie nicht gestorben ist, dann tanzt sie noch immer auf dem Seil.«

»Hab ich's gut«, seufzt Fanny zufrieden. »Ich darf in die Schule und kann alles werden, was ich will.«

»Und was willst du werden?«, fragt Opa.

»Wenn ich groß bin, dann will ich Windbeutelschwäne backen«, sagt Fanny. Opa lacht. »Windbeutelschwäne! Jetzt willst du mich aber verkohlen. So was gibt's doch gar nicht.«

»Wetten?«, sagt Fanny.

»Um was wetten wir?«, fragt Opa.

»Wenn du die Wette verlierst, dann darfst du mich beim Mensch-ärgere-Dich-nicht nie mehr rauswerfen«, sagt Fanny und streckt die Hand aus.

Opa schlägt ein. »Abgemacht.«

Mama kommt ins Zimmer mit einem Tablett in der Hand. Zwei goldgelbe Schwäne stehen darauf, Schlagsahne quillt aus ihren Bäuchen. »Wettet ihr etwa schon wieder?«, fragt sie.

»Ja«, sagt Opa. »Aber es scheint so, als hätte ich die Wette verloren.«

Freundschaftsgeschichten

Du spielst mit mir zu Haus Verstecken,
du rennst mit mir durchs nasse Gras.
Du lässt mich am Lakritz-Eis schlecken,
mit dir macht alles doppelt Spaß!

Miriam Mann

Emilys Garten

Zum Spielplatz hatte Jonas es nicht weit. Er musste nur ein Mal beim Zebrastreifen die Straße überqueren, dann am Bretterzaun entlanggehen, und wenn der Zaun zu Ende war, dann war er schon da.

Beim Laufen zählte Jonas die Bretter. *Eins, zwei, drei …*

»He du, Gnombein!«, brüllte plötzlich eine Stimme hinter ihm. »Bleib stehen!«

Jonas wusste sofort, wer das war: Toni, sein Nachbar. Toni ging schon in die Schule. Er war drei Köpfe größer als Jonas und ärgerte ihn, seit er denken konnte. Mit klopfendem Herzen lief Jonas weiter: *vier, fünf, sechs …*

»He, Wichtelkopf! Hörst du schlecht?«, schrie Toni. Er war jetzt schon ganz dicht hinter ihm.

Sieben, acht, neun …

Gleich war der Zaun zu Ende. Gleich hatte Jonas es geschafft. So schnell es seine kurzen, krummen Beine erlaubten, rannte er weiter. Auf dem Spielplatz waren die anderen, da würde Toni sich nicht trauen, ihn zu ärgern. Doch da griff Toni schon von hinten nach seinem Arm und hielt ihn fest. Langsam drehte

Jonas sich um und schaute in Tonis grinsendes Gesicht. Schnell senkte Jonas seinen Blick.

»Na, dann zeig mal, was du da hast, Krummbein«, sagte Toni, zerrte den kleinen Rucksack von Jonas' Rücken, öffnete ihn und schüttete ihn aus. Eine Plastikschaufel, vier Spielzeugautos und die Bonbons, die Mama Jonas gestern geschenkt hatte, fielen zu Boden. Toni schnappte sich die Bonbons und kickte dann mit voller Wucht gegen den Rucksack, sodass er gegen den Bretterzaun flog und dort liegen blieb.

»Sehr schön, Zwergnase, dass du was Brauchbares dabeihast«, sagte Toni. Jonas starrte auf den Bretterzaun.

Toni schubste ihn und sagte: »Guck mich an, wenn ich mit dir rede, du Gartenzwerg.«

Aber Jonas löste seinen Blick nicht vom Zaun.

»Bis morgen dann«, sagte Toni, schubste Jonas noch mal und rannte Richtung Spielplatz davon.

Jonas kniete sich auf den Boden und sammelte seine Schaufel und die Autos ein. Als er seinen Rucksack aufheben wollte, bemerkte er, dass zwei der Bretter vom Zaun locker waren. Neugierig schob er sie beiseite und lugte hindurch. Aber außer ein paar Büschen und Sträuchern konnte er nichts sehen. Er schaffte es, die Bretter so weit auseinanderzubiegen, dass er auf dem Bauch hineinrobben konnte. Manchmal war es gar nicht so schlecht, klein zu sein. Er zog seinen Rucksack hinterher und stand auf.

Jonas hatte das Gefühl, in einem richtigen Dschungel gelandet zu sein. Die Luft schien irgendwie dicker, voll mit Gerüchen. Er ließ seinen Rucksack am Zaun liegen und kämpfte sich ein paar Schritte durch dichtes Buschwerk. Plötzlich stand er auf einer Lichtung, umrahmt von Pflanzen aller Art.

»Wie viel verschiedenes Grün es gibt«, flüsterte Jonas und atmete die samtige, duftende Luft ein. Er setzte sich auf das weiche Moos unter einen Apfelbaum und lehnte sich an den Stamm. Es war friedlich hier. Jonas schloss die Augen.

»Bist du ein Gnom?«, fragte da plötzlich eine helle Stimme. »Oder vielleicht doch ein Wichtel?«

Sofort fühlte Jonas diesen kalten Klumpen im Bauch, den er immer spürte, wenn Toni ihn so nannte: *Wichtelkopf, Gnombein, Zwergnase.*

Er öffnete die Augen. Vor ihm stand ein kleines Mädchen und strahlte ihn mit großen Augen an. Ihre Haare waren lang und ein bisschen verwuschelt und reichten ihr fast bis zu den Hüften. Und sie waren rot, fast so rot wie seine eigenen. Sie trug ein himmelblaues Sommerkleid und hatte nackte Füße.

Seine Wut verrauchte augenblicklich, als er die großen, ernsten, erwartungsvollen Augen sah. Er lächelte zurück. »Und du?«, fragte er. »Bist du eine Elfe?«

Das Mädchen kicherte. »Nein«, sagte sie. »Ich bin Emily.«

Jonas schüttelte den Kopf. »Bestimmt bist du eine Elfe. Oder eine Fee. Hier wohnen bestimmt ganz viele von deiner Sorte.«

Emily kicherte wieder. »Ich bin nur Emily, das Mädchen«, wiederholte sie. »Aber hier gibt es bestimmt Elfen. Und Feen und Wichtel und Zwerge. Mein Opa sagt, dass sie am besten an Orten zu finden sind, wo alles wächst, wie es will. So wie hier.«

Mit ausgebreiteten Armen drehte sie sich ein paarmal im Kreis. »Schau«, rief sie Jonas zu, »hier sind überall ihre Spuren.« Dabei zeigte sie auf verschiedene Pflanzen. »Die hier heißen Elfenaugen. Und dort sind Feenflügel. Das sind Wichtelkräuter, und dahinten wächst Zwergenwurz.«

Jonas folgte Emily und schaute sich die Blumen und Pflanzen an. Er verstand nicht viel von Pflanzenkunde, aber er war sich sicher, dass die Blumen, die Emily Elfenaugen nannte, eigentlich Vergissmeinnicht hießen. Es waren nämlich die Lieblingsblumen seiner Mutter. Und Wichtelkräuter waren eindeutig Disteln. Aber er sagte nichts, sondern nickte und folgte Emily durch den kleinen, verwunschenen Garten.

»Und dort«, sagte Emily und zeigte auf ein paar gelbe Blumen, »wachsen Trollblumen.« Sie schaute sich unruhig um. »Wo Trollblumen wachsen, da gibt es auch Trolle«, wisperte sie.

»Trolle?« Jonas grinste.

Emily nickte. »Trolle machen alles kaputt, da muss man aufpassen. Immer wenn ich bei Opa zu Besuch bin, komme ich hierher und bewache den Garten.«

»Und was machst du, wenn die Trolle kommen?«, fragte Jonas.

»Dann jage ich sie wieder weg«, rief Emily laut und setzte eine ernste Miene auf. Dabei stemmte sie ihre Hände in die Hüften und reckte ihr Kinn. »Trolle sind hässlich und gierig und gemein und laut und dumm. Die machen alles kaputt. Das würde ich niemals zulassen!«

»Du bist aber mutig«, sagte Jonas.

Emily schüttelte den Kopf. »Ich bin gar nicht mutig. Aber das hier ist der schönste Ort auf der Welt. Und den darf niemand kaputt machen.«

In diesem Moment hörten sie eine Stimme rufen: »Emily! Abendessen!«

»Das ist Opa«, sagte Emily. »Ich muss gehen.«

Jonas schaute auf seine Uhr. »Schon so spät!«, staunte er. »Ich muss auch los.«

»Kommst du wieder?«, fragte Emily.

Jonas nickte und ging Richtung Bretterzaun.

»Wie heißt du überhaupt?«, rief Emily ihm hinterher.

»Jonas«, antwortete Jonas und winkte Emily zum Abschied zu.

Am nächsten Tag erwischte ihn Toni auf dem Weg zu Emily.

»He, du Wichtelzwerg, bleib stehen«, rief Toni.

Kurz überlegte Jonas, ob er sich schnell durch die losen Bretter in Emilys Garten zwängen sollte. Aber dann würde Toni den Weg dorthin kennen! Nein, lieber nicht.

Schon packte Toni ihn am Arm und hielt ihn fest.

»Na, Zwergenbein? Her mit dem Süßkram«, knurrte Toni. Er zog Jonas den Rucksack vom Rücken und kramte den Inhalt – zwei Bilder und einen Lutscher – heraus. Dass eins der Bilder dabei zerriss, bemerkte er gar nicht.

Jonas beobachtete Toni. Er musste an die kleine Emily denken. Was hatte sie gestern gesagt? *»Trolle sind hässlich und gierig und gemein und laut und dumm. Die machen alles kaputt.«*

Und plötzlich musste Jonas lachen. Hier stand einer von ihnen vor ihm: ein dummer, gemeiner, lauter, gieriger Troll.

Toni sah Jonas erstaunt an. »Was gibt es da zu lachen, Krummzwerg?«, fragte er grimmig.

Wieder sah Jonas die mutige, kleine Emily in ihrem Garten vor sich. Und er tat es ihr nach. Er streckte die Beine so gerade es ging, stemmte die Hände in die Hüften, reckte das Kinn in die Höhe. Gleich fühlte er sich größer. Gleich *war* er größer. Fest schaute er Toni in die Augen. »Ich bin lieber ein Zwerg als ein dummer, gemeiner Troll!«

Dann hob er seinen Rucksack vom Boden auf. Er nahm dem verdutzten Toni den Lutscher aus der Hand, und ohne seinen Blick von Tonis Augen zu lösen, schwang er sich den Rucksack auf den Rücken. Er wartete darauf, geschubst oder beschimpft zu werden. Aber nichts passierte.

»Troll?«, fragte Toni. »Wovon redest du eigentlich? Du bist ja nicht mehr ganz dicht.«

»Lass mich in Ruhe«, sagte Jonas. Er sprach ganz langsam, besonders laut und sehr, sehr deutlich. Dabei fragte er sich, ob Toni wohl sein wummerndes Herz hören konnte.

Toni zögerte.

Jonas hätte am liebsten die Augen gesenkt. Aber er hielt seinen Blick starr auf Toni gerichtet. In Gedanken fing er an zu zählen. *Eins, zwei, drei, vier, fünf, se…*

Toni guckte weg. Er zuckte mit den Schultern und sagte: »Du Gartenzwerg, behalt doch deinen blöden Lutscher!«

Dann drehte er sich um und ging davon.

Jonas atmete tief durch. Sein Herzschlag beruhigte sich. Als Toni um die Ecke gebogen war, ging Jonas zu den losen Brettern am Zaun und kroch in Emilys Garten.

»Hallo, Jonas«, rief Emily zur Begrüßung. Sie stand mitten auf der kleinen Lichtung und wartete auf ihn. »Keine Trolle in Sicht.«

Jonas lief ihr entgegen und nickte ihr zu. »Keine Trolle in Sicht! Ich glaube, für heute ist der Garten sicher.«

Mareike Brombacher

Marie und die Wolkenlöwin

Marie liegt auf der Wiese. Die Sonne scheint, Vögel zwitschern, und am Fuß kitzeln sie die Grashalme. Sie gähnt. Gerade hat Papa gerufen: Marie und ihr Bruder Leon sollen ihre Zimmer aufräumen, denn nachher kommen Oma und Opa zu Besuch. »Komme gleich!«, ruft Marie zurück. Sie schließt die Augen, streckt die Arme weit aus und streichelt mit den Handflächen übers Gras. Dann schaut sie in den Himmel. Wie ein blaues, ruhiges Meer breitet er sich über ihr aus. Einige Wolken ziehen vorüber. Eine Wolke sieht aus wie eine Schildkröte, eine andere wie ein Drache.

Der Drache reißt sein Maul auf und will die Schildkröte fressen – doch da verwandelt er sich auf einmal in einen Riesenschmetterling. Weiter hinten am Himmel ist ein dicker Mann mit zwei Köpfen. Wozu er wohl zwei Köpfe braucht? Um besser zu hören vielleicht? Oder um mehr zu essen? Vielleicht hat er zwei Kinder und will beide gleichzeitig küssen? Marie muss lachen. Eine Wolke sieht aus wie eine Löwin im Sprung.

Marie erkennt sofort, dass es eine Löwin ist, denn sie hat rundliche Ohren und keine Mähne. Der Körper ist lang ausgestreckt, die Tatzen sind zur Landung bereit.

»Die Löwin sieht aber echt aus«, denkt Marie und freut sich. Sie liebt die Wattewolkenwundertiere am Himmel. Plötzlich wachsen dem Riesenschmetterling lange Monsterarme, und er greift nach der Löwin. Der Wind treibt die wattigen Monsterkrallen beinahe bis zu ihren Hinterläufen. Vor Aufregung wickelt Marie einen Grashalm um ihren Zeigefinger – wird der Monsterschmetterling die Löwin fressen? Nein, er wirft etwas. Ein Seil! Er will sie fangen! Aber kurz bevor das Seil die Löwin erreicht, dreht der Wind, und es hängt lose hinter ihrem Schwanz in der Luft.

Erleichtert fährt Marie sich mit der Hand durch die kurzen braunen Locken und seufzt. Das ist ja noch mal gut gegangen.

So eine Wolkenlöwin hätte sie auch gerne bei sich zu Hause. Sie würde sie füttern und streicheln, mit ihr kämpfen und herumtoben, und die Löwin könnte sie beschützen. Und da hat Marie eine Idee: Sie greift nach dem Wolkenseil. Überrascht schaut die Wolkenlöwin zu ihr herunter. Marie zieht sich am Seil hoch, bis sie den Schwanz der Löwin zu fassen bekommt. Unten am Boden erkennt sie den Garten. Von hier oben sieht er winzig klein aus, und ihr Haus steht darin wie ein Spielzeughaus.

Der Löwinnenschwanz pendelt hin und her, und die Wolkenlöwin ruft aufgeregt: »Was ist denn dahinten auf meinem Schwanz los!?«

Marie antwortet: »Ich bin das, ich heiße Marie!«, aber der Wind tost so laut und stark, dass er ihr die Worte aus dem Mund bläst.

Die Löwin ruft zurück: »Du sitzt auf meinem Knie? Das stimmt aber nicht, du hältst dich an meinem Schwanz fest. Mein Knie ist hier!« Sie hebt das Vorderbein und zeigt auf ihr Knie.

Marie schüttelt verzweifelt den Kopf und schreit noch einmal aus Leibeskräften: »Ich – hei-ße – Ma-rie!« Hoffentlich hat die Löwin sie jetzt endlich verstanden.

»Du schaffst das nie?«, brüllt die Löwin. »Das glaube ich nicht. Kletter mal auf meinen Rücken!«

Marie zieht sich weiter hoch und schafft es schließlich, bäuchlings auf dem Rücken des Wolkentieres zu liegen. Sie robbt nach vorne bis zum Hals. Dann brüllt sie ein drittes Mal: »Ich heiße Marie!«

Die Löwin zuckt zusammen. »Das freut mich, aber warum schreist du so in mein Ohr? Ich bin doch nicht schwerhörig.«

»Oh, Entschuldigung«, beeilt Marie sich zu sagen – in normaler Lautstärke.

Das Wolkenwundertier lächelt. »Ich bin Louana, die Wolkenlöwin. Du kannst gerne mitfliegen, aber du solltest dich gut festhalten. Die Tiere im Wolkenland sehen von Weitem friedlicher aus, als sie sind, und auch die Stürme und die glühende Sonne sind sehr gefährlich.«

Marie sieht sich genauer um und erschrickt ein wenig. Den Monsterschmetterling hatte sie schon gesehen, aber jetzt entdeckt sie noch andere gruselige Wolkenmonster – mit riesigen Glotzaugen und fürchterlichen Mäulern. Ein Monster hat drei lange Stacheln auf der Nase, ein anderes hat so große Zähne, dass es sein Maul gar nicht mehr schließen kann. Auch die Löwin betrachtet besorgt das großzahnige Wolkenmonster.

Da hat Marie eine Idee: »Bei mir im Zimmer sind wir in Sicherheit. Ich habe nur Kuscheltiere und Kuscheltiermonster, da gibt es keine Monsterschmetterlinge oder andere Ungeheuer.«

»Was sind Kuscheltiere?«, fragt die Wolkenlöwin und reißt die Augen auf. »Sind die gefährlich?«

»Nein, nein, das sind Tiere aus Stoff, die sind zum Kuscheln. Mein Lieblingstier ist ein Affe, er heißt Joko.«

»Ein Affe?«, schreit die Löwin. »Und der soll nichts tun? Die Wolkenaffen, die ich kenne, klauen Essen, kegeln mit Schneckenhäusern oder spielen Fußball mit dem zusammengerollten Wolkenigel … Das sind die schlimmsten Quatschmacher im Wolkenland!«

»So einen Quatsch macht Joko nicht«, sagt Marie mit fester Stimme. »Komm, wir fliegen los, und ich zeige dir, wo ich wohne.«

Die Wolkenlöwin nickt bedächtig. »Na gut, ein bisschen Ruhe wäre vielleicht gar nicht so schlecht.« Sie gähnt ein herzhaftes Wolkenwundertiergähnen.

Marie weist der Wolkenlöwin den Weg, und sie sausen mit großen Sprüngen vom Himmel hinab zu Maries Haus und durch ein offenes Fenster in ihr Zimmer hinein. Dort landen sie genau neben Joko auf dem Bett.

Misstrauisch beschnuppert Louana den Kuschelaffen Joko, dann sagt sie zufrieden: »Dieser Affe tut uns wirklich nichts.«

Marie breitet eine karierte Wolldecke auf dem Boden aus, auf der sich Louana wohlig seufzend zusammenkringelt. »Sehr gemütlich«, schnurrt sie und schließt die Augen. »Danke. Es ist sehr schön bei dir.«

Nach einiger Weile sagt Marie: »Es ist Abendessenszeit, ich muss nun hinuntergehen.«

Die Löwin richtet sich erfreut auf: »Oh ja, ich komme mit!«

Marie schüttelt den Kopf. »Das geht nicht. Du musst hier im Zimmer bleiben. Mein Papa bekommt sonst einen Riesenschrecken! Und am Ende wirst du noch in den Zoo gebracht und dort eingesperrt.«

Dann geht Marie zum Abendessen. Vorher holt sie noch heimlich ein bisschen Schinken und eine Schüssel Wasser aus der Küche und stellt es Louana hin. Als sie zurückkommt, ist das Fell der Löwin hellgrau und gar nicht mehr so leuchtend weiß wie zuvor.

Traurig sieht Louana Marie an. »Wieso hast du mich so lange alleine gelassen?«

»Aber das war doch nicht lange«, sagt Marie. »Schau, du kannst dir ein Bilderbuch ansehen über Tiger und Löwen.« Sie gibt der Wolkenlöwin ein Tierbilderbuch. »Und du darfst heute Joko zum Schlafen haben.«

Aber die Löwin seufzt nur und rollt sich auf der Decke ein, den Schinken und das Wasser hat sie nicht angerührt. »Ich vermisse die anderen Wolkentiere«, sagt Louana leise. Mit der rechten Tatze umklammert sie Joko, mit der anderen reibt sie sich die Augen.

»Hast du denn vergessen, wie gefährlich einige von denen sind?«, fragt Marie. »Denk nur an den Monsterschmetterling, der hätte dich fast gefressen.«

»Nein, das habe ich nicht vergessen«, antwortet Louana mit leiser Stimme.

»Nun lass uns erst mal schlafen, und morgen reden wir weiter, ja?« Marie zieht sich die Decke bis zum Kinn hoch.

Am nächsten Morgen blinzelt Marie in die ersten Sonnenstrahlen und erschrickt: Genau vor ihrem Gesicht ist ein hellgrauer Löwinnenkopf! Da erinnert sie sich wieder an ihre neue Freundin. Aber die Löwin Louana aus dem Wolkenland schaut Marie aus rot verweinten Augen an. »Bitte lass mich frei«, schluchzt sie.

Marie ist enttäuscht: »Aber du hast doch bei mir alles, was du brauchst! Du hast eine Freundin, du bekommst zu essen und zu trinken, du hast eine gemütliche Decke – was willst du denn wieder im Wolkenland? Da ist es doch so gefährlich!«

Die Löwin springt auf Maries Bett. »Die Gefahren nehme ich in Kauf, wenn ich nur wieder frei sein darf.« Mit leuchtenden Augen fährt sie fort: »Ich möchte mit dem Wind fliegen und durch den Sturm sausen, ich will vor den Wolkenmonstern fliehen und die Welt von oben sehen – und ich möchte trotzdem deine Freundin sein.«

Marie nickt und seufzt schwer. Eine dicke Träne rollt ihre Wange herunter und platscht auf ihr Knie. Während sie beobachtet, wie der Tränentropfen ihren Unterschenkel herunterrinnt, vermisst sie ihre Freundin. Sie vermisst sie jetzt schon, obwohl sie noch gar nicht weg ist.

»Dann flieg. Du wirst mir fehlen«, sagt sie.

Die Löwin nickt und nimmt Marie für eine Umarmung zwischen ihre Tatzen. Ihr Wolkenfell wird plötzlich wieder ganz hell.

In den Augen der Löwin kann Marie glitzernde Tränentropfen erkennen. Vorsichtig drückt sie Louana an sich. »Ich vergesse dich nicht«, sagt Marie.

»Ich dich auch nicht«, sagt die Löwin. Und dann flüstert sie: »Wir werden uns bald wiedersehen.«

Marie öffnet das Fenster, und das weiße Wattewolkenwundertier springt mit einem eleganten Löwinnensprung hinaus und zurück in den Himmel.

Marie geht auf die Wiese, legt sich auf den Boden und schaut nach oben in den Himmel. Dort sieht sie Louana, frei und glücklich und mitten im Sprung, mit dem Wind fliegen. Marie winkt ihr zu. Louana winkt zurück. Kleine weiße Wolkenteilchen schweben plötzlich vom Himmel herab und kitzeln Marie im Gesicht. Marie streckt sich und gähnt. Von Weitem hört sie ihren Bruder rufen: »Marie, wir sollen aufräumen, Oma und Opa sind gleich da!«

Sie steht auf und schaut in den Himmel. Die Wolkenlöwin lächelt ein Wolkenwundertierlächeln zu ihr herunter. Marie lächelt zurück. Es ist schön, eine Wolkenlöwin zur Freundin zu haben.

Frauke Nahrgang

Tine und Serkan

Heute ist Tine schnell mit den Hausaufgaben fertig. Jetzt geht sie lustlos hinunter auf den Spielplatz. Ohne Anne ist es dort langweilig. Anne ist Tines beste Freundin. Aber vor zwei Wochen ist sie weggezogen. Und seitdem fühlt Tine sich schrecklich verlassen. Serkan ist auf dem Spielplatz. Ausgerechnet der! Serkan hat Tine und Anne oft geärgert. Warum konnte der nicht lieber wegziehen?

Serkan macht ein missmutiges Gesicht. Sein kleiner Bruder Mehmet buddelt im Sand. Bestimmt muss Serkan auf ihn aufpassen. Das muss er oft, wenn seine Mutter arbeiten geht. Dann hat er wenigstens keine Zeit, jemanden zu ärgern!

Die Schaukel ist frei. Immerhin ein Trost! Schnell setzt Tine sich drauf und holt Schwung.

Das kribbelt im Bauch. Auf der Wiese spielen ein paar Kinder Fußball. Serkan läuft zu ihnen hinüber. Mehmet lässt er allein im Sand sitzen. Hoffentlich kriegt er deswegen richtig Ärger!

Tine schließt die Augen. Sie sitzt im Flugzeug und fliegt zu Anne.

»Stopp!«, schreit jemand. »Halt an, Tine!«

Das ist Serkans Stimme.

Anhalten? Das könnte dem so passen. Der will bloß selber auf die Schaukel. Tine kneift die Augen fest zu und holt neuen Schwung. Im selben Augenblick schlägt die Schaukel hart an. Jemand schreit. Erschrocken bremst Tine ab. Mehmet liegt am Boden. Aus seiner Stirn sickert Blut. Mehmet brüllt.

»Schau, was du gemacht hast!«, schreit Serkan wütend.

»Aber ich …«, stottert Tine. »Ich wollte doch nur …«

Serkan streichelt Mehmets Gesicht. Das ist ganz nass von Blut und Tränen. Serkan weint jetzt auch. Dabei weint der sonst nie. Höchstens, wenn er bei einer Prügelei was auf die Nase kriegt.

Die anderen Kinder drängen sich um die Schaukel. Serkan zeigt anklagend auf Tine.

»Die ist schuld!«

»Ich habe Mehmet doch nicht gesehen!«, verteidigt sich Tine.

»Ach nein?«, fragt Serkan böse. »Aber ich habe extra noch gerufen.«

»Das … das habe ich nicht gehört«, flüstert Tine. Ihr wird ganz heiß.

»Und wenn Mehmet jetzt stirbt?«, fragt jemand.

Entsetzt starrt Tine ihn an. Man stirbt doch nicht, wenn man von einer Schaukel getroffen wird! Oder vielleicht doch?

»Wir müssen einen Arzt holen!«, sagt jemand.

»Und die Polizei!«

Ein paar Kinder laufen los.

»Das wollte ich doch wirklich nicht«, schluchzt Tine.

Niemand hört auf sie. Mehmet wimmert nur noch leise. Das klingt schrecklich. Tine springt auf und rennt los. Weg, nur weg vom Spielplatz.

Beim alten Kino bleibt Tine stehen. Sie schnappt nach Luft. Und dabei fällt es ihr wieder ein:

Serkan hat STOPP gerufen. Aber Tine hat nicht gestoppt. Jetzt hat Mehmet ein Loch im Kopf.

Und wenn er wirklich stirbt …

Tine hält vor Schreck den Atem an.

Eine Frau fragt besorgt: »Fehlt dir was, Kind?«

Ohne eine Antwort rennt Tine weiter. Aber wohin?

Tine rennt, bis sie Seitenstechen hat. Erst dann geht sie langsamer. Schauen die Leute nicht alle komisch? Vielleicht wissen sie schon Bescheid. Vielleicht schreit gleich jemand: Haltet sie!

Tine setzt sich wieder in Trab. Und nun weiß sie auch, wohin.

Annes Oma hat einen Garten. Der liegt am Stadtrand, wo die Lauben stehen. Tine war mit Anne und ihrer Oma schon oft dort. Manchmal auch allein mit Anne. Dann haben sie es sich in der Laube gemütlich gemacht.

Serkan wollte manchmal wissen, wo sie hingehen. Aber das haben sie ihm nicht gesagt.

Einmal hat er ihnen nachspioniert. Aber er ist ein schlechter Detektiv. Tine und Anne haben ihn sofort bemerkt und einfach abgehängt. Wie sie über den Superdetektiv gelacht haben!

Alles war schön, als Anne noch da war. Jetzt ist alles schrecklich.

Im Sommer sind in den Gärten immer viele Leute. Aber jetzt ist niemand hier. Die Laube von Annes Oma ist verschlossen.

Aber hinter der Regentonne ist der Schlüssel versteckt.

»Für alle Fälle«, hat Annes Oma immer gesagt.

Jetzt ist: für alle Fälle.

Tine tastet nach dem Schlüssel. Das Schloss klemmt. Aber schließlich geht es doch auf. In der Laube ist es dämmrig. Die Vorhänge sind zugezogen. Gut so. Dann merkt niemand, dass Tine hier ist.

Erschöpft lässt sie sich auf das alte Sofa fallen. Ohne Anne ist es dort nicht gemütlich. Wenn Anne doch da wäre!

Aber wenn Mehmet tot ist, will Anne bestimmt auch nichts mehr von Tine wissen.

Tine legt ihre Arme um die Knie und hält sich selber fest.

Die alte Laube ächzt im Wind. Manchmal raschelt es irgendwo. Etwas schlägt gegen die Wand. Vielleicht Räuber?

»Quatsch!«, sagt Tine laut. »Das war nur der Fensterladen.«

Wie lange kann sich Tine hier verstecken? Annes Oma kommt erst im Frühling wieder her.

Tine schaudert. Bis zum Frühling ist es noch schrecklich lang.

Draußen wird es dunkel. Bestimmt hat Mama schon gerufen, dass Tine hochkommen soll.

Heute kann sie lange rufen. Tine kommt nicht mehr.

Ob Mama und Papa deswegen traurig sind? Sicher wissen sie schon alles. Deshalb wollen sie Tine gar nicht mehr haben.

Nein! Das stimmt nicht! Mama und Papa haben Tine lieb. Immer! Und sie sind traurig, weil Tine weg ist. Wie dumm Tine war! Entschlossen springt sie auf und öffnet die Tür.

Scheußlich dunkel ist es. Zum Fürchten. Plötzlich hört Tine ein Geräusch. Das ist nicht der Fensterladen. Das sind Schritte. Eilige Schritte. Die kommen direkt auf die Laube zu.

Entsetzt knallt Tine die Tür wieder zu.

»Tine! Tine, bist du da drin?«

Diese Stimme kennt Tine.

»Papa!«, ruft sie erleichtert. Sie reißt die Tür auf, stolpert ihm entgegen und wirft sich in seine Arme.

»Tine!« Papa drückt sie fest an sich.

»Ist Mehmet tot?«, fragt Tine leise. Wie sie sich vor der Antwort fürchtet!

»Nein«, sagt Papa. »Er musste genäht werden. Aber es sah schlimmer aus, als es ist.«

Da kann Tine weinen. Das erste Mal an diesem schrecklichen Nachmittag. Es ist ein gutes Weinen. Papas Jacke wird ganz nass davon.

Papa streichelt Tine. »Lauf nie mehr weg«, bittet er. »Was auch passiert, wir haben dich lieb.«

Tine schluchzt und nickt. »Weiß ich ja! Weiß ich ja schon selber.«

»Komm«, sagt Papa. »Mama wartet daheim.«

In Papas Auto ist es warm und gemütlich. Der Motor summt. Tine wird ganz schläfrig.

Immer tiefer rutscht sie in ihren Sitz. Aber plötzlich ist sie wieder hellwach.

»Woher wusstest du, wo ich war?«, fragt sie.

Papa lacht. »Von Serkan. Er hat gesagt, ich soll bei den Lauben suchen. Da bist du oft, hat er gesagt.«

»Serkan?«, fragt Tine erstaunt. »Woher will der das wissen?«

Papa zuckt die Schultern. »Das musst du ihn schon selber fragen«, sagt er.

Zu Hause möchte Mama vor Freude alles auf einmal machen. Sie möchte Tine drücken, Pfannkuchen für Tine backen und ihr ein heißes Bad einlassen.

»Gleich«, sagt Tine. »Ich muss erst nach Mehmet schauen.«

Serkan und Mehmet wohnen im Haus gegenüber.

Tine klingelt. Serkan macht die Tür auf.

»Wie geht es Mehmet?«, fragt Tine.

Serkan zieht ein betrübtes Gesicht. »Schlecht.«

»Schlecht? Aber ich dachte … Papa hat doch gesagt …«

Serkan grinst. »Jeder bedauert ihn und schenkt ihm Schokolade. Da hat er sich einfach überfressen.« Serkan lacht, und Tine lacht mit.

»Komm doch rein«, sagt Serkan.

Tine zögert. »Ist deine Mutter böse auf mich?«, fragt sie.

Serkan schüttelt den Kopf. »Du warst nicht schuld.«

»Doch!«, sagt Tine leise. »Du hast STOPP gerufen. Aber ich habe einfach weitergeschaukelt.«

»Ich hätte besser auf Mehmet aufpassen müssen«, sagt Serkan. »Dann wäre alles nicht passiert.«

Tine drückt Serkans Hand. Zusammen gehen sie ins Wohnzimmer. Mehmet thront auf dem Sofa.

»Sei mir nicht böse«, bittet Tine.

Aber Mehmet ist gar nicht böse. Stolz zeigt er auf den Verband an seinem Kopf und den neuen Bagger. Den hat sein Papa ihm zum Trost gekauft.

Serkans Mutter streicht Serkan übers Haar. »Bald kommt Mehmet in den Kindergarten«, sagt sie. »Dann muss Serkan nicht mehr so oft auf ihn aufpassen.«

Tine lässt den neuen Bagger über Mehmets Beine rollen. Mehmet kichert. Tine spürt es in ihrem Bauch, wie gern sie ihn hat.

»Wir können zusammen auf ihn aufpassen«, schlägt sie vor.

»Ehrlich?«, fragt Serkan erfreut. »Dann kann Mehmet sich mit dem Kindergarten ruhig noch Zeit lassen.«

Serkan bringt Tine die Treppe hinunter. An der Haustür fällt ihr noch etwas ein.

»Woher hast du von der Laube gewusst?«

»Ich bin euch manchmal nachgeschlichen«, gibt Serkan zu.

»Unmöglich«, widerspricht Tine. »Das hätten wir doch gemerkt.«

»Ich bin eben ein guter Detektiv!«, sagt Serkan stolz.

Das stimmt! Serkan ist ein Superdetektiv. Und darüber ist Tine sehr froh.

»Ohne dich hätte Papa mich nie gefunden«, sagt sie.

Vor dem Schlafengehen hängt Tine ihre Hose über die Stuhllehne. Aus der Hosentasche fällt ein Schlüssel. Der Schlüssel von der Laube! Den hat Tine ganz vergessen.

In der Laube ist es sehr gemütlich. Aber nur, wenn man nicht allein dort ist.

Ob Annes Oma erlaubt, dass Tine manchmal mit Serkan hingeht?

Annes Oma ist sehr nett. Bestimmt sagt sie Ja.

Tine schiebt den Schlüssel unter ihr Kopfkissen. Gleich morgen wird sie ihn zurückbringen.

Der Schlüssel muss nämlich immer hinter der Regentonne liegen. Für alle Fälle.

Janosch

Die Fiedelgrille und der Maulwurf

Eine Grille hatte den ganzen Sommer über nichts anderes getan, als auf ihrer Geige gefiedelt. Sich selbst zur Freude und für die kleinen Tiere auf dem Feld zum Tanzvergnügen.

Aber dann kam der Herbst und dann der Winter, und sie hatte nichts zu essen. Denn sie hatte das Feld nicht bestellt, also auch keine Ernte, hatte keine Vorräte gesammelt, hatte sich kein Winterhaus gebaut und keine warmen Handschuhe gestrickt, hatte also auch keine Winterkleidung, und der kalte Wind wehte durch ihr dünnes Kleidchen.

Oh Gott, war das kalt.

Da ging sie zum Hirschkäfer.

»Sie sind doch Förster im Wald«, sagte sie, »denn Sie haben ein Geweih. Der Förster muss zu allen Tieren im Wald gut sein, könnte ich bitte bei Ihnen wohnen? Nur den Winter über, denn ich habe kein Haus. Kostenlos.«

»Kostenlos?«, rief der Hirschkäfer, »kein Haus und kostenlos!! Das höre ich gern. Nein, nein, Mariechen, da kann ich nicht dienen. Erst den ganzen Sommer herumfiedeln und dann auf anderer Leute Kosten …«

… und er warf sie hinaus. Drohte mit der Faust hinter ihr her: »… kostenlos … kein Haus gebaut … herumgefiedelt wie eine Sirene … nein, nein!!« Und draußen war es bitterkalt.

Da ging die Grille zu der Maus. Die Maus wohnte in einer Gießkanne mit allem Komfort. Hatte viele Vorräte gesammelt, sodass fünf kleinere Leute davon hätten leben können, und zwar gut und drei Jahre lang.

»Ob ich hier ein wenig wohnen könnte?«, fragte die Grille mit ihrer kleinen Geige unter dem Kleidchen. »Nur einen Winter lang, denn ich habe kein Haus …«

»Kein waas?«, schrie die Maus, »kein Haus? Und wohl auch keine Nahrung und auch kein Geld! Nein, nein, meine Liebe, da kann ich nicht dienen.«

Und die Grille musste weiterstapfen. Mit ihrem dünnen Kleidchen und ihrer kleinen Geige, und es war so bitterkalt.

Da ging sie zum Maulwurf. Der Maulwurf wohnte in einer Kellerwohnung. Mit Ofen. Viel Platz unter der Erde und warm.

»Oh, Besuch!«, rief der Maulwurf. »Kommen Sie doch mal näher, damit ich Sie befühlen kann, denn ich bin ein wenig kurzsichtig auf den Augen, weil ich blind bin. Kommt von der Finsternis hier unten, macht nix.«

Und er befühlte die Grille und ihre kleine Geige und erkannte sie. Was für eine Freude.

»Ob ich hier wohnen kann?«, fragte die Grille, »einen Winter lang … mit meiner kleinen Fiedel …?«

»Oh ja«, rief der Maulwurf, »wie gern sag ich da Ja!«

Und die Grille blieb.

»Spiel doch mal was«, sagte der Maulwurf.

Da fiedelte und geigte die Grille, und der Maulwurf lauschte. Denn wer nicht gut sieht, der hört umso lieber mit den Ohren Musik.

Und sie machten sich ein schönes warmes Leben zusammen. Gute Speisen wurden gekocht, Krautsuppe oder süße Erbsen, für jeden oft eine ganze.

Draußen war es bitterkalt, wie am Nordpol, aber hier war es warm, und der Ofen bollerte. Es roch nach guter Suppe, und nach dem Essen wurde gefiedelt.

Sie lasen zusammen in der Waldzeitung, das Sofa war schön weich, und sie labten sich an Blaubeerwein.

Manchmal an den Sonntagen und Feiertagen wurde der Maulwurf von der Grille sauber frisiert, sein Pelz wurde gebürstet, und dann gab es ein gutes

Festessen. Vielleicht Heidelbeerkaltschale vorneweg, Erbschen paniert, Mandelkerne in Honigteig gewendet und als Nachtisch Speiseeis. Von draußen. Aus der Kälte. Gefrorene Kürbismelone mit Schneepuderzucker garniert.

Mein Gott, war das eine schöne Zeit.

Wohl die schönste Zeit ihres ganzen Lebens.

Hartmut El Kurdi

»Bahn frei, Kartoffelbrei!«

Menno, Nikolaustag und immer noch kein Schnee. So macht der Winter überhaupt keinen Spaß!« Lilly hockte auf der Küchenfensterbank, starrte in den dunkelgrauen, verregneten Morgen und war sauer. Und traurig. Obwohl sie vor einer Dreiviertelstunde noch fröhlich aus dem Bett gesprungen war, um in den Flur zu rennen, die Wohnungstür aufzureißen und in ihren Winterstiefeln eine erfreuliche Menge an Süßigkeiten und Halbsüßigkeiten vorzufinden: Schokokram, Nüsse, Mandarinen. Aber als sie dann in der Küche aus dem Fenster geschaut hatte, war ihre gute Laune wie weggeblasen.

»Offiziell«, sagte ihre Mutter, »fängt der Winter ja erst am 21. Dezember an. Eigentlich sind wir also noch mitten im Herbst.«

»Im Hochherbst sozusagen!«, warf ihr Vater ein und biss ins Marmeladenbrot.

Die Mutter nickte. »Und im Herbst *muss* es sogar regnen, sonst wäre es ja kein Herbst. So, und jetzt ab in die Schule, es ist zehn vor acht!«

»Mist!« Lilly zog eilig Regenjacke und Gummistiefel an und schulterte den Ranzen. Sie gab ihren Eltern einen Schnellkuss und rannte die Treppe hinunter. Ihre Mutter konnte ihr grade noch hinterherrufen: »Wir arbeiten heute beide lange. Ich stell Brote hin …«

Als Lilly mittags nach Hause kam, regnete es immer noch. Das Wetter ging ihr inzwischen fast so auf die Nerven wie Frau Bergner, ihre Mathe- und Sportlehrerin, die anscheinend nur auf Lehrerin studiert hatte, weil grad alle Ausbildungsstellen zur Gefängniswärterin besetzt gewesen waren. Mann, hatte die heute wieder schlechte Laune gehabt! Egal, jetzt nur nicht mehr an Schule denken! Lilly warf einen kurzen Blick auf die mit Frischhaltefolie zugedeckten Käsebrote auf dem Küchentisch, nahm sich dann aber lieber einen Schokoweihnachtsmann. Sie packte den Kapuzenkerl zur Hälfte aus, biss hinein und setzte sich wieder auf die Fensterbank.

Zwei Wochen ging das jetzt schon so: Regen, Regen, Regen. Sie wollte endlich Schlitten fahren, Schneemänner bauen, Schneeballschlachten machen und ihren Freund Karim einseifen. Karim wohnte nebenan. Er hieß Karim, weil seine Eltern aus dem Libanon kamen, also Araber waren. Karim selbst war Stuntman. Zumindest behauptete er das. Und er benahm sich auch so. Wenn es irgendwo eine Situation gab, die auch nur entfernt danach aussah, dass sie mit einem Gipsarm oder einem großen Pflaster enden konnte, dann war Karim mittendrin. Lilly war nun wirklich kein Angsthase, aber gegen »Kamikaze-Karim« kam sie nicht an. Manchmal glaubte sie, dass er nicht mehr alle Tassen im Schrank hatte.

Es klingelte. Lilly ging zur Tür und öffnete sie. Wenn man vom Teufel spricht … »Komm rein«, sagte Lilly.

»Hast du die andere Hälfte im Bauch?«, fragte Karim. Lilly wusste nicht, was er meinte. Karim zeigte auf den halben Schokoweihnachtsmann in Lillys Hand. »Na, von dem da.«

»Ja, schon.«

Karim schnappte sich den Restschokomann und biss hinein: »Dann ist das wohl meine Hälfte!«

Lilly war empört: »Kannst du nicht deine eigenen Nikolaussachen essen?«

»Meine Eltern haben's mal wieder vergessen. Die können sich die ganzen deutschen Feiertage einfach nicht merken.«

Sie gingen in Lillys Zimmer. »Und was wollen wir machen?«, fragte Karim. Lilly schaute aus dem Fenster. »Keine Ahnung. Raus ist doof! Also irgendwas drinnen.«

Die beiden überlegten. Aber das, was der eine gut fand, fand die andere blöd. Und umgekehrt:

»Vier gewinnt?«

»Och nö … Monopoly!«

»Nee, heute nicht, lieber Stadt, Land, Fluss!«

»Wie wär's mit Tipp-Kick?«

So kamen sie nicht weiter.

»Was würdest du denn am liebsten machen?«, fragte Karim.

»Schlitten fahren!«, antwortete Lilly ehrlich.

Karim grinste. »Na, dann fahren wir eben Schlitten!«

Lilly rollte mit den Augen. »Klar, und danach machen wir mit unserem Heißluftballon 'ne Weltreise!«

»Nee, wirklich«, sagte Karim bestimmt, »wir bauen einen Schlitten, auf dem man auch ohne Schnee fahren kann! Das hab ich mal im Fernsehen gesehen. Sommerrodeln hieß das, oder so.«

»Und wie soll das gehen?«

»Keine Ahnung, im Fernsehen haben sie das irgendwie mit Schienen gemacht, aber das geht bestimmt auch anders …«

Es ging anders! Nicht an diesem Tag. Auch nicht am nächsten oder übernächsten. Es dauerte eine ganze Woche, bis sie den Schlitten gebaut hatten. Sie konnten ja immer nur arbeiten, wenn ihre Eltern nicht zu Hause waren. Zunächst informierten sich Lilly und Karim im Internet: Karim hatte recht gehabt. Es gab wirklich Sommerrodelbahnen, auf denen Schlitten fuhren, unter die kleine Räder oder Rollen montiert waren. So was mussten sie bauen!

»Hast du 'ne Ahnung, wo man solche Rollen herkriegt?«, fragte Karim.

Lilly schaute sich um: Sie hatten ein paar Möbel mit Rollen. Einen Schreibtischstuhl zum Beispiel. Aber die Rollen da drunter sahen nicht aus, als ob sie zum Rodeln taugten. Also ab in den Keller. Lilly stürmte voran.

»Action!«, rief Karim, als sei er an einem Filmset, und nahm die Treppe mit einem einzigen Sprung. Dabei knallte er zwar unten gegen die Kellertür, aber das war für ihn ja nichts Besonderes.

»Wo habe ich die denn hingetan?«, brummelte Lilly, als sie eine große Umzugskiste durchwühlte.

»Was suchst du denn?«, fragte Karim.

»Meine alten Inliner. Hey, da sind sie ja!« Sie holte ein paar verdreckte Rollerblades hervor. »Die passen mir nicht mehr. Gut, dass Mama die noch nicht verkauft hat.« Sie drehte einen der Rollschuhe um. »Super, genau, wie ich dachte: Die Schiene mit den Rollen kann man abnehmen.« Sie schaute prüfend zu ihrem Schlitten, der hinten in der Kellerecke stand. »Aber das reicht nicht. Wir brauchen für jede Kufe zwei Schienen. Eine vorne, eine hinten. Hast du auch Inliner?«

Karim schüttelte den Kopf. »Nee, nie gehabt. Aber

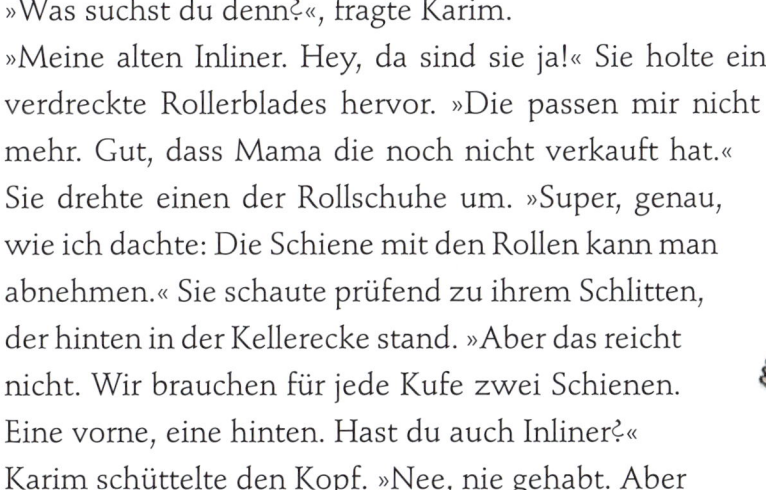

selbst wenn: Nach meinem letzten Fahrradunfall haben mir meine Eltern alles mit Rädern verboten. Sogar meinen alten Holzroller haben sie verschenkt! Als ob ich mir nicht auch anders was brechen könnte!« Auch Lilly war sich sicher, dass Karim für einen Knochenbruch keine Räder brauchte.

»Nimm doch die!«, sagte Karim und holte ein Paar Erwachsenen-Inliner aus einem anderen Karton.

Lilly schüttelte den Kopf. »Nee, die gehören meinem Vater. Außerdem kann man da die Rollen nicht abmachen!« Karim drehte den Schuh hin und her. »Klar, dafür braucht man nur 'ne Säge.« Lilly zeigte ihm einen Vogel. »Bist du bescheuert?« Karim zuckte mit den Schultern. »Ich könnte allerdings auch versuchen, sie mit einem Chinaböller abzusprengen!« Lilly verdrehte die Augen.

Drei Tage später, nachdem sie in mehreren Secondhandläden und sogar auf einem Flohmarkt nach alten Inlinern gesucht hatten, aber keine bezahlbaren gefunden hatten, saßen sie wieder im Keller.

Lilly sagte: »Okay, dann säg sie halt ab!«

Sie wollte sich gar nicht vorstellen, was ihr Vater sagen würde, wenn er herausfand, was sie mit seinem Eigentum gemacht hatten. Nicht dass er die Inliner dringend gebraucht hätte. Er hatte sie genau zwei Mal benutzt. Beim zweiten Mal hatte er das Gleichgewicht verloren, war nach hinten gekippt und hatte sich das Steißbein verstaucht. Danach musste er eine ganze Woche auf einem sehr dicken Sofakissen sitzen, weil sein Hintern so wehtat. Die ersten zwei Tage konnte er gar nicht sitzen. Da musste er stehen, sogar beim Essen, was ziemlich lustig aussah.

»Plastik sägen ist gar nicht so einfach«, stöhnte Karim. Lilly ermahnte ihn: »Pass auf, dass das nicht splittert. Wir müssen die Dinger noch an den Schlitten schrauben!«

Lilly hatte sich längst überlegt, wie sie die Rollen montieren wollte. »Wir nehmen dieses gelochte Metallband, mit dem Papa immer die Regale an der Wand festmacht.«

»Regale an der Wand festmachen? Wie feige ist das denn?«, fragte Karim und reichte Lilly die Zange, mit der sie die Metallbandstücke in der richtigen Länge von der Rolle abknipste.

»Los, hol schon mal den Akkuschrauber«, sagte sie und legte den Schlitten mit den Kufen nach oben auf den Kellerboden.

Am liebsten wären Lilly und Karim die »Teufelsnase« heruntergefahren, den besten Rodelhügel der Stadt. »Die Nase« war nicht nur steil und schnell – nein, sie hatte auch noch eine kleine natürliche Sprungschanze, an der Stupsnasenspitze sozusagen. Aber leider war das Rasen-Matsch-Gemisch auf der Teufelsnase kein guter Untergrund für einen Schlitten mit Rollen. »Wir brauchen Asphalt«, sagte Karim.

»Genau! Oder Beton«, stimmte Lilly zu, »eine steile, harte, unmatschige Rodelbahn!«

Die beiden überlegten ein paar Sekunden, dann schauten sie sich an, grinsten und sagten gleichzeitig: »Die Bergnersteigung!«

Die Bergnersteigung war ein asphaltierter Fußweg, der hinter der Schule einen mit Büschen und dornigem Unkraut bewachsenen Hügel hochführte. Oben auf dem Hügel stand die Turnhalle. Als die Schule gebaut worden war, hatte man zwischen Turnhalle und den anderen Gebäuden viel Platz gelassen, weil man später noch eine große Aula dazwischen bauen wollte. Aber dann war der Stadt wohl das Geld ausgegangen. Frau Bergner benutzte den Fußweg gern als Foltergerät. Im Sportunterricht. Manchmal mussten die Schüler zehn Mal hintereinander hoch- und wieder runterrennen. Gnadenloses Konditionstraining. Frau Bergner stand an der Seite und schaute mit hochgezogenen Augenbrauen auf ihre Stoppuhr. Aber jetzt war die gehasste

Bergnersteigung für Lilly und Karim die perfekte Nicht-Schnee-Rodelstrecke: nicht zu kurz, nicht zu lang und vor allem schnell genug.

»Morgen um fünf probieren wir den Schlitten aus«, bestimmte Lilly, »dann ist es dunkel, und die Lehrer sind alle weg. Aber um sechs kommen meine Eltern nach Hause – da muss ich wieder zurück sein.«

Karim nickte. »Okay, wir treffen uns um Viertel vor fünf im Keller.«

Am nächsten Tag konnte Lilly es kaum abwarten. Ab vier wurde es langsam dunkel.

Um halb fünf ging sie in den Keller und überprüfte den Schlitten. Die Rollenschienen waren jeweils mit zwei Metallbändern und mehreren Schrauben an den Kufen festgemacht.

Lilly setzte sich auf den Schlitten und stieß sich mit den Füßen ab. Sie sauste den Kellergang hinunter. So weit, so flott. Karim kam in den Keller und hatte zwei Motorradhelme dabei.

»Wo hast du die denn her?«, fragte Lilly.

»Von meinem Onkel, der hat 'n Motorroller«, antwortete Karim.

Lilly setzte einen der Helme auf. »Passt! Super! Ich hätte gar nicht damit gerechnet, dass du an so was denkst.«

Karim seufzte: »Ich bin Stuntman, verstehst du? Da geht Sicherheit vor!«

Klar, dachte Lilly, so siehst du auch aus …

Sie schlichen sich im Nieselregen aus dem Haus. Um sieben Minuten vor fünf standen sie hinter der Schule, am Fuße der Bergnersteigung sozusagen. Die Laterne, die auf der Hälfte der Strecke am Wegesrand stand, tauchte den Hügel in ein gelb-orangefarbenes Licht. Lilly warf einen Blick auf das Fenster des Lehrerzimmers: dunkel. Nur im Hausmeister-Bungalow flackerte der Fernseher. Herr Schütte schaute seine Vorabendserie. Um den brauchte man sich also auch nicht zu kümmern.

»Ich mach noch mal die Bahn sauber!«, sagte Karim, und während Lilly den Schlitten hinter sich her den Hügel hinaufzog, schob Karim mit seinen Füßen kleine Äste, Steine und Erdbrocken vom Gehweg.

Als sie oben angekommen waren, zogen sie die Helmgurte fest, und Karim trat mit seinen Stiefeln ganz leicht gegen die Rollen, so wie ein Autokäufer, der die Reifen eines Gebrauchtwagens testet.

»Hält! Zusammen oder alleine?«, fragte er.

»Zusammen natürlich«, sagte Lilly, »aber wir müssen Anlauf nehmen. Setz du dich schon mal drauf!«

»Okay«, sagte Karim, setzte sich auf das vordere Drittel des Schlittens, stellte seine Füße oben auf die Kufen und hielt sich mit beiden Händen fest. Lilly schaute auf die Uhr: Punkt fünf. Sie packte den Schlitten links und rechts an den äußersten Latten und brüllte:

»DREI, ZWEI, EINS, LOS!«

In diesem Moment zeigte Karim nach unten zum Häuschen des Hausmeisters. »Oh nein, der Schütte!« Herr Schütte stand, die Arme in die Hüften gestemmt, vor seiner Tür und schrie: »Hey, was macht ihr da?« Lilly überlegte kurz. Nee, jetzt nur nicht verwirren lassen. Sie rief: »Bahn frei, Kartoffelbrei!« – und begann zu rennen. Da die Rollen sehr schnell waren, konnte sie nur drei oder vier Schritte machen, bis sie aufspringen musste. Sie knallte gegen Karims Rücken. »Alles klar?«, brüllte sie.

»Alles klar!«, brüllte Karim zurück.

Herr Schütte rannte den Weg hoch. Lilly und Karim sausten ihn hinunter. Karim rief: »Platz da!« Der Schlitten ging ab wie eine Rakete. Die Bergnersteigung war gute hundertfünfzig Meter lang.

Als sie kurz vor der Mitte waren, hörte Lilly ein Knacken, und dann ging alles ganz schnell: Die Rollen auf der rechten Seite knickten seitlich weg, die Kufe knirschte auf dem Asphalt, und Funken stoben hoch.

»Bremsen!«, schrie Lilly. Sie und Karim nahmen die Füße von den Kufen und versuchten, den Schlitten zum Stehen zu bringen. Aber dadurch drehte er sich erst quer zur Bahn, verlor dann das Gleichgewicht, kippte um – und überschlug sich.

Lilly und Karim wurden heruntergeschleudert.

Lilly knallte mit voller Wucht gegen die Laterne, Karim mähte Herrn Schütte um, der inzwischen bis auf drei oder vier Meter herangekommen war. Das war das Letzte, was Lilly sah: Karim, der mit dem Hausmeister ins Gebüsch schoss. Dann ging bei ihr das Licht aus.

Als Lilly wieder aufwachte, war sie im Krankenhaus und hatte wahnsinnige Schmerzen. Ihr Vater war da und versuchte sie zu beruhigen. Sie wurde geröntgt, ihr Arm wurde eingegipst, ein Arzt untersuchte ihre Augen und ihren Kopf … und irgendwann bekam sie eine Spritze, von der sie sehr müde wurde und einschlief.

Am nächsten Morgen öffnete sie die Augen und sah als Erstes ein Fenster – und Schneeflocken. Dicke, fast flauschige Flocken.

Lilly dachte: »Super, ausgerechnet jetzt schneit es!«

Ihre Eltern standen am Bett. Ihr Vater lächelte, und ihre Mutter runzelte die Stirn. Lillys ganzer Körper schmerzte. An ihrem rechten Arm hatte sie den Gips, und ihr eines Bein war mit einer Schiene ruhiggestellt.

»Na, du Bruchpilot, wie geht's?«, fragte ihre Mutter.

»Aua«, antwortete Lilly.

Ihr Vater streichelte ihr über den Kopf. »Das kann ich mir vorstellen!« Er klopfte mit seinen Fingerknöcheln auf den Gipsarm. »Der Arm ist gebrochen, aber nicht so schlimm. Mit dem Bein ist es schon komplizierter. Das muss operiert und geschraubt werden, aber dazu muss erst mal die Schwellung zurückgehen. Das könnte ein bisschen dauern.«

»Entschuldigung«, flüsterte Lilly.

»Schon okay«, sagte ihre Mutter, »darüber reden wir, wenn du wieder gesund bist.«

»Und was ist mit Karim? Ist der auch im Krankenhaus?«, fragte Lilly.

Ihr Vater schüttelte den Kopf. »Der hat Glück gehabt. Mit Herrn Schütte als lebendigem Airbag. Die sind beide mit ein paar Prellungen und Verstauchungen davongekommen.«

»Nur gut, dass ihr diese komischen Motorradhelme aufhattet!«, sagte ihre Mutter.

Lilly lächelte ein schiefes Lächeln und sagte: »So ist das bei uns Stuntmännern und -frauen. Da geht Sicherheit vor!«

Drei Tage später öffnete sich nachmittags die Tür von Lillys Zimmer, und ein Schneeball flog herein. Er landete auf der Bettdecke von Jessica, Lillys Bettnachbarin. Die kreischte »Iiihhh!«, und dann erschien Karims Kopf in der Tür.

»Oh, Mist«, sagte er, »ich dachte, du wärst allein im Zimmer.« Er rannte zu Jessicas Bett, nahm den Schneeball von der Decke, entschuldigte sich und hielt ihn Lilly hin. »Hier, hab ich dir mitgebracht!« Er grinste.

Lilly nahm den Schneeball und sagte: »Los, mach mal die Balkontür auf!«

Karim öffnete die Tür, und Lilly warf den Schneeball hinaus. »Treffer!« Sie grinste zurück.

Karim schaute auf Lillys Bein. »Und, wie geht's?«

Lilly erzählte ihm alle Einzelheiten, wo das Bein auf welche Art gebrochen war, was bei der Operation passieren würde und dass sie wahrscheinlich bis Weihnachten im Krankenhaus bleiben musste.

Karim war beeindruckt: »Du kriegst richtige Schrauben ins Bein? Mann, hast du ein Schwein!« Und dann erzählte er von dem Ärger, den er zu Hause bekommen hatte. Sein Vater hatte sich tierisch aufgeregt, vor allem, weil Lilly bei dem Unfall so schwer verletzt worden war. »Eigentlich war er aber froh, dass mir nix passiert ist.«

Sie quatschten zwei Stunden, bis die Schwester kam und zu Karim sagte, es gebe gleich Abendessen und er müsse jetzt mal langsam gehen.

»Ich komm morgen wieder«, sagte Karim. »Soll ich dir was Bestimmtes mitbringen?« Lilly schaute aus dem Fenster und überlegte. »Klar, einen Schneemann!«

Karim lachte. »Ich guck lieber mal, ob ich noch 'nen Comic hab!« Und dann verschwand er.

Zum Abendessen gab es wieder doofes Graubrot, doofe Mettwurst und doofen Pfefferminztee. Wie jeden Tag. Dann schaute Lilly noch ein bisschen fern und schlief ein.

Als sie am nächsten Morgen geweckt wurde, sagte die Schwester: »Sieh mal auf den Balkon. Ich hab keine Ahnung, wie der da hingekommen ist!«

Lilly beugte sich ein bisschen vor und sah, dass genau vor der Balkontür ein Schneemann stand. Mit einem Motorradhelm auf dem Kopf. Und das im ersten Stock! Lilly schüttelte ungläubig den Kopf. Und sie war froh, dass Karim ihr Freund war – auch wenn er wirklich nicht alle Tassen im Schrank hatte.

Christine Nöstlinger

Jede Menge Probleme

Der Franz Fröstl wird bald neun Jahre alt. Er wohnt mit seiner Mama, seinem Papa und seinem Bruder in der Hasengasse. Der Bruder heißt Josef und ist sechs Jahre älter als der Franz.

Eigentlich geht es dem Franz sehr gut. Aber jede Menge Probleme hat er trotzdem. Das größte Problem vom Franz ist seine Stimme. Die wird hoch und piepsig, wenn er sich aufregt. Und wenn er sehr aufgeregt ist, bringt er überhaupt keinen Ton mehr raus.

Damit, dass er klein ist, hat der Franz auch ein Problem.

Obwohl er schon bald in die dritte Klasse kommt, fragen ihn fremde Leute oft: »Na, Kleiner, wann kommst du denn in die Schule?«

Aber wenigstens sagt jetzt niemand mehr »Na, Kleine« zu ihm. Früher hat der Franz das fast jeden Tag hören müssen. Doch seit seine Nase gewachsen ist und sein Mund breiter geworden ist, schaut er nicht mehr wie ein Mädchen aus.

Freundschafts-Probleme hat der Franz auch. Sein ältestes Freundschafts-Problem hat er mit seinem großen Bruder. Schrecklich gern würde der Franz sagen: »Mein allerbester Freund ist mein Bruder, der Josef!«

Bloß denkt der Josef nicht daran, der allerbeste Freund vom Franz zu sein. Er nennt ihn »Stöpsel« und »Zwerg« und »Piepsmaus«. Nie spielt er mit dem Franz, nie nimmt er ihn wohin mit. Nicht mal, wenn ihn die Mama oder der Papa darum bitten.

»Der Knirps ist ein Klotz am Bein!«, sagt er.

Die Mama vom Franz behauptet, dass der Josef den Franz in Wirklichkeit

sehr lieb hat. »Er ist halt bloß in einem ruppigen Alter«, erklärt sie dem Franz.

Der Franz fragt dann immer: »Wie lange dauert das ruppige Alter noch?«

»Sicher nimmer lange«, antwortet die Mama jedes Mal.

Seit vielen Jahren sagt sie das. Tausend Mal hat es der Franz schon gehört, und er hat es längt aufgegeben, daran zu glauben.

Oft kuschelt sich der Franz vor dem Einschlafen in die Decke und denkt sich einen Josef aus, der sein allerbester Freund ist.

Einen Josef, der mit ihm aus Lego-Steinen den Stephansturm baut und ihm schwierige Rechnungen erklärt und ihn ins Schwimmbad und zum Eislaufen mitnimmt.

Manchmal träumt er dann sogar in der Nacht von diesem Josef. Das sind so schöne Träume, dass er am nächsten Morgen ganz glücklich aufwacht.

Und so denkt sich der Franz: Hauptsache, ich habe einen Bruder, der mein allerbester Freund ist. Ob im Traum oder in Wirklichkeit, ist doch fast egal!

Außerdem, sagt sich der Franz, habe ich im wirklichen Leben sowieso zwei allerbeste Freunde. Das muss reichen!

Die zwei allerbesten Freunde vom Franz sind die Gabi Gruber und der Eberhard Most.

Die Gabi wohnt im Haus vom Franz, in der Wohnung nebenan. Nach der Schule geht der Franz mit ihr heim und bleibt bei ihr, bis seine Eltern von der Arbeit kommen.

Der Franz liebt die Gabi. Die Gabi liebt den Franz auch. Sonst würde sie ja nicht so oft sagen: »Wenn wir achtzehn Jahre alt sind, heiraten wir und bekommen sechs Kinder!«

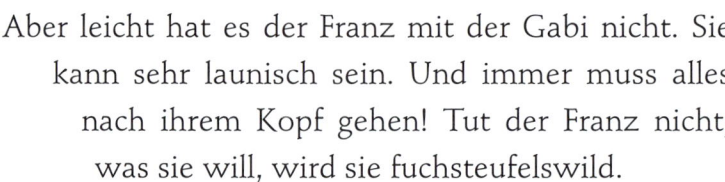

Aber leicht hat es der Franz mit der Gabi nicht. Sie kann sehr launisch sein. Und immer muss alles nach ihrem Kopf gehen! Tut der Franz nicht, was sie will, wird sie fuchsteufelswild.

Die Gabi-Mama schimpft dann mit ihrer Tochter. Aber das macht die Gabi nur noch fuchsteufelswilder, und sie schreit:

»Wegen dir Zweikäsehoch bekomm ich dauernd Stress mit meiner Mama!«

Also tut der Franz brav, was die Gabi will.

Der Eberhard Most sitzt in der Schule neben dem Franz. Er beschützt den Franz seit dem ersten Schuljahr. Nicht nur dann, wenn es nötig ist. Bekommt der Franz vor Aufregung wieder mal seine Piepsstimme und lacht ihn ein Kind deswegen aus, kriegt es dieses Kind mit dem Eberhard zu tun!

Der Eberhard ist der größte und stärkste Bub der Klasse. Da reicht es, wenn er knurrt: »Lass meinen Franz in Ruhe, sonst setzt es was!«

Dumm ist bloß, dass der Eberhard und die Gabi einander nicht leiden können. Der Eberhard hält die Gabi für ein zickiges Biest. Die Gabi hält den Eberhard für einen öden Langweiler.

Sooft der Franz versucht hat, mit der Gabi und dem Eberhard etwas zu unternehmen, ist es schiefgegangen. Jedes Mal hat es Streit gegeben.

Und weil der Franz keinen Streit mag, versucht er erst gar nicht mehr, eine Freundschaft »zu dritt« zu haben.

Also hat er beschlossen: Der Eberhard ist mein Vormittags-Freund, die Gabi ist meine Nachmittags-Freundin!

Mit dieser Einteilung ist die Gabi zufrieden, weil sie nicht in der Klasse vom Franz und vom Eberhard ist. Sie geht in die 2a. Der Franz und der Eberhard gehen in die 2b.

Der Eberhard ist mit dieser Einteilung nicht zufrieden. Er wäre auch am Nachmittag gern mit dem Franz zusammen. Immer wieder lädt er den Franz zu sich nach Hause ein.

»Du kannst doch auch bei mir Mittag essen«, lockt er den Franz. »Meine Mama kocht super! Und nachher könnten wir mit ihr in den Zoo fahren. Oder in den Prater.«
Aber der Franz lässt sich nicht locken. Er bleibt bei seiner Vormittags-nachmittags-Einteilung. Und weil der Eberhard sehr gutmütig ist, nimmt er das dem Franz nicht übel.

Cornelia Franz

Böse Fee, gute Fee

Mama kann so was von fies sein«, sagte Frieda. »Die merkt gar nicht, wie gemein das ist. Die will das nicht merken!« Vor lauter Wut sauste Frieda so schnell mit ihrem Roller los, dass Nasrin kaum hinterherkam.

»Was denn? Was ist gemein?«, japste Nasrin. »Nun halt doch mal an, Friedi!« Jetzt bremste Frieda. Nasrin musste einen Schlenker machen, um sie nicht über den Haufen zu fahren.

»Na, dass ich nur sechs Kinder einladen darf«, sagte Frieda. Sie schob ihren Roller neben die Bank beim Spielplatz und ließ sich seufzend plumpsen.

»Zu deinem Geburtstag?« Nasrin setzte sich neben sie.

»Nee, zu meiner Hochzeit, du Dumme«, brummte Frieda.

Puh, Frieda hatte ja eine Stinklaune. Nasrin schaute sie von der Seite an. »Sag doch mal. Wieso darfst du denn nur sechs Kinder einladen?«, fragte sie.

»Weil ich sechs werde. Und Mama sagt, man darf immer nur so viele Leute einladen, wie alt man wird.«

»Echt?« Nasrin staunte. »Wusste ich gar nicht.« Sie machte ein nachdenkliches Gesicht. »Aber kann schon sein.«

»Ich glaub das nicht.« Wieder seufzte Frieda. »Ich kann gar nichts machen. Mama ist bei uns die Bestimmerin.«

Jetzt zählte Nasrin an den Fingern ab. »Also: Mareike und Katharina. Und Gian-Luca. Und ich. Das sind vier.«

Frieda nickte. »Ja, und Benjamin, weil das mein Cousin ist. Und das neue Mädchen bei uns im Haus. Die ist total nett, glaube ich. Die kennt ja noch niemanden, und Mama meint auch, wir sollten sie mal einladen.«

Nasrin hielt immer noch die Finger in die Luft. »Das sind doch genau sechs.«

»Ja, aber Stella zählt auch mit!«, schrie Frieda. »Und das ist gemein von Mama. Wo das doch meine Schwester ist!«

Nasrin bohrte mit der Spitze ihrer Sandale ein Loch in den Sand. »Dann lädst du eben das neue Mädchen nicht ein. Wie heißt die eigentlich?«

»Amelie heißt die.« Frieda verschränkte die Arme vor der Brust. »Aber ich lade doch alle anderen Kinder aus unserem Haus ein. Das ist total blöd, wenn bloß Amelie nicht kommen darf, finde ich.«

Eine Weile saßen sie schweigend da. Man konnte geradezu sehen, wie sie nachdachten. Nasrin bohrte ein noch tieferes Loch in den Sand, und Frieda knabberte an ihrem Daumennagel herum.

»Wie bei Schneewittchen«, sagte Nasrin schließlich. »Wo die dreizehnte Fee nicht eingeladen wurde.«

»Dornröschen«, brummelte Frieda. Sie hatte immer noch eine Stinklaune. »Und das ist gar nicht gut ausgegangen. Weil die Fee, die sie nicht eingeladen haben, nämlich ziemlich sauer war und das Kind verhext hat. Kann ich gut verstehen.«

»Ach, Friedi …« Nasrin legte ihr den Arm um die Schultern, und Friedas Laune wurde tatsächlich ein kleines bisschen besser. Als Nasrin sie diesmal von der Seite anschaute, sah Frieda gar nicht mehr so grimmig aus.

Plötzlich saß Frieda kerzengerade da. »Ha, mir ist was eingefallen!«, rief sie, und ihre Augen leuchteten. Und dann tuschelte sie Nasrin ihre Idee ins Ohr, ganz leise, obwohl niemand in der Nähe war. Bei großen Geheimnissen und tollen Plänen kann man gar nicht vorsichtig genug sein.

Am Samstag war es so weit. Friedas sechster Geburtstag! Mama und Papa und Stella weckten sie morgens mit einem Lied, und die Wohnung roch nach frisch gebackenem Kuchen. Glücklich packte Frieda ihre Geschenke aus: einen Tuschkasten, einen Fußball aus Leder und einen leuchtend roten Ranzen mit Glitzerpunkten. Alles, was sie sich gewünscht hatte.

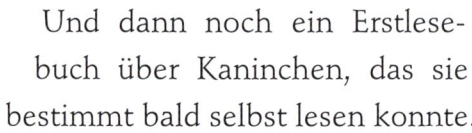

Und dann noch ein Erstlese-
buch über Kaninchen, das sie
bestimmt bald selbst lesen konnte.

Mama nahm sie in die Arme. »Wie
schön, dass du dich so freuen kannst, meine
Große«, sagte sie. »Und dass du gar nicht mehr
stinkig bist wegen deiner Geburtstagsfeier.«

Frieda lachte. »Nee, kein bisschen mehr, Mama.«

»Wenn ihr zu siebt seid, wird es trubelig genug«, meinte Papa.

»Ja, ja. Mal sehen.« Frieda kicherte.

»Die kleine Amelie laden wir einfach mal so ein, ja? Dann könnt ihr
euch in Ruhe kennenlernen.«

»Ja, ja. Mal sehen«, sagte Frieda wieder und kicherte noch mehr.
Eigentlich hätten Mama und Papa merken müssen, dass da etwas
nicht stimmte. Aber sie mussten einkaufen und alles für die Ge-
burtstagsparty vorbereiten und waren sehr beschäftigt. Nein, nie-
mandem fiel auf, dass Frieda noch dreimal aufgeregter war als sonst
an ihrem Geburtstag. Auch Stella nicht, weil die noch zu klein war,
um etwas zu merken.

Am Nachmittag kam dann einer nach dem anderen: Benjamin war der Erste.
Onkel Richard lieferte ihn ab und verschwand gleich wieder. Dann waren
Mareike, Katharina und Gian-Luca da, die alle im Haus wohnten.
Kurz danach klingelte es noch mal, und Amelie stand vor der Tür.
Sie wurde von ihrer Mutter gebracht, obwohl sie doch nur eine
Treppe hochgehen musste. Schüchtern hielt sie sich an der Hand
ihrer Mama fest. In der anderen Hand hatte sie ein Päckchen mit
einer bunten Schleife.

»Herzlichen Glückwunsch zum Geburtstag.« Sie streckte Frieda
das Geschenk entgegen. »Und vielen Dank für die Einladung«, sagte
sie höflich.

Ihre Mutter reichte Mama die Hand. »Ja, auch von uns ganz herzlichen Dank, Frau Fricke. Es ist schön, dass Amelie hier im Haus gleich eine Freundin gefunden hat.«

»Äh«, sagte Mama und warf Frieda einen fragenden Blick zu. »Ach so … ja, das ist sehr schön«, murmelte sie, wobei sie Amelies Mama die Hand schüttelte.

Während sich Amelie im Wohnzimmer zu den anderen Kindern setzte, nahm Mama Frieda zur Seite. »Wieso ist denn Amelie da?«, flüsterte sie. »Und warum kommt Nasrin nicht? Habt ihr euch gestritten?«

»Ach was«, meinte Frieda. »Die hat keine Zeit.«

»Keine Zeit?«, wunderte sich Mama. »Deine allerbeste Freundin?«

Schließlich saßen alle um den runden Tisch. Papa brachte die Becher mit Kakao, und Mama schnitt den Kuchen auf. Sie machten Stopp-Essen und lachten sich dabei kringelig. Auch Amelie gackerte los. Sie war kein bisschen mehr schüchtern.

Als sie noch nicht ganz fertig waren mit Kuchenessen, klingelte es wieder an der Tür. Mama kam aus der Küche und machte auf. Und ehe sie etwas sagen konnte, sauste ein merkwürdiges Wesen an ihr vorbei ins Wohnzimmer. Ein Wesen im silbernen Flatterrock, mit roter Perücke und einem Zauberstab in der Hand.

»Ha, ich sehe nur sechs Teller und sechs Becher!«, rief es. »Auweia, das wird aber schlimme Folgen haben!« Es zeigte mit dem Stab auf Mama, die verdutzt im Türrahmen stand.

»Wie bitte?«, fragte Mama. »Was soll das, Nasrin?«

»Ich bin die siebte Fee«, antwortete Nasrin. »Und jetzt musst du hundert Jahre schlafen, bis ein Prinz dich küsst.«

Mama guckte immer noch ganz verwirrt. Und auch Papa machte ein ziemlich dummes Gesicht. Doch auf einmal verstand er, was da los war. Er nahm

Mama in den Arm und gab ihr einen Kuss auf den Mund. »So, das wäre schon mal erledigt«, sagte er und lachte. »Wir holen lieber schnell noch einen siebten Teller für die böse Fee, oder?«

»Ach so … na klar … natürlich.« Mama schaute von Papa zu Nasrin und dann zu Frieda, und mit jedem Blick lächelte sie mehr. »Ich glaube, dass das eher eine gute Fee ist«, sagte sie. »Eine gute und ziemlich schlaue Fee. Sie weiß besser als ich, was Freundschaft ist.«

Richtig ernst war Mama auf einmal.

Dann legte sie der Fee das letzte Stück Schokoladenkuchen auf den Teller, und das Stopp-Essen konnte weitergehen. Und nach einer Minute Gekicher und Gepruste hatte Mama ganz vergessen, dass man am sechsten Geburtstag eigentlich nur zu siebt feiern durfte. Was ja sowieso eine komische Regel war.

Fantasiegeschichten

Wie oft hab ich mir vorgestellt,
ich wär ein Kind mit Superkraft:
Ein Wesen aus der Wunderwelt,
das alles kann und alles schafft!

Katja Richert

Das verrückte Haus

S eufzend wirft Pitt seine Kuscheltiere in den Karton und klappt den De-
ckel zu. Er sieht sich noch einmal in seinem Zimmer um. Der große
Kleiderschrank, die Regale und die Fensterbank sind komplett leer.

»Bist du fertig?«, fragt Papa, der gerade seinen Kopf zur Tür hereinsteckt.

»Ich will nicht umziehen«, sagt Pitt trotzig. »Warum können wir denn nicht
hierbleiben?«

Papa hockt sich neben Pitt und legt einen Arm um ihn. »Weil ich eine Arbeit
an einem anderen Ort gefunden habe. Aber ich bin mir sicher, dass es in
unserem neuen Zuhause genauso toll sein wird wie hier. Und jetzt komm!
Mama und Fine warten schon.«

Papa nimmt Pitts Karton und geht damit zum
Auto. Pitt folgt ihm.

»Guck mal, was ich beim Kistenpacken in
meinem Zimmer gefunden habe!«, ruft
Fine und schiebt sich ein Vampirgebiss
in den Mund. Dazu setzt sie sich eine
Perücke mit pinkfarbenen Locken
auf. »Und das hier ist für dich.« Sie
gibt Pitt eine riesengroße grüne Plas-
tikbrille und einen Haarreif mit
Hasenohren. Als Pitt beides aufsetzt,
muss Fine laut kichern. »Das sieht ja
lustig aus!«

Auch Mama lacht. »Mit dieser Verkleidung findet ihr bestimmt schnell neue Freunde in unserem neuen Zuhause.«

Pitt schluckt. Eigentlich will er gar keine neuen Freunde finden. Warum kann er nicht einfach bei den alten bleiben?

Papa schlägt den Kofferraum zu und sagt: »Vampirmädchen und Hasenjunge, bitte einsteigen, es geht los!«

»Juhu«, ruft Fine und springt im Hopserlauf zum Auto. Pitt trottet hinterher.

»Wann sind wir endlich da?«, fragt Pitt, kurz nachdem sie losgefahren sind. Nun ist er doch schon ein wenig gespannt, wie sein neues Zimmer aussehen wird!

»Ein bisschen dauert es noch«, erklärt Mama. »Spielt doch was!«

Doch dazu hat Pitt keine Lust. Er nimmt Brille und Hasenohren ab und starrt aus dem Fenster, bis Papa irgendwann sagt: »Da vorne muss es sein!«

Pitt reckt seinen Kopf und traut seinen Augen nicht: »Unser neues Haus ist lila und hat knallgrüne Fensterläden? Grün ist meine Lieblingsfarbe!« Seine Laune wird schlagartig besser.

»Und Lila meine!«, ruft Fine.

»Ich finde es etwas gewöhnungsbedürftig«, murmelt Mama.

Papa räuspert sich. »Ehrlich gesagt bin ich auch etwas überrascht«, meint er. »Aber wir dürfen uns nicht beschweren.

Mein neuer Chef war immerhin so nett, uns ein Haus zu suchen, das erschwinglich für uns ist.«

Papa stellt das Auto ab, und alle steigen aus. Kaum stehen sie vor dem Haus, schlagen die Fensterläden zu. Kurz darauf klappen sie wieder auf. Und dann wieder zu. Auf. Zu. Auf. Zu. Auf.

»Seltsam«, sagt Mama. »Es geht doch überhaupt kein Wind.«

»Vielleicht ist das ja eine Begrüßung«, überlegt Pitt und winkt dem Haus zu. »Hallo, Haus!«, ruft er. Und prompt hören die Fensterläden auf, sich zu bewegen.

Als sie die Gartenpforte öffnen, rollt sich ein langer roter Teppich von der Haustür bis zum Zaun aus.

»Das nenne ich mal einen schönen Empfang!«, freut sich Mama und schreitet wie eine Königin über den Teppich. »Da hat sich dein Chef aber viel Mühe gegeben.«

An der Wand neben der Haustür steht ein durchsichtiger Automat mit blinkenden Knöpfen. In dem Automat befinden sich lauter Flaschen mit bunten Flüssigkeiten.

»Was ist das?«, will Fine wissen.

»Da steht ganz groß *Begrüßungsgetränke* drauf«, liest Papa vor. Er geht näher heran. »Ich nehme an, ihr könnt euch etwas aussuchen. Es gibt Kaugummisaft, Lakritzwasser, Gummibärchenbrause, Schokosoße –«

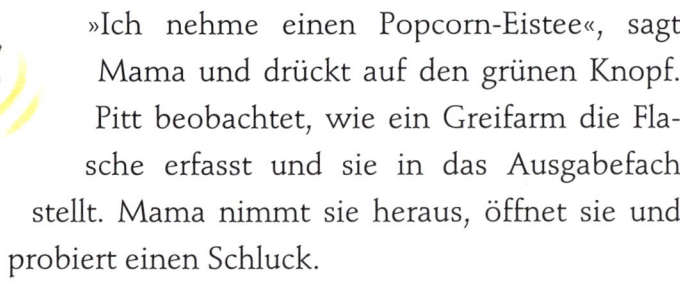

»Ich nehme einen Popcorn-Eistee«, sagt Mama und drückt auf den grünen Knopf. Pitt beobachtet, wie ein Greifarm die Flasche erfasst und sie in das Ausgabefach stellt. Mama nimmt sie heraus, öffnet sie und probiert einen Schluck.

»Köstlich!«, schwärmt sie.

»Das will ich wohl meinen«, sagt da eine Stimme, und Mama, Papa, Fine und Pitt sehen sich erschrocken um.

»Woher kam das?«, fragt Pitt und klammert sich vorsichtshalber an Mamas Arm.

»Ihr werdet doch wohl keine Angst vor einem Briefkasten haben«, sagt der gelbe Briefkasten, der an der anderen Seite der Haustür befestigt ist.

»W-warum k-kann dieser Briefkasten sprechen?«, stammelt Fine.

»Ich begrüße euch herzlich in Professor Huberts Erfinderhaus. Weil ich eine Erfindung von Professor Hubert bin, kann ich sprechen«, erklärt der Briefkasten. »Bitte nehmt euch doch alle ein Getränk, bevor ihr eintretet.«

»Erfinderhaus?«, fragt Pitt und drückt auf den roten Knopf, damit der Automat Gummibärchenbrause ausgibt.

Papa kramt in seiner Umhängetasche und zieht einen Stapel Papier hervor. »Sind wir hier vielleicht falsch? Ich bin mir ziemlich sicher, dass wir dieses Haus gemietet haben. Aber wenn hier ein Erfinder wohnt, dann –«

»Das hat schon alles seine Richtigkeit«, fällt ihm der Briefkasten ins Wort. »Professor Hubert ist auf Weltreise. Und in der Zwischenzeit vermietet er sein Haus. Mit all seinen Annehmlichkeiten.«

»Oh, das ist ja … nun ja«, sagt Mama.

»Supertoll«, ruft Pitt. »Ich will unbedingt sehen, was es noch für Erfindungen gibt.« Er nimmt einen Schluck Gummibärchenbrause. Lecker!

»Uns wird wohl nichts anderes übrig bleiben, als erst mal hier einzuziehen«, sagt Papa mit einem Schulterzucken und drückt die Haustür auf.

»Wenn ich euch weiterhelfen kann, meldet euch«, ruft ihnen der Briefkasten hinterher. »Ich hänge hier sowieso die ganze Zeit rum.«

Pitt drängelt sich an Papa vorbei. Er will das Haus als Erster betreten. Doch kaum hat er einen Fuß hineingesetzt, bleibt er am Boden kleben und kann sich nicht mehr von der Stelle bewegen.

»Ahhh«, schreit Pitt. »Was ist denn das?«

»Der Eingangsbereich ist mit Schuh-Auszieh-Kleber bestrichen«, erklärt der Briefkasten. »So vergisst niemand mehr, seine Schuhe auszuziehen. Außerdem ist es ein guter Schutz vor Einbrechern.«

Pitt schlüpft aus seinen Schuhen, macht einen großen Schritt und hat wieder normalen Boden unter sich. Er beobachtet fasziniert, wie seine Schuhe von einer kleinen Maschine in ein Regal gestellt werden.

»Tolle Erfindung!«, sagt Mama. »Da muss man auch nur halb so viel putzen.«

Als alle Schuhe verstaut sind, gehen Pitt und die anderen durch den Flur in einen riesigen Raum, der gleichzeitig Küche, Esszimmer und Wohnzimmer ist. »Seht euch das an!«, ruft Fine und deutet auf das riesengroße Sofa. Sie nimmt Anlauf und springt in den weichen Kissenberg. Pitt hat es der Schrank mit den vielen Schubladen angetan.

»Was ist da drin?«, fragt er Mama, und die liest vor: »Flummipulver zum Rumhüpfen, Sternenstaub für besseres

Sehen im Dunkeln, Schwebepillen für einen Moment Schwerelosigkeit, Raketenessenz für mehr Geschwindigkeit … das sind ja unglaubliche Erfindungen!«

»Dürfen wir die ausprobieren?«, fragt Pitt. »Bitte, bitte, bitte!«

Mama sieht Papa fragend an.

»Warum nicht?«, sagt der und zieht die Schublade mit Flummipulver auf.

»Eine Fingerspitze genügt«, brüllt der Briefkasten durch das geöffnete Fenster. Vorsichtig tauchen Papa, Mama, Fine und Pitt ihre Finger in das Pulver und stecken sie sich in den Mund.

Pitt spürt ein Kribbeln in seinen Beinen und springt probehalber in die Höhe. Er fliegt fast bis an die Decke! »Wow!«, ruft er und hüpft durch den Raum. Jetzt fangen auch Mama, Papa und Fine an zu springen. Sie juchzen und hüpfen die Treppen rauf. Dort betrachten sie ihre Schlafzimmer – in jedem gibt es einen Sternenhimmel an der Decke, den man vom Bett aus ein- und ausschalten kann. In Fines und Pitts Zimmern stehen Hochbetten, von denen eine lange, gewundene Rutsche hinunterführt.

»Das ist so toll«, ruft Pitt. »Kommt, wir hüpfen in den Garten!«

Im Garten gibt es Erdbeeren, die reif werden, sobald man sie mit der Fingerspitze berührt, und eine Apfelpflückmaschine, die den Apfel gleich klein schneidet und auf einem Teller serviert.

Als die Wirkung des Flummipulvers nachlässt, setzen sich alle auf eine Bank. Papa legt den Arm um Pitt. »Und, bist du jetzt immer noch traurig, dass wir umziehen mussten?«

Pitt schüttelt den Kopf. »Nein, überhaupt nicht. Und wenn ich meine Freunde vermisse, nehme ich einfach ein bisschen Raketenessenz. Dann bin ich ruck, zuck bei ihnen.«

Er streckt seine Beine aus und freut sich schon auf die erste Nacht in seinem neuen Zuhause. Denn was man da träumt, wird Wirklichkeit – und Pitt ist sich sicher, dass das ein ganz wunderbar-verrückter Traum werden wird.

Katja Ludwig

Maistussis

Diese Geschichte ist wirklich so passiert. Und zwar mir und meinem besten Freund Ruben, als wir vor Kurzem alle zusammen einen Ausflug aufs Land gemacht haben.

Wir sind ziemlich weit rausgefahren, bis Rubens Vater schließlich eine gute Wiese für das Picknick gefunden hatte: ohne Kuhkacke und mit Bäumen drauf.

»Weiden«, hat Mama gesagt.

Unsere Eltern saßen herum, tranken Kaffee und quatschten. Rubens große Schwester Lisa und meine große Schwester Isa haben sich natürlich gleich die besten Muffins geschnappt und sich dann mit ihren Harry-Potter-Büchern auf einen dicken Weidenast verzogen. Als wir ihnen hinterherklettern wollten, haben sie gesagt: »Für so kleine Pupsis ist auf der Peitschenden Weide kein Platz. Ihr dürft noch nicht nach Hogwarts.« Lisa hat so mit einem der Zweige herumgefuchtelt, dass er Ruben voll ins Gesicht geklatscht ist.

»Blöde Tussis!«, habe ich gerufen und zu Ruben gesagt: »Komm, wir suchen uns ein richtiges Abenteuer.«

Am Ende der Wiese fanden wir alte Eisenbahnschienen. Ruben hat sein Ohr draufgelegt und gemeint: »Nichts zu hören.«

Die Schienen waren total verrostet und von trockenem Gras überwuchert. Die Luft flimmerte in der Hitze.

»Guck mal, da sind Geckos«, sagte Ruben. Ruben hat von Tieren leider keine Ahnung.

»Das sind Smaragdeidechsen«, habe ich ihm erklärt. »Wo die Schienen wohl hinführen?«

Wir folgten dem Gleisbett und versuchten gleichzeitig, eine der kleinen, schillernd grünen Eidechsen zu fangen. Klappte aber nicht.

»Hast du auch so 'n Hunger?«, fragte Ruben nach einer Weile.

Ich nickte. »Total! Auf Muffins!«

»Wollen wir zurückgehen?«

Wir sahen uns um. Vor uns Gleisbett und hinter uns Gleisbett, und alles sah gleich aus. Auf beiden Seiten der Bahnschienen ragten Maispflanzen in den Himmel. Die Wiese war nicht mehr zu sehen. Wir waren ganz schön weit gelaufen.

»Wir können ja eine Abkürzung gehen«, sagte ich und deutete auf das Maisfeld links von uns. Ruben nickte und hob einen dicken Stock auf:

»Komm! Wir kämpfen uns durch den Dschungel.«

Im Maisfeld war es schön schattig, denn der Mais stand dicht und hoch. Bestimmt zwei bis drei Meter oder so. Wir guckten hinauf zur Sonne und waren uns sicher, dass wir richtig gingen.

»Da liegt was!«, rief Ruben und bahnte sich mit seinem Ast den Weg durch das Maisdickicht. Es war eine kleine blaue Wasserflasche.

»Genau so eine hast du doch auch«, meinte ich.

Er reichte sie mir. An der Seite stand mit schwarzer Schrift: *Ruben.*

Ich schluckte. »Wir sind im Kreis gelaufen.«

»Und jetzt finden wir bestimmt nie wieder zurück«, schniefte Ruben.

Ich hörte jemanden kichern.

Ruben war es nicht gewesen.

»Hörst du das?«, fragte ich.

Es war kein nettes Kichern. Und auch kein Kichern von blöden großen Schwestern, die einem einen Streich spielen wollen.

»Guckt mal, die beiden Zwerge haben sich verirrt!«

Wer war das?

Ruben zog mich am Ärmel und zeigte nach oben.

An einem der Stängel saß ein sehr merkwürdiger Maiskolben:

Er sah aus wie eine ziemlich tussige Person in einem grünen Wickelkleid. Langes, blondes Haar stand ihr wild vom Kopf ab. Sie hatte unechte, wie aufgeklebte schwarze Wimpern und sah finster auf uns herunter. Eine Maistussi!

Ich guckte mich verwundert um und sah auf einmal noch mehr solcher komischer Maiskolbenwesen. Sie standen zwischen den normalen Maispflanzen und guckten genauso unfreundlich wie das erste. Alle waren sich ziemlich ähnlich. Manche Gesichter kamen mir irgendwie bekannt vor. Das Ding, das direkt vor mir stand, sah ein bisschen so aus wie Alicia B. aus der 6c, die Oberzicke unserer Schule.

»Wir sind die Maistussis«, raschelte Alicia und rekelte sich in ihrem grünen Blätterkleid. »Und so kleine Hosenscheißer wie ihr, die glauben, dass sie Superhelden sind, wenn sie uns die Blätter vom Leib reißen, uns mit Stöcken schlagen oder sogar versuchen, unsere Stängel abzubrechen, können wir gar nicht leiden.«

»Wir haben doch gar nichts gemacht«, stotterte Ruben, und ich sah, wie er sich auf den Stock stützte und tat, als wäre er ein Wanderstab.

»Wenn ihr uns den Weg aus eurem Feld zeigt, seid ihr uns gleich wieder los«, schlug ich vor.

»Ganz klar«, sagte eine, die ein bisschen aussah wie Isa. »Erst knickt ihr uns um, und dann sollen wir euch noch helfen, oder wie?«

»Komm, wir gehen einfach weiter«, raunte Ruben mir zu.

Wenn man nicht genau hinsah, schienen die Maistussis in der grünen Masse der normalen Maispflanzen wieder zu verschwinden.

Wir liefen und liefen, doch das Maisfeld nahm kein Ende.

»Ich kann nicht mehr«, jammerte Ruben und stolperte.

»Vielleicht suchen uns die anderen ja schon«, versuchte ich ihn zu trösten.

»Ihr solltet euch bei den Maistussis entschuldigen«, sagte plötzlich eine Stimme, die so tief war, dass man sie wie das Brummen eines Lkws unter den Füßen spürte.

Vor uns ragten ein paar große, schrumplige Blätter voller Schneckenlöcher aus dem Boden. In den zerrissenen Spinnennetzen zwischen den Blättern klebten Fliegenreste. Die Blätter gehörten zu einer dicken gräulichen Knolle, die etwa zwei Daumen breit aus der Erde guckte. Ihre lehmigen Augen konnte man sehen, aber ihr Mund war im Boden verborgen.

»Wer bist du?«, fragte ich.

»Das ist doch die uralte Rübe«, flüsterten die Maistussis voller Ehrfurcht.

Seit Stunden war dies die erste Pflanze, die kein Mais war. Obwohl sie ziemlich zombiemäßig aussah, war ich irgendwie erleichtert.

»Was machst du hier im Maisfeld?«, fragte ich sie.

»Ich bin eine vergessene Feldfrucht vom letzten Jahr. Da waren hier überall Zuckerrüben.«

»Vielleicht kannst du uns dann ja sagen, wie wir aus dem Feld herauskommen?«, fragte ich sie hoffnungsvoll.

»Wir machen auch nichts mehr kaputt.« Ruben legte seinen Stock auf den Boden.

Die Rübe schüttelte bedauernd ihre Blätter. »Tut mir leid, Freunde, ich kenne mich hier nicht mehr aus. Die Einzigen, die euch helfen können, sind die Maistussis.«

Die hatten uns die ganze Zeit über schweigend beobachtet.

»Los«, habe ich leise zu Ruben gesagt. »Entschuldige dich!«

»Aber wie denn?«, hat er geflüstert. »Wie entschuldigt man sich bei einer Maistussi?«

Er überlegte, und dann zog er die Trinkflasche aus seiner Jackentasche.

»Was machst du da?«, rief ich, als ich sah, wie er die nächstbeste Maistussi mit unserem letzten Wasser goss. Sie sah aus wie die eingebildete Svenja, die unter uns wohnt.

Svenjatussi gluckste selig. Ein Wispern ging durch das ganze Feld. »Entschuldigung für den Stock, mit dem ich euch gehauen hab«, murmelte Ruben. »Aber könntet ihr uns bitte helfen, aus eurem Feld herauszufinden?«

Svenja seufzte. »Hier kennt jede nur die
Welt direkt um sich herum«, sagte sie und
sah an sich herunter. »Kannst dir ja denken, dass man
mit Stängel und Wurzeln nicht auf Fernreisen geht.«
Sie betrachtete uns mitleidig, und der Abendwind
knisterte in ihren Blättern.
Da kam mir eine Idee.
»Kennt ihr *Stille Post*?«, fragte ich.
Svenja schüttelte ihr goldenes Haar.
»Also«, erklärte ich ihr, »du fragst die neben dir, ob sie
das Ende des Feldes kennt. Die fragt dann die Nächste
und immer so weiter. Irgendwann muss doch eine
dabei sein, die direkt am Feldrand steht!«
Die Rübe lächelte zustimmend und blickte
dann Svenja erwartungsvoll an.
»Na gut. Is ja eh nichts los hier«, seufzte
Svenja. Sie wandte sich an die Maistussi,
die ihr am nächsten war.
»Wo ist das Feld zu Ende?«, rief sie ihr zu. »Weitersagen!«

»Wolf frisst Held, 'ne Legende?«, hieß es kurz darauf. »Weise Oma fragen!«

»Oh nee«, jammerte Ruben.

»Probiert's doch noch mal«, sagte die Rübe.

Svenja sah ihre Nachbarin streng an. »Hör gut zu: Nur wer am Feldrand steht, antwortet mit *hier*. Jetzt kurz überlegen. Dann weitersagen!«

Ein Raunen ging durch die endlosen Reihen. Und weiter passierte nichts.

Wir hockten uns auf den staubigen Boden. Ruben legte erschöpft seinen Kopf auf die Knie.

Hierhierhierhier.

Erst war es nur ein kleines Murmeln. Die Rübe hörte es als Erste.

»Auf geht's, ihr beiden!«, jubelte sie und schlackerte so mit ihren Blättern, dass es tote Fliegen regnete. »Folgt dem *Hier*!«

Von Tussi zu Tussi und von »Hier!« zu »Hier!« rannten wir im Zickzack durch das Maisfeld. Auf einmal waren wir wieder am Gleisbett.

Von Ferne hörten wir jemanden rufen: »Leute! Wir wollen los!«

Die Maistussi, die am Rand des Feldes stand, klimperte mit ihren Wimpern und lächelte. »Besucht uns bald mal wieder!«

Wir nickten. Und ich habe ihr noch zugeflüstert: »Vielen Dank für alles! Weitersagen!«

Paul Maar

Die Froschkönigin

Nahe beim Schloss eines Königs lag ein dichter Wald, und in dem Wald war ein Brunnen. Wenn nun der Tag recht heiß war, so ging Prinz Heinrich, der Sohn des Königs, hinaus in den Wald und setzte sich an den Rand des kühlen Brunnens. Und wenn er Langeweile hatte, nahm er eine goldene Kugel, warf sie in die Höhe und fing sie wieder auf. Das tat er gerne. Aber einmal fiel die goldene Kugel nicht in seine hochgestreckten Hände, sondern daneben und landete im Brunnen.

Er schaute der Kugel nach, wie sie immer tiefer ins Wasser sank und schließlich verschwand. Da fing er an, ärgerlich zu weinen und zu schimpfen.

Plötzlich rief ihm jemand zu: »Was schreist du herum? Was soll das Geflenne!«

Er blickte sich nach der Stimme um und entdeckte einen Frosch, der seinen dicken grünen Kopf aus dem Wasser streckte.

»Ach, du bist's, alter Wasserplanscher!«, sagte er. »Ich schimpfe, weil meine goldene Kugel in den Brunnen gefallen ist.«

Der Frosch machte »Hm« und dachte nach. Schließlich fragte er: »Was bekomme ich, wenn ich dir dein Spielzeug wieder heraufhole?«

»Alles, was du willst«, sagte der Prinz. »Meine Sonnenbrille, meine Armbanduhr oder meine echt goldenen Hosenträger.«

»Was soll ich denn mit Hosenträgern!«, sagte der Frosch.

»Wie wäre es mit meinem Taschenmesser?«, fragte der Prinz. »Es hat zwei Klingen, einen Schraubenzieher und eine Nagelfeile!«

»Will ich auch nicht«, quakte der Frosch.

»Was dann?«, fragte der Prinz.

»Ich will dein Freund sein, am Tisch neben dir sitzen, von deinem Teller essen und aus deinem Becher trinken.«

»Meinetwegen«, sagte der Prinz. »Das darfst du.«

»Ich will aber auch in deinem Bett schlafen«, fuhr der Frosch fort.

»In meinem Bett?«, rief der Prinz. »Das geht nicht. Du machst ja alles nass!«

»Dann kann ich leider auch deine Kugel nicht holen«, sagte der Frosch und tat so, als wolle er untertauchen.

»Na gut. Dann sollst du auch in meinem Bett schlafen«, sagte der Prinz. »Vorausgesetzt, du bringst mir die goldene Kugel wieder!«

Dabei dachte er: »Dem dummen Frosch kann man viel versprechen. Der sitzt im Wasser und quakt. Wie will der an meinen Tisch kommen!«

Der Frosch tauchte unter und kam nach einer Weile wieder herauf, die goldene Kugel im Maul. Die schleuderte er jetzt aus dem Wasser ins Gras.

Der Prinz freute sich, als er sein Spielzeug wiedersah, hob es auf und ging damit fort.

»He!«, rief ihm der Frosch nach. »He, warte doch! Ich kann nicht so schnell laufen wie du!«

Der Prinz tat so, als
hörte er das Rufen des
Frosches nicht,

ging geradewegs zurück ins Schloss und hatte den armen Quaker bald vergessen.

Aber am nächsten Tag, als der Prinz neben seinem Vater am Tisch saß und von seinem goldenen Teller aß, kam etwas, plitsch, platsch, plitsch, platsch, die Marmortreppe hochgekrochen, klopfte, als es oben angelangt war, an die Tür und rief: »Königssohn, mach mir auf!«

Prinz Heinrich ging zur Tür und öffnete sie. Als er sah, dass der Frosch davorstand, warf er sie hastig wieder zu und setzte sich zurück an den Tisch.

»Wer hat da geklopft? Warum hast du die Tür so schnell wieder zugeworfen?«, wollte sein Vater wissen. »Steht da etwa ein Riese oder irgendein Monster?«

»Nein. Es ist nur ein ekelhafter Frosch«, sagte der Prinz.

»Und was will dieser Frosch von dir?«

Da erzählte der Prinz ihm die ganze Geschichte. Wie er seinen goldenen Ball verlor, der Frosch ihn wiedergebracht hatte und wie er dem Frosch versprochen hatte, dass der sein Freund sein könne.

Schon klopfte es zum zweiten Mal an der Tür, und der Frosch rief von draußen:

>>Prinz, denk an dein Versprechen!
Versprechen soll man nicht brechen.
Gestern am Brunnen hast du's versprochen,
heute bin ich zu dir gekrochen.
Sei nicht gemein!
Lass mich rein!<<

Der König sagte: >>Heinrich, was du versprochen hast, musst du halten. Geh hin und mach die Tür auf!<<

Da hüpfte der Frosch herein, immer hinter dem Prinzen her, bis zu dessen Stuhl. Dort blieb er sitzen und befahl: >>Heb mich gefälligst auf den Tisch!<<

Der Prinz zögerte, aber sein Vater befahl ihm, den Frosch auf den Tisch zu setzen.

Als er oben saß, sagte der Frosch: >>Nun schieb deinen Teller etwas näher zu mir, damit wir zusammen essen!<<

Der Prinz tat es widerwillig. Er ekelte sich vor dem Schleim, der dem Frosch aus dem Maul lief und auf den Teller-rand tropfte.

Nach einer Weile sagte der Frosch zufrieden: >>So, nun bin ich satt und müde.

Trag mich bitte in dein Zimmer, damit ich mich in dein Bett legen und schlafen kann!«

»In mein Zimmer? Das kommt überhaupt nicht infrage!«, rief der Prinz.

Aber sein Vater sagte streng: »Der Frosch hat dir deinen goldenen Ball wiedergebracht. Erinnere dich, was du ihm versprochen hast!«

Da nahm der Prinz den Frosch mit zwei Fingern, trug ihn zum Zimmer und setzte ihn in einer Ecke ab.

Als der Prinz sich später zum Schlafen legte, kam der Frosch aus seiner Ecke gekrochen und sagte: »Heb mich herauf. Ich bin müde. Ich will jetzt in dein Bett!«

»Nein!«, sagte der Prinz. »In mein Bett kommst du nicht, du schleimiger Quakfrosch!«

»Das sag ich deinem Vater! Das sag ich gleich deinem Vater!«, drohte der Frosch.

»Das wirst du nicht tun!«, rief der Prinz.

»Doch, das sag ich, das sag ich!«, rief der Frosch.

Da wurde der Prinz so zornig, dass er den Frosch packte und ihn mit voller Wucht gegen die Wand warf.

Als der aber herabfiel, war es kein Frosch, sondern eine hübsche Prinzessin mit langen, dunklen Haaren, die nur ein ganz klein wenig grün schimmerten.

»Du hast mich erlöst. Danke!«, rief die Prinzessin.

»Du siehst richtig hübsch aus!«, stellte der Prinz fest.

»Jedenfalls hübscher als in meiner Froschgestalt«, sagte die Prinzessin bescheiden. »Eine böse Hexe hatte mich verwünscht.«

»Ich kenne mich nicht so genau aus«, sagte der Prinz. »Aber ist es nicht üblich, dass ein Prinz die Prinzessin, die er erlöst hat, dann zur Frau nimmt?«

»Das habe ich auch schon mal gehört«, sagte die Prinzessin.

»Und? Willst du meine Frau werden?«, fragte er weiter.

»Da musst du aber erst erwachsen werden«, wehrte sie lachend ab. »Vielleicht in sieben Jahren.«

»Komm mit, ich will dich meinem Vater vorstellen!«, sagte der Prinz und nahm sie bei der Hand.

»Und deiner Mutter?«, fragte sie.

»Meine Mutter ist bei einem Reitunfall gestorben«, antwortete der Prinz.

»Das tut mir leid«, sagte die Prinzessin.

»Ach, das ist schon viele Jahre her. Der Schmerz ist längst vergessen«, sagte er.

»Dein Vater ist gerecht«, fuhr sie fort.

»Gerecht?«, fragte er nach.

»Ja. Er hat darauf bestanden, dass du dein Versprechen hältst«, sagte sie. »Ohne ihn würde ich immer noch vor eurer Tür stehen. Und von deinem Teller hätte ich auch nicht essen dürfen. Dabei war ich sehr hungrig. Auf dem Weg zu dir hatte ich keine einzige Fliege geschnappt.«

»Du isst Fliegen?«, fragte der Prinz entsetzt.

»Jetzt nicht mehr!«, sagte sie und lachte.

Es dauerte aber keine sieben Jahre, sondern nur ein Vierteljahr, dann wurde eine prächtige Hochzeit gefeiert.

Der König und die Prinzessin wurden getraut.

Prinz Heinrich durfte den langen Schleier der Braut tragen und seinem Vater und der neuen Mutter die Eheringe feierlich überreichen.

Die Diener, die gesehen hatten, wie die Prinzessin als Frosch die Treppe hochgehüpft war, und dann erfahren hatten, dass sie durch keinen anderen als den Prinzen erlöst worden war, staunten über diese Heirat.

Sie hatten es irgendwie anders erwartet.

Aber wie sagte die neue Königin: »Ich kann doch keinen Prinzen heiraten, der noch mit goldenen Kugeln spielt!«

Josef Guggenmos

Der Riese Mausbiskauz

Wenn zwei zusammenhalten, bringen sie viel zuwege. Mehr, als man denkt. Das hat ein Drache erfahren, damals vor tausend Jahren. Zu seiner Zeit lebten noch Bär, Luchs und Wolf, Wildschwein und Hirsch in dem großen Buchenwald draußen hinter Dagobertshausen. Dazu hundert andere Tiere. Und auch das eine mit den langen Ohren und dem kleinen Schwänzlein, du kennst es schon.

Eines Tages machte sich das Häslein auf, um über den Eichberg zum Erlengrund zu hoppeln, denn dort wohnte sein Bäslein mit dem hübschen Näslein. Aber nicht lange, dann kam es zurück. Was sage ich, eine Kugel kollerte in sausendem Falle den Eichberg herab, und als sie unten in den Farnen zum Stehen kam, da war da der Hase.

Der Eber, der in der Nähe stand, fing an zu lachen: »Ho, ho, ho!« Er lachte, dass seine borstige Schwarte wackelte: »Ho, ho, ho! Unser Angsthase! Hat ein Heupferd gehustet? Ho, ho, ho, ho, ho!«

Aber es hatte kein Heupferd gehustet.

Die vielen Tiere, die das Gelächter des Ebers herbeigelockt hatte, wurden sehr nachdenklich, als der Hase zu erzählen begann.

»Der Drache!«, keuchte er. »Der Drache! Drüben im Erlengrund wütet der Drache! Er frisst jeden, den er erblickt! In wenigen Stunden wird er bei uns sein!«

»Der Drache, der Drache!«, flüsterten hundert erschrockene Stimmen.

Doch der Hirsch hob sein Haupt und fuchtelte

drohend mit seinem vielzackigen Geweih durch die Luft: »Soll er kommen! Ich bin begierig, seine Bekanntschaft zu machen!«

Und der Bär richtete sich zu seiner ganzen Größe auf und erklärte mit dröhnender Stimme: »Ich werde ihm zum Gruß meine Hand aufs Haupt legen!« Und um zu zeigen, wie er sich das dachte, ließ er seine Pranke niedersausen, dass der Wolf, der neben ihm stand, erschrocken zur Seite sprang.

Aber dann wurde er sehr still, der Bär. Denn der Hase berichtete: »Ich habe deinen Vetter, den Bären vom Erlengrund, gesehen. Er scheint von auswärts gekommen zu sein. Wie er so dahintappte, kam er vor eine Höhle und ging hinein. Er brauchte sich nicht einmal zu bücken, so groß war der Eingang. Doch kaum war er drin, da schloss sich die Höhle. Es war der Rachen des Drachen gewesen.«

Alle versammelten Tiere schauten auf den Bären und auf den Hirsch.

Der Bär zeigte plötzlich kein Verlangen mehr, den Drachen zu begrüßen. »Ach«, stieß er hervor. »Nun habe ich tatsächlich vergessen, dass mein anderer Vetter, der hinter den sieben Bächen, Geburtstag hat. Ich muss gehen, sonst essen sie alle Honigwaben alleine.«

Der Bär machte sich davon. Erst ging er langsam, aber dann, als er dachte, dass man ihn nicht mehr sehen könne, begann er plötzlich zu rennen.

Da fiel auch dem Hirsch ein, dass er heute einen dringenden Besuch bei einem fernen Verwandten zu machen hatte.

Als die anderen Tiere sahen, dass Bär und Hirsch den Drachen nicht zu erwarten wagten, gab es kein Halten mehr. Alles stürzte in wilder Flucht davon. Das Trippeln und Trappeln, das Springen und Rennen der vielen Hundert Füße hörte sich an wie Hagel, der sich weiter und weiter in die Ferne verzieht. Schließlich war alles still.

Stille, Totenstille war eingekehrt im Buchenwald. Nicht einmal das Piepen eines Vögleins war mehr zu vernehmen. Denn die Furcht vor dem Ungeheuer hatte sogar die Vögel angesteckt, auch sie waren geflohen. Nur ein Mäuslein kam aus seinem Loch und spielte auf dem Waldboden.

Das Mäuslein hatte die Versammlung der Tiere mit angehört. Doch es hatte beschlossen zu bleiben. Mit seinen kleinen Beinen konnte es keine weite Reise machen. Wenn der Drache kam, wollte es sich in seinem Loch verstecken. Es wurde Abend. Die Dämmerung breitete sich aus. Da fühlte sich die Maus plötzlich gepackt. Erschrocken schaute sie auf. Der Kauz hatte sie in seinen Krallen.

»Du bist da?«, stieß die Maus entsetzt hervor.

»Warum soll ich nicht da sein?«, knurrte der Kauz.

»Alle andern sind fort. Weißt du es nicht?«

»Nichts weiß ich«, sagte der Kauz, der seit dem Morgen auf einem Baum geschlafen hatte.

»Alle andern sind geflohen«, rief die Maus. »Nur wir beide sind noch übrig. Wir müssen zusammenhalten.«

»Gut«, sagte der Kauz und ließ die Maus frei. »Aber nun sprich, was ist geschehen?«

Die Maus erzählte von dem Drachen, der jeden Augenblick erscheinen könne. Da nahte auch schon, vom Eichberg herab, ein unheimliches Ächzen und Schleifen, ein Rauschen von Zweigen und ein Brechen von Büschen. Der Drache schob sich heran.

Die Maus huschte in ihr Loch, der Kauz flog auf den Wipfel eines Baumes. Es war inzwischen dunkel geworden. Der Drache, der nichts mehr sah, legte sich nieder und schlief ein. Das kecke Mäuslein hielt es nicht lange in seinem Loche aus. Es kam vorsichtig hervor. Da sah es ganz in der Nähe etwas, was es in der Dunkelheit als ein Ohr des Drachen erkannte. Die Maus biss herzhaft hinein, dann flüchtete sie wieder in ihr Loch.

Der Drache schreckte aus seinem Schlafe auf und fauchte wild: »Wer war das?«

Im nächsten Augenblick erstarrte er zu Stein, denn hoch über ihm erscholl eine Stimme: »Ich! Ich, der Riese Mausbiskauz! Ich habe dein Ohr probiert. Du kommst mir gerade recht. Morgen werde ich dich schlachten.«

Die Stimme gehörte dem Kauz. Seine Augen durchdrangen die Finsternis; er hatte die Maus am Ohr des Drachen gesehen.

Der Drache aber glaubte, ein Riese von ungeheurer Größe stehe im Dunkeln vor ihm. Er begann um sein Leben zu laufen. Mit fürchterlichem Getöse, da und dort an Bäume oder Felsen stoßend, floh er durch die Nacht davon.

Ist er in eine Schlucht gestürzt? Ist er in einen See gefallen? Man hat nie mehr etwas von ihm gehört.

Otfried Preußler

Das Märchen vom Einhorn

Es waren einmal drei Brüder, die wollten das Einhorn fangen.

»Sein Horn ist aus Elfenbein«, sagte der Dicke. »Die Hufe sind reines Gold, auf der Stirn trägt es einen Stern von Karfunkelstein.«

»Wenn wir's erlegen«, sagte der Dünne, »werden wir reich sein und haben für unser Lebtag ausgesorgt.«

Der dritte Bruder hieß Hans, wie sich das gehört. Weil er der Jüngste war, meinte er: »Was ihr tut, soll mir recht sein – ich komme mit.«

Der Dicke holte ein Schießgewehr aus dem Schrank, der Dünne nahm seinen Spieß von der Wand. Hans schnitt sich aus dem Haselstrauch hinter dem Haus einen Wanderstecken, dann brachen sie miteinander auf.

Sie zogen landauf, landab, über Berg und Tal – viele Hundert Meilen weit.

Nach siebenmal sieben Wochen kamen sie in ein Dorf, wo gerade Kirchweih war. Vor dem Wirtshaus saßen die Bauern an langen Tischen bei Bier und Wein, bei Gänsebraten und Schweinebauch.

»Wollt ihr mitfeiern?«, fragte der Wirt die Brüder. »Ich suche für meine Tochter übrigens einen Mann – wie gefällt sie euch?«

Die Tochter war rund und lustig, und kochen und braten konnte sie auch.

»Ich nehme sie«, sagte der Dicke. »Von mir aus mag übermorgen die Hochzeit sein.«

Die Hochzeit begann am Mittwoch und dauerte bis zum Sonntagabend. Am Montag in aller Frühe zogen der dünne Bruder und Hans ihres Weges weiter.

Nach abermals siebenmal sieben Wochen kamen sie in die Wüste, dort fanden sie einen Klumpen Gold. Der Dünne kaufte sich in der nächsten

Stadt von dem Gold ein Haus und prächtige Kleider, jetzt war er ein reicher Mann.

»Hier gefällt mir's, hier bleibe ich!«, rief er. »Wenn du das Einhorn fangen willst, ist es deine Sache.«

Hans nahm wieder den Spieß und das Schießgewehr auf die Schulter und zog seines Weges.

Wieder nach siebenmal sieben Wochen kam er ans Ende der Welt. Dort hauste in einer Reisighütte ein alter Mann, den fragte er nach dem Einhorn. »Wenn du es finden willst«, sagte der Alte, »musst du durch Feuer und Wasser gehen, durch Nacht und Eis. Trinke aus meinem Brunnen und iss einen Apfel von meinem Bäumchen, das wird dir helfen.« Hans trank aus dem Brunnen und aß den Apfel.

Dann ging er durch Feuer und Wasser, durch Nacht und Eis. Das Einhorn, er sah es von ferne, graste auf einer Wiese im Wald, es war licht und schön. Sein Horn war aus Elfenbein, die Hufe waren von reinem Gold, auf der Stirn trug es einen Stern von Karfunkelstein. Langsam hob er das Schießgewehr. Er zielte und wollte den Finger krümmen.

Da blickte das Einhorn zu ihm herüber, aus großen bernsteinfarbenen Augen, und sah ihn an.

»Wie schön du bist!«, sagte Hans.

Das Schießgewehr ließ er sinken, den Spieß warf er in die Büsche. Und es geschah ihm, dass er vor Schauen und Staunen die Zeit vergaß.

Irgendwann ist er dann in die Welt zurückgekehrt, zu den Menschen: das Haar wie

Schnee. Die Kinder hören ihm zu, wenn er seine Geschichten erzählt. Sie glauben ihm, dass er durch Feuer und Wasser gegangen ist und durch Nacht und Eis.

Und wenn er vom Einhorn erzählt, dem lichten und schönen, das auf der Stirn einen Stern von Karfunkelstein trägt und friedlich im Walde grast, sind sie glücklich und freuen sich, weil es noch am Leben ist.

Martin Baltscheit

Wenn ein Riese Kopfstand macht

Du liegst im Bett und hast die Decke bis unter die Nase gezogen. Draußen auf dem Hügel strecken sich die Beine eines Riesen ins Mondlicht. Lange Beine und ein irrsinnig großer Körper versuchen einen Kopfstand. Gleich berühren seine Zehen den Mond. Also, nicht wirklich, denn der Mond ist über 380 000 Kilometer entfernt, und kein Riese der Welt kann mit seinen Füßen den Mond berühren. Aber auch ein kleiner Riese kann ein ganzes Dorf zerstören, wenn er versucht, einen Kopfstand zu machen, und dabei umfällt. Und dieser Riese wird fallen. Er hat sich seit tausend Jahren nicht bewegt, nur gelegen, und du bist nicht einmal sicher, ob er jemals auf zwei Beinen gestanden hat. Dieser Riese wird fallen. Er muss. Sonst bist du tot.

Heute Nachmittag bist du auf den Hausberg gefahren, weil es Streit gab. Deine Eltern waren ungerecht, übertrieben und gemein, und du hast ihnen gedroht: *Dann gehe ich eben und komme nie wieder!* Sie haben dich gehen lassen und dir nicht einmal hinterhergesehen. Bis auf den Gipfel bist du mit dem Fahrrad gefahren, den Gipfel deiner Wut, und von ganz oben wolltest du runter. *Downhill.* Abwärts, über Stock und Stein, zwischen Ästen und Wurzeln und Blättern.

Hinunter und nicht brem-
sen, niemals bremsen, auch wenn
du dabei draufgehst! Du bist sieben Jahre alt, du
kannst das. *Draufgehen*. Sollen deine Eltern doch trauern
um dich, sollen sie weinen, soll sich ihre Welt auf den Kopf stellen
und nichts so sein, wie es war. Das hast du dir gewünscht, oben, im Zorn.

Aber dann kam etwas dazwischen. Gerade als du wusstest, auf welcher
Strecke du *draufgehen* wolltest, hast du es gesehen: das GESICHT. Die Hü-
gelnase, Brauen aus Stein, zwei tiefe Kuhlen für die Augen, den Buschbart
und das Kinn, ein schroffer Fels, hinter dem es in die Tiefe ging. Hals, Bauch
und Beine lagen unter einem grünen Tuch und reichten bis ins Tal. *»Da schläft
ein Riese ...«*, hast du geflüstert, und mit genau diesem Satz hast du den Riesen geweckt.
»UAHHH! WER HAT MICH GEWECKT?!«, hat der Riese gebrüllt, und der
Berg hat sich erhoben. Steine, Brocken und Bäume stürzten hinunter und du
mit ihnen. Endlos bist du gefallen, bis die Hand des Riesen dich aufgefangen
hat. Zehn Meter über dir öffnete sich ein Mund aus schwarzer Erde, und
Käfer und Asseln und noch mehr Käfer purzelten heraus, als der Riese brüllte:
»HAST DU MICH GEWECKT?!«
Der feuchte Atem roch nach Regenwurm, und *»Ja«* hast du gesagt, weil du
eigentlich ein ehrlicher Kerl bist. Leider war das die falsche Antwort.
»DANN WERDE ICH DICH JETZT FRESSEN! DENN WER EINEN RIESEN
ENTDECKT, WIRD VON EINEM RIESEN GEFRESSEN – RIESENGESETZ!«
»Außer er verliert eine Wette!«
Du hattest keine Ahnung, warum dir das eingefallen war, und auch nicht,

wohin es führen sollte, aber der Riese hielt inne, hob die Hand hinauf zu seiner Nasenspitze und schielte dich an.

»WAS HAST DU GESAGT?«

»Außer er verliert eine Wette gegen den, der ihn geweckt hat – Entdecker-gesetz!«

Woher der zweite Satz gekommen war, wusstest du noch weniger. Aber der Riese fraß dich nicht. Noch nicht. Er sagte nur:

»ICH GEWINNE JEDE WETTE.«

An dieser Stelle hättest du ihn kriegen können. *Ich wette, du passt durch kein Mäuseloch. Ich wette, du kannst deinen Ellenbogen nicht küssen. Ich wette, du schnarchst.* Aber all das hast du nicht gesagt. Du hast gesagt: *»Ich wette, du kannst keinen Kopfstand machen!«*

Der ganze Ärger mit deinen Eltern hatte mit Kopfständen angefangen. Du hast geübt. Zuerst an der Wand. Dann auf dem Boden. Auf den Kopf gestellt, aufgerichtet, umgefallen. *Rums!* Auf den Kopf gestellt, aufgerichtet und umgefallen. *Rums!* Drei Tage lang. Rums! Rums! Rums! Aber dann konntest du auf dem Kopf stehen. Fünf Minuten, mindestens. Einmal sogar fast eine Viertelstunde! Du hast die Schwerkraft besiegt, Hörspiele auf dem Kopf gehört und alles andere darüber vergessen. Deine Hausaufgaben, Zimmer aufräumen und noch drei Pflichten. Deine Eltern wollten deinen Kopfstand nicht sehen und haben geschimpft über schlechte Noten, schmutzige Socken und verschwendete Zeit. *Mit den Beinen in der Luft kommt man keinen Schritt vorwärts! Womit vertrödelst du eigentlich dein Leben!?*

»DIE WETTE GILT.«

Der Riese hob eine Kuhle aus und steckte den Kopf hinein, er stützte die Arme zur Seite, und seine langen Fingernägel krallten sich in den schweren Boden. Dann streckte er den Po in die Höhe. Sehr langsam, denn Riesen haben Zeit und machen keine halben Sachen ...

Und du? Du bist abgehauen. Aber nicht, um die anderen zu warnen, sondern um dich zu verkriechen. Ins Bett, mit der Decke bis unter die Nase. Du hast geglaubt, wenn du die Augen schließt und wieder öffnest, wäre der Albtraum vorbei. Aber er war es nicht. Das Riesenbein schob sich wie ein rostiger Sekundenzeiger der Sonne entgegen, und die Menschen, die dir entgegenkamen, sahen es nicht! Für sie war der Riese unsichtbar. Nur du konntest ihn sehen, *sie würden alle draufgehen*, und alles wäre deine Schuld.

Den Nachmittag brauchte der Riese für das erste Bein. Den Abend für das zweite, und jetzt, als der weiße Mond am Himmel steht, werden zwei Füße ein einziger Fuß, und das Schicksal läutet für dich zum letzten Abendbrot. Was wirst du jetzt tun? Gleich steht der Riese auf dem Kopf und …

… du springst aus dem Bett! Du läufst hinaus, nimmst dein Rad und strampelst so schnell wie nie zuvor. Schon aus der Ferne rufst du: *»Riese! Du hast gewonnen!«* Die Erde zittert, der Kopf des Riesen ist glutrot und sein Atem heißer Wind. *»Du hast gewonnen, Riese. Komm runter, bevor du fällst! Komm wieder runter!«* Aber der Riese tut, was er sich vorgenommen hat. Er steht auf dem Kopf, und seine Fußspitzen sind fast gleichauf.

Zwölf Uhr. Schon stehst du vor seiner Nase und wirfst das Rad zur Seite: *»Ich will nicht, dass jemandem etwas passiert. Ich will nicht, dass jemand um einen anderen trauert. Ich will, dass alles bleibt, wie es war!«*

»ICH HABE GEWONNEN!«, keucht der Riese, und du siehst einen vollkommenen Kopfstand. Der Riese hat die Wette gewonnen, seine Beine berühren den hellen Mond, und du weißt, du bist verloren.

Da stellt der Riese seine Füße ab. Auf die weiße Oberfläche. Es ist unmöglich, geschieht aber trotzdem. Der Riese stellt seine Füße auf den Mond und trägt die Erde wie einen Hut auf dem Kopf. So kann er nicht mehr umfallen. So steht er fest auf seinem Kopf und seinen Füßen gleichzeitig.

»Und wirst du mich jetzt fressen?«, fragst du den Riesen, und der Riese schüttelt vorsichtig den Kopf.

»NEIN, MEIN JUNGE.
DENN WER SICH AUF DEN
KOPF STELLT, DER SIEHT
DIE WELT MIT ANDEREN AUGEN –
KOPFSTANDGESETZ.«

Dann sagt er nichts mehr und kehrt zur Erde zurück. Er legt sich an die Stelle, aus der er gekommen war. Bäume und Sträucher, Erde, Moos und Steine ruckeln sich zurecht, und alles ist wie ehedem und immerfort. Mitten in der Nacht stehst du mit deinem Fahrrad auf dem Hausberg und siehst ins nächtliche Dorf. Ein paar Schornsteine rauchen, und deine Wut ist verflogen. Du bist nicht *draufgegangen* und froh darüber und fährst nach Hause. *Downhill*. Vorsichtig. Du legst dich ins Bett und wirst traumlos schlafen. Und morgen früh wirst du deine Eltern wecken und ihnen zeigen, wie man einen Kopfstand macht. Denn keiner sollte eine Riesenerfahrung für sich behalten. Deine Füße werden die Sonne berühren, und du wirst die Erde wie einen Hut auf dem Kopf tragen, und deine Eltern werden dich bewundern. Danach machst du deine Hausaufgaben, räumst dein Zimmer auf und erledigst vielleicht noch ein oder zwei kleine Pflichten.

Tiergeschichten

Ich wünsche mir ein **weißes Pferd,**
und Freunde braucht es auch – nur welche?
Ein **Mäuschen** wäre nicht verkehrt,
ein **Faultier** und zwei **kleine Elche.**

Anne Ameling

Die wahrhaft unglaubliche Reise von Mister Tiger und Edgar Kläff

In einem kleinen, hübschen Städtchen lebten der Kater Mister Tiger und der Hund Edgar Kläff. Sie wohnten nebeneinander, am unteren Ende einer Sackgasse. An den Häusern blühten Geranien in Blumenkästen, und es war ausgesprochen ruhig und friedlich. Meistens zumindest.
Wenn man Mister Tiger fragte, war es das größte Unglück seines bescheidenen Katzenlebens, dass er neben einem ungezogenen, allzeit buddelnden und völlig verfressenen Hund wohnte.
»Womit hat ein Gentleman wie ich so was verdient?«, schnurrte er oft theatralisch und leckte sich geziert die Samtpfote.
Er hielt sich selbst nämlich für besonders klug, anständig und wohlerzogen.
Im Gegensatz zu seinem Nachbarn, Edgar Kläff.

Edgar Kläff war ein gutmütiger Kerl. In der Tat fraß und buddelte er für sein Leben gern. Er war die Art Hund, vor denen Kinder keine Angst haben, obwohl er groß war und sein Fell schwarz und zottelig. Doch er hatte einen treuen Blick und lustige Schlappohren, und alle fanden ihn gleich nett. Auch er fand grundsätzlich alle nett – außer seinen Nachbarn. Mister Tigers eingebildete Bemerkungen waren nämlich nicht zu überhören: »Wie kann man jemanden ernst nehmen, der hechelt?«, sagte er etwa über Edgar Kläff, oder: »Schwanzwedeln hat einfach keinen Stil!«

Mehr als einmal hatte der Hund seinen Nachbarn dafür kläffend durch die Straße gejagt. Mehr als einmal hatte Mister Tiger sich umgedreht und Edgar Kläff fauchend zurückgejagt – aber ob sich das für einen »Gentleman« wirklich gehört?

Eines Tages beobachtete Mister Tiger von der Gartenmauer aus, wie sein Nachbar wieder einmal mit Feuereifer einen Knochen im Gemüsebeet vergrub. Als er fertig war, waren seine Pfoten und Schnauze voller krumiger Gartenerde. Edgar Kläff nieste herzhaft.

»Erbärmlich!«, schnurrte Mister Tiger. »Hunden ist wirklich gar nichts peinlich!«

Edgar Kläff antwortete mit einem tiefen Knurren. Da sprang Mister Tiger elegant in Edgar Kläffs Garten und stolzierte mit erhobener Nase einfach an ihm vorbei.

Der Hund sah rot. Er stürzte sich auf die dreiste Katze – die hechtete über das Gartenpförtchen und raste die Straße hinunter. Edgar Kläff hinterher. Er war superstinkewütend! Vielleicht hörte Mister Tiger das an seinem Gebell, auf jeden Fall drehte er sich dieses Mal nicht fauchend um, sondern lief schnurstracks auf die große Wiese hinter dem Rathaus.

Dort fand an diesem Tag eine Feier statt. Die Bürgermeisterin hatte zwei Ehrenbürger der Stadt zu einer Ballonfahrt geladen. Gerade eben hatte sie ihre Ansprache beendet, und alle lauschten andächtig der städtischen Blas-

kapelle. Der Heißluftballon war bereits startklar und zerrte an den Halteleinen. Der Pilot sollte eigentlich eine letzte Kontrolle machen vor dem großen Abflug. Doch der Pilot war verliebt. Und zwar in Rosalie Huber, die in der Blaskapelle soeben mit vollen Backen die Tuba blies. Kein schöneres Rumpeln konnte es für ihn geben auf der Welt als die Töne aus Rosalies Tuba! Und so kriegte er überhaupt nicht mit, wie Mister Tiger über die Wiese geschossen kam und mit Anlauf den Ballonkorb hochkletterte.

Es ist nicht klar, was Mister Tiger eigentlich vorhatte – vielleicht wollte er Edgar Kläff in den Korb locken, in der Hoffnung, dass der nicht mehr herauskäme. Vielleicht wollte er sich nur verstecken. Was aber passierte, war Folgendes: Mister Tiger stürzte kopfüber ins Korbinnere und blieb einen Moment lang benommen liegen. Sekunden später segelte Edgar Kläff mit einem wilden Sprung hinterher. Dabei blieb der große Hund so undenkbar ungeschickt an der Halteleine hängen, dass sie sich aus der Verankerung löste.

Der Ballon war bereits ausreichend mit heißer Luft gefüllt, der Brenner ließ in regelmäßigen Abständen seine Flamme nach oben zischen, und so hoben sie ab. Die zweite Halteleine konnte nichts mehr ausrichten und riss. Der Wind war günstig, und der Ballon wurde schnell davongetragen.

Edgar Kläff und Mister Tiger waren zunächst voll damit beschäftigt, sich in der Enge des Korbes anzubellen und anzufauchen. Es war das Zischen der Brennerflamme, das die beiden schließlich verstummen ließ. Ängstlich duckten sie sich.

»Der Korb bewegt sich«, flüsterte Edgar Kläff.

Mister Tiger wurde schwindelig. Nur nichts anmerken lassen! Er versuchte zu denken.

Edgar Kläff bellte.

»Was soll denn das?«, schimpfte Mister Tiger, die Pfoten auf den Ohren.

»Jemand soll uns hier rausholen«, sagte Edgar Kläff.

»Ich sehe nach, ob da überhaupt jemand ist«, sagte Mister Tiger schroff. »Heben Sie mich mal hoch!«

»Ich habe dreckige Pfoten«, wandte Edgar Kläff ein.

Mister Tiger seufzte. »Macht nichts«, sagte er.

Aber es war deutlich zu hören, dass das nicht unbedingt stimmte.

Edgar Kläff hob die Katze hoch. Mister Tiger spähte über den Korbrand. Vor sich sah er Himmel. Weit, weit unten lagen das Städtchen, Felder und Wald. Mister Tiger miaute so kläglich, dass Edgar Kläff ihn vor Schreck beinahe fallen ließ.

»Wir fliegen«, sagte Mister Tiger tonlos.

»Wohin?«, fragte Edgar Kläff.

»Was weiß denn ich?«, antwortete Mister Tiger matt.

Sie saßen lange schweigend da.

Irgendwann sagte Edgar Kläff traurig: »Ich werde wohl nie wieder einen Knochen ausbuddeln.«

Mister Tiger rollte die Augen. »Dann bleibt mir wenigstens dieser Anblick erspart. Warum buddeln Hunde?«

»Weil es Spaß macht!«, sagte Edgar Kläff verzückt.

Wieder schwiegen sie. Was sollten sie auch sagen? Jetzt, wo alles vorbei war.

Da fiel Mister Tiger auf, dass die zischende Flamme sehr klein geworden war und die Ballonhülle schlaffer.

»Heben Sie mich noch einmal hoch!«, befahl er.

Der Blick über den Korbrand zeigte, dass die Landschaft unter ihnen immer näher kam.

»Wir landen!«, rief Mister Tiger.

»Hurra!«, bellte Edgar Kläff.

»Ich werde taub, wenn Sie mir so ins Ohr bellen«, sagte Mister Tiger. Doch auch er war mehr als froh darüber, bald wieder festen Boden unter den Füßen zu haben.

Mit einem Rums landete der Ballonkorb schließlich und kippte um. Eilig rannten Mister Tiger und Edgar Kläff ein Stück davon. Das war gut so, denn nun legte sich die riesige Ballonhülle über den Boden. Die beiden Tiere beobachteten, wie sie langsam flacher wurde.

Plötzlich bellte Edgar Kläff: »Sand! Sand! Sand!«

Er begann aus Leibeskräften zu buddeln. Sie waren direkt in den Dünen am Meer gelandet. Aber weder Mister Tiger noch Edgar Kläff hatten jemals das Meer gesehen.

Während der Hund sich ausgiebig über den Buddelsand freute, ging Mister Tiger neugierig zum Wasser, wo es so schön nach Fisch roch. Der Sand war dort feucht und kühl. Und dann, wie aus dem Nichts, rauschte eine riesige Welle heran und nahm dem Kater den Boden unter den Füßen.

»Hilfe!«, schrie Mister Tiger voller Panik.

Er zappelte, spuckte und schluckte ekliges Salzwasser. Da packte ihn Edgar Kläffs rettende Schnauze und schleppte ihn an den sicheren Strand. Es dauerte etwas, bis Mister Tiger wieder reden konnte. Er schlotterte am ganzen Leib.

»W-Wasser ist kalt«, miaute er kläglich. »Und nass. Wie kriege ich es nur wieder aus meinem Fell?«

Edgar Kläff legte sich in die Sonne.

»Ich kann Sie ein bisschen wärmen, dann geht es schneller«, sagte er freundlich.

Mister Tiger fühlte sich so elend, dass er tatsächlich ganz nah an das warme schwarze Zottelfell kroch. So aneinandergeschmiegt lagen die beiden da, ohne zu reden, denn Mister Tiger war das alles ein bisschen peinlich. Und Edgar Kläff spürte das wohl irgendwie.

Der Abend kam, und die Sonne versank in leuchtenden Farben hinter dem Horizont. So etwas hatte noch keiner der beiden gesehen. Ganz feierlich fühlten sie sich mit einem Male.

»Am liebsten würde ich jetzt ein paar große Löcher buddeln«, gestand Edgar Kläff. »Was macht Ihnen eigentlich Spaß?«

Mister Tiger überlegte. »Wenn ich ehrlich bin: Eine Verfolgungsjagd würde sich jetzt gut anfühlen.«

Edgar Kläff sprang auf. »Ich bin dabei!«

Und dann jagte er Mister Tiger den ganzen Strand entlang. Und irgendwann drehte sich Mister Tiger um und jagte ihn zurück. Es war die herrlichste Verfolgungsjagd, die sie jemals erlebt hatten, dabei waren sie nicht einmal wütend aufeinander.

Danach schliefen sie friedlich nebeneinander im weichen Sand unter den Sternen.

Edgar Kläffs Magenknurren weckte sie beide am nächsten Morgen.

»Wie kommen wir nach Hause?«, fragte Edgar Kläff.

Die Antwort ließ nicht lange auf sich warten. Denn schließlich suchten alle nach dem abgestürzten Ballon. Bald schon tauchten eine Menge Leute auf, Reporter, Schaulustige und endlich auch der verliebte Ballonpilot mit einer vollen Gasflasche. Er machte alles klar für den Rückflug – und nahm Mister Tiger und Edgar Kläff mit.

Dieses Mal hatten die beiden keine Angst mehr.

»Glauben Sie nicht auch irgendwie, Mister Tiger, dass Hunde und Katzen zusammen unschlagbar sind?«, fragte Edgar Kläff

»Da könnten Sie ganz vielleicht recht haben, Herr Kläff«, sagte Mister Tiger. Und so flogen sie zusammen nach Hause.

Marliese Arold

Ausflug mit Abenteuer

Heute ist Sonntag!«, rief Papa Frosch über den See. »Wir machen einen Ausflug!«

Papa und Mama Frosch hatten sieben Kinder. Da war es gar nicht so einfach, alle zusammenzutrommeln. Auch heute hatte Papa Frosch seine liebe Not!

Gustav, der Gemütliche, übte gerade Rückenschwimmen. Dabei konnte man herrlich entspannen und den Himmel betrachten.

Norbert, der Neugierige, war gerade auf den Grund des Sees getaucht. Dort hatte er ein tolles leeres Schneckenhaus entdeckt.

Helga, die immer Hungrige, saß am Ufer des Sees und lauerte auf eine fette Fliege, die schon seit einer Minute um sie herumsurrte.

Willi und Wilma, die Zwillinge, wollten herausfinden, wer von ihnen besser im Weitspringen war. Mal sprang Willi weiter, mal Wilma.

Freddy, der Faule, war auf einem Seerosenblatt eingeschlafen und träumte von einem Himmelbett.

Und Marion, die Mutige, war hoch auf einen Weidenzweig geklettert, weil sie ausprobieren wollte, ob sie fliegen konnte wie ein Vogel.

»Hallo, hallo, wo steckt ihr denn alle?«, rief Papa Frosch, diesmal lauter. »Gustav, Norbert, Helga, Willi, Wilma, Freddy, Marion! Wir wollen einen Ausflug machen!«

Es dauerte noch eine Viertelstunde, bis sich alle Froschkinder um ihre Eltern versammelt hatten.

»Na endlich«, seufzte Papa Frosch. »Wir wollen heute zu den drei Weiden gehen und dort ein Picknick machen!«

»Ein Picknick, super!«, rief Helga sofort und hüpfte vor Freude in die Höhe. Natürlich war sie schon wieder hungrig. »Darf ich den Picknickkorb tragen? Oh, bitte!«

»Wenn du den Picknickkorb trägst, ist bald nichts mehr drin«, rief Willi, und Wilma nickte zustimmend.

»Was ist denn im Korb drin?«, wollte Norbert wissen.

»Das verrate ich nicht«, antwortete Mama Frosch. »Das soll nämlich eine Überraschung sein!«

»Eine Überraschung!« – »Au prima!« – »Jippie!« – »Ich freu mich!«

Jetzt schrien alle Froschkinder aufgeregt durcheinander und hüpften im Kreis um Papa Frosch herum.

Papa Frosch wurde es schon ganz schwindelig. Er schloss die Augen, holte tief Luft und rief: »Schluss jetzt! Wir wollen los! Und jeder passt auf den anderen auf, damit unterwegs kein Fröschlein verloren geht!«

Mama Frosch marschierte mit dem Picknickkorb vorneweg. Helga hüpfte neben ihr her und fragte immer wieder, ob sie Mama nicht ein bisschen

beim Tragen helfen sollte. Willi und Wilma, Norbert, Freddy und Marion liefen im Gänsemarsch hinter den beiden her. Dann kam Papa, und am Schluss trottete Gustav. Immer wieder blieb er stehen, um sich einen Käfer anzusehen oder um an einer Blume zu riechen.

»Gustav, wo bleibst du denn?«, mahnte Papa Frosch ein ums andere Mal.

»Ich komme gleich!«, antwortete Gustav dann und machte ein paar Hüpfer. Dabei zählte er die Steine am Boden: eins, zwei, drei … fünf? – War das richtig?

»Gustav!«, rief Papa noch einmal.

Gustav seufzte und beeilte sich, Papa einzuholen.

Auf der Wiese bei den drei großen Weiden machten sie halt. Mama und Papa Frosch breiteten eine Decke aus. Willi und Wilma halfen, den Picknickkorb auszuräumen. Mmhhh, roch das lecker! Kein Wunder, denn Mama hatte lauter gute Sachen eingepackt: Algen-Marmelade, Seerosen-Schnitzel, Binsen-Knäckebrot, Holunder-Butter und geröstete Rohrkolben.

Die kleinen Frösche versammelten sich auf der Decke, und einer versuchte dem anderen die Leckerbissen vor der grünen Nase wegzuschnappen.

»Helga hat mir mein Schnitzel geklaut!«, beschwerte sich Gustav.

»Ich dachte, du magst es nicht mehr«, verteidigte sich Helga. »Es lag auf deinem Teller, und du hast es nur angeschaut.«

»Du bekommst ein neues Schnitzel«, sagte Mama Frosch zu Gustav. Und zu Helga sagte sie streng: »Und du hörst auf, dich bei deinen Geschwistern zu bedienen!«

Helga verzog ein bisschen ihr kleines Froschmaul. Ihre neugierigen Augen wanderten auf der Decke umher. Als Marion mit ihrem gerösteten Rohrkolben kämpfte, war er – schnapp! – bei Helga gelandet.

Marion wischte sich das Mäulchen ab und blickte Helga vorwurfsvoll an. Helga war überzeugt, dass ihre Schwester gleich losplärren würde.

Aber nein! Marion schob ihren Teller ein Stück von sich weg und sagte: »Ich bin fertig. Darf ich aufstehen?«

»Willst du wirklich nichts mehr?«, fragte Mama Frosch und sah besorgt auf ihr Töchterchen, das am magersten von allen war. Marion nahm sich nie viel Zeit zum Essen, weil sie andere Dinge viel spannender fand.

»Ich bin satt!«, beteuerte Marion. »Wenn ich noch einen Bissen esse, dann platze ich!«

Sie durfte aufstehen.

»Aber geh nicht so weit und nimm dich in Acht«, sagte Mama.

»Ich pass schon auf«, versprach Marion und sprang von der Decke herunter.

»Ich bin auch fertig«, rief Gustav und ließ das Schnitzel auf seinem Teller liegen. »Ich komme mit, Marion!«

Hei, das war ein Spaß, zwischen den hohen Gräsern umherzuhüpfen!

»Wollen wir Verstecken spielen?«, schlug Gustav vor.

»Au ja!« Marion war gleich begeistert. »Du musst mich suchen! Wenn du bis zehn gezählt hast, geht es los!«

Gustav hielt sich die Augen zu und fing an zu zählen. Da er kein großer Rechenmeister war, machte er schon bei vier die Augen wieder auf. Er sah sich um. Marion war verschwunden. Wo steckte sie nur? Gustav tappte langsam durch die Wiese. Ab und zu hob er ein Blatt hoch und schaute darunter. Es versteckten sich noch andere Tiere: eine Schnecke mit einem schwarz-weißen Haus, ein roter Käfer mit schwarzen Punkten und ein schrecklich runzeliger Frosch, der behauptete, eine Kröte zu sein. Von Marion keine Spur! Langsam bekam es Gustav mit der Angst zu tun. Ob er Marion je finden würde?

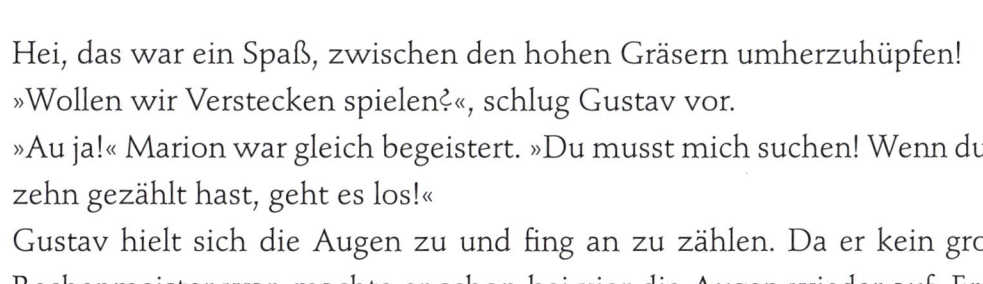

»Wo steckst du?«, rief er verzweifelt.

»Hier oben bin ich!«, ertönte die Stimme seiner Schwester.

Gustav hob den Kopf. Marion war an einer Margerite hochgeklettert und saß auf der Blüte. Sie lachte und winkte ihrem Bruder zu. Dann fing sie an zu wippen, immer wilder, bis die ganze Margerite hin und her schaukelte.

»Hui, ich komme!«, rief Marion und sprang ab. Sie landete heil vor Gustav und grinste ihn an.

»Und jetzt bist du dran!« Sie hielt sich die Augen zu
und begann zu zählen: »Eins, zwei, drei …«
Gustav hüpfte los. Wohin, wohin? Hektisch wandte
er sich nach links, aber da saß schon ein junger Spatz.
»Zisch ab!«, zwitscherte er.
Gustav machte kehrt und hüpfte nach rechts. Oh, hier
gab es die wunderbar großen Blätter des Huflattichs! Er
schlüpfte darunter in die herrliche grüne Dämmerwelt.
Marion würde ihn nie finden!
Marion hatte inzwischen fertig gezählt und schaute sich um.
Gustav war nirgends zu sehen. Marion hüpfte erst gerade-
aus und dann nach rechts. Ha! Gustav hatte sich sicher unter
den riesigen Huflattichblättern versteckt!
»Ich seh dich!«, rief Marion aufs Geratewohl.
Gustav kam hervorgekrochen.
»Schade«, murmelte er. »Ich dachte, du findest
mich nie!«
Da geschah es. Ein mächtiger Flügelschlag, viele
schwarz-weiße Federn und ein langer
roter Schnabel! Ein Storch!

Ehe Marion wusste, wie ihr geschah, hatte der Storch sie mit seinem Schnabel gepackt und schwang sich in die Luft.

Hui! Das machte Spaß! Marion hatte sich schon immer gewünscht, fliegen zu können!

Als sie nach unten schaute, entdeckte sie die Picknickdecke, ihre Eltern und ihre Geschwister. Alle sahen winzig klein aus.

»Huhu, hier oben bin ich!«, rief Marion laut und winkte. »Seht ihr mich?«

»Halt die Klappe!«, knurrte der Storch, und dabei hätte er fast das Fröschlein verloren.

»Aber es ist doch so schön!«, jubelte Marion. »Findest du nicht? Danke, danke, dass ich mit dir fliegen darf!«

So etwas war dem Storch noch nie passiert. Ein Fröschlein, das sich freute!

»Du bist vielleicht dumm«, sagte der Storch. »Weißt du nicht, was ich mit dir vorhabe?«

Bei »Weißt du nicht« machte er den Schnabel so weit auf, dass Marion herausrutschte.

In rasend schnellem Sturzflug fiel sie durch die Luft!

»Hui! Das ist toll!«, schrie Marion begeistert.

Und platsch!

Sie landete in einem kleinen Bach neben der Wiese.

Eine Forelle sah sie erstaunt an. »Du bist der erste Frosch, der vom Himmel fällt.«

Am Ufer hatten sich schon Mama und Papa Frosch und alle sechs Geschwister versammelt. Aufgeregt umringten sie Marion, als sie aus dem Bach herausgeklettert war.

»Wie gut, dass dir nichts passiert ist!«, rief Mama Frosch und umarmte ihr Töchterlein.

»Das war der schönste Ausflug meines Lebens!«, sagte Marion begeistert. »Machen wir am nächsten Sonntag wieder einen?«

Margit Auer

Eine Wohnung für den Winter

Evi, die freche Maus, machte sich große Sorgen. Es war schon Ende Oktober, und noch immer hatte sie keine Winterwohnung für sich und ihre fünf Kinder. Evi hatte zwar schon jede Menge Getreidekörner und Samen gesammelt und unter einem Blätterhaufen versteckt. Doch der Vorrat musste bald unter die Erde. Nur dort war er geschützt vor Kälte und Schnee. Außerdem brauchte Evi Platz für drei Stockbetten und ihr kleines Schreibpult, denn die Winterzeit wollte sie nutzen, um ein paar schöne Geschichten aufzuschreiben.

Der Mäusemutter wurde angst und bange. Wie sollte sie das ganz alleine schaffen? Bestimmt würde sie zwei Wochen brauchen, bis ihre Winterwohnung fertig war. Zwei Stockwerke sollten es schon sein, damit sie ungestört arbeiten konnte, während die Mäusekinder spielten und lärmten. Und ein extra Vorratsraum wäre auch nicht schlecht.

Da wurde sie plötzlich in ihren Gedanken unterbrochen. Kurt und Luca, die beiden Maulwürfe, waren in einen heftigen Streit geraten. Jeder von ihnen guckte aus einem Erdhaufen heraus und fuchtelte mit seinen Vorderpfoten herum.

Worum es wohl ging? Evi spitzte die Ohren.

»Ich kann viel schneller graben als du!«, rief Kurt. »Bist du bereit für einen Wettkampf?«

Das war Luca auf alle Fälle!

Da hatte Evi eine Idee. Sie lief hinüber zu den Maulwürfen und fragte verschmitzt: »Darf ich Schiedsrichter sein? Ich habe sogar eine Trillerpfeife. Die

hab ich mal auf der Wiese gefunden und unter dem Laubhaufen versteckt. Soll ich sie holen?«

»In Ordnung«, brummte Kurt. »Wir starten in fünf Minuten.«

Die beiden Sportler begannen, sich zu strecken und zu dehnen. Der Wettkampf sollte in der kleinen Höhle unter der Buchenhecke beginnen. Dort hatte mal ein Kaninchen gewohnt, doch dann war es weggezogen. Fünf kleine Stinkeknödel hatte es zurückgelassen.

Evi hatte den Startpunkt bestimmt. Die beiden Maulwürfe waren einverstanden, sie waren jetzt mit Liegestützen beschäftigt.

Evi stand mit ihrer Trillerpfeife bereit. »Los geht's!«, rief die freche Maus und trillerte. »Wer als Erster beim dicken Radieschen ist, hat gewonnen!«

Die beiden Maulwürfe buddelten los.

Rasch trennten sich ihre Wege.

Kurt buddelte oben. Luca buddelte unten. Die beiden Maulwürfe schnauften und japsten und scharrten und schabten. Erde flog nach hinten, Staub wirbelte auf.

Kurt, der dicke Muskeln hatte, war mit viel Eifer bei der Sache. Er war sich sicher, dass er den Wettbewerb gewinnen würde. Bis zum dicken Radieschen war es nicht mehr weit!

Nur eine Handbreit unter ihm buddelte Luca seinen Gang. Ihm ging langsam die Puste aus. »Ich kann nicht mehr«, keuchte er. Zum Glück war Evi, die freche Maus, gleich zur Stelle, um ihn anzufeuern. »Weiter, weiter!«

Oben setzte Kurt zum Endspurt an. Der Maulwurf stieß beide Pfoten nach vorne. Doch plötzlich verlor er das Gleichgewicht und landete auf dem Bauch! Es gab einen dumpfen Knall, Kurt fiel nach unten. Um ihn herum wurde alles schwarz.

Als Kurt wieder zu sich kam, zwinkerten ihm zwei lustige Augenpaare entgegen. Sie gehörten seinem Freund Luca und Evi, der Maus.

»Wir haben zwei Sieger«, verkündete Evi fröhlich.

Erst jetzt sah Kurt, dass er genau vor dem dicken Radieschen gelandet war. Was war geschehen? Er, der Muskelprotz, war nach unten durchgekracht! In den Gang, den Luca gebuddelt hatte! Der streckte ihm grinsend die Hand entgegen. »Wir sind gleichzeitig am Ziel angekommen! Gratuliere!«

Zuerst ärgerte sich Kurt ein bisschen, dass er den Wettbewerb nicht gewonnen hatte. Doch dann ließ er sich von der guten Laune seiner Freunde anstecken. Gemeinsam futterten sie das dicke Radieschen auf, das wirklich lecker schmeckte.

Als sie fertig gegessen hatten, klatschte Evi in die Hände. »Ich ernenne euch zu meinen persönlichen Buddel-Weltmeistern!« Sie verbeugte sich. »Ihr habt in zehn Minuten geschafft, wofür ich zwei Wochen gebraucht hätte! Vielen, vielen Dank! So eine schöne Winterwohnung hatte ich noch nie.«

Die beiden Maulwürfe sahen sich verdutzt an. Dann lachten sie. Für sie war es nur ein Wettkampf gewesen – für die freche Maus war es die Rettung! Sie besaß jetzt eine wunderbare Winterwohnung, genau so, wie sie es sich vorgestellt hatte: mit zwei Gängen und einer kleinen Höhle als Vorratsraum. Rasch holte Evi ihre fünf Kinder, die sich sehr über ihr neues Zuhause freuten. Später halfen die beiden Maulwürfe den Mäusen noch, die Wohnung einzurichten. Sie trugen die Stockbetten in den oberen und den Schreibtisch in den unteren Gang. Die fünf Mäusekinder fegten die fünf Stinkeknödel nach draußen und schleppten Getreidekörner und Samen in den Vorratsraum. Jetzt war Familie Maus bestens gerüstet für den Winter!

Evi und ihre fünf Kinder freuten sich sehr, und auch Kurt und Luca waren zufrieden, weil sie einen so schönen Tag gehabt hatten. Sie hatten zwei lange Tunnel gegraben, ein dickes Radieschen verspeist und der frechen Maus beim Umzug geholfen.

Später, als die Mäusekinder müde in ihren Betten lagen, setzte sich Evi an ihren Schreibtisch und begann zu schreiben. Ihre erste Geschichte handelte von zwei Maulwürfen, die darüber stritten, wer von ihnen der bessere Tunnelbauer war …

Susanne Weber

Friedrich, das Faultier

Uuuaah!« Friedrich gähnte ausgiebig und blinzelte in die Sonne. Er streckte die Beine und drückte den Rücken durch. Dann machte er die Augen wieder zu, um weiterzuschlafen. Friedrich war ein Faultier, und Faultiere schlafen nicht nur nachts, sondern auch fast den ganzen Tag. Er atmete ruhig ein und aus. Ein und aus. Doch ein Sonnenstrahl kitzelte ihn an der Nase. Und dann breitete sich in seinen sechs Fingern ein Kribbeln aus. Friedrich öffnete erst das eine, dann das andere Auge und war auf einmal hellwach.

Er schaute sich um. Neben ihm im Baum hing seine Mutter. Vorsichtig berührte er ihr goldenes Fell, das einen grünlichen Schimmer hatte.

»Mir ist langweilig«, sagte Friedrich leise.

Aber alles, was er hörte, war ein lautes Schnarchen.

Er rupfte ein paar Blätter vom Baum und schob sie sich in den Mund. In den Bäumen ringsum waren andere Faultiere zu sehen. Seine Geschwister und sein Papa. Ihre gebogenen Klauen hingen wie Kleiderbügel in den Ästen.

Friedrich kaute. Die Blätter schmeckten nach wenig. Er schluckte sie herunter und griff wieder ins Laub. Doch dann hielt er inne, spannte seinen Körper an und schwang sich mit seinen langen Armen von einem Ast zum nächsten. Er war deutlich zu erkennen, denn sein Fell hatte keine grüne Färbung. Friedrich bewegte sich viel. So viel, dass die Algen sich nicht ungestört in seinem Fell ausbreiten konnten wie bei den anderen Faultieren. Sein Fell glänzte golden in der Sonne.

»Dich sieht ja jeder gleich«, gab seine Mutter manchmal zu bedenken.

Friedrich störte das nicht. Er war schon immer anders gewesen als seine Geschwister. Nach zehn Stunden war er ausgeschlafen. Er wollte sich bewegen. Er wollte was erleben. Kurzum, er war nicht faul. Manchmal glaubte seine Mutter, sie hätte ihr Junges nach der Geburt mit dem eines Gibbons vertauscht. Sie traute ihren Augen nämlich nicht, wenn Friedrich sich behände von Ast zu Ast schwang. »Mal gucken, was die Affen so machen«, sagte sich Friedrich jetzt und entfernte sich immer weiter von seiner schlafenden Familie. Da, er hörte schon die lauten Schreie

der Affen! Bei Gustav und Gabriel war immer was los. Wie die Faultiere lebten auch sie in den Bäumen, aber sie schliefen nur halb so viel und spielten die meiste Zeit.

Zack, Gabriel sauste vor ihm durch die Luft! »Hallo, Friedrich!«, rief er noch, aber da war er auch schon wieder verschwunden. Auch wenn Friedrichs Mutter immer wieder behauptete, er sei mehr ein Gibbon als ein Faultier, so schnell wie Gustav und Gabriel war er nie im Leben. Ihre Arme waren zwar fast so lang wie seine, aber die beiden flogen mehrere Meter durch die Luft, wenn sie sich von einem Ast zum nächsten schwangen.

»Komm, es gibt gleich Frühstück«, rief Gustav von irgendwo her. Friedrich lief sofort das Wasser im Mund zusammen, und er legte noch einen Zahn zu. Aber als er den Futterplatz der Gibbonfamilie erreichte, waren die vier Kinder und ihre Eltern schon beim Essen.

Mama Greta drückte ihm eine reife Kaki in die Klauen, und Friedrich biss sofort hinein. Mmmh, war das lecker, und so süß! Bei ihm gab es fast immer nur furchtbar langweilig schmeckende Blätter, wie sollte man denn davon satt werden!

Zack, plötzlich schnappte ihm Gabriel die Kaki weg und sprang damit auf einen Baum.

»Lass das, Gabriel, und komm zurück«, schimpfte Mama Greta. Aber schon

sprang auch Gustav auf und schwang sich die Äste hoch. Freudig kreischend warfen sich Gustav und Gabriel die Kaki zu und lachten laut.

»Los, hol sie dir doch, Friedrich!«, riefen sie.

Mama Greta schüttelte den Kopf, griff nach einer Papaya und reichte sie Friedrich. »Mach dir nichts draus«, sagte sie, »hier ist es doch viel gemütlicher!«

Friedrich aß die Papaya, die fast noch besser schmeckte als die Kaki, und spielte ein bisschen mit Gabriels und Gustavs kleinen Schwestern. Die waren noch nicht ganz so schnell wie ihre Brüder.

Nach kurzer Zeit wurde es Gustav und Gabriel langweilig, und sie kehrten zum Futterplatz zurück. »Wollen wir Fangen spielen?«, fragte Gustav das Faultier.

»Ihr könnt mal schauen, ob die Früchte des Mangobaums am Fluss schon reif sind«, schlug Mama Greta vor. »Dann macht ihr wenigstens mal was Nützliches. Und nehmt Rücksicht auf Friedrich. Ihr wisst ja, dass er für ein Faultier ganz schön schnell ist, aber eben doch nicht so flink wie ein Affe.«

Gabriel und Gustav verdrehten die Augen.

Gustav sagte schnell: »Alles klar, Mama, Auftrag wird erledigt.«

Friedrichs Augen leuchteten.

»Los geht's!«, rief Gabriel. Und zack!, waren sie in den Bäumen.

»Passt auf, dass ihr nicht ins Wasser fallt«, rief Mama Greta ihnen noch hinterher, doch da schwangen sie sich schon von Ast zu Ast.

»Da lang!«, rief Gustav und übernahm die Führung.

Friedrich war glücklich. Er musste sich zwar sehr anstrengen, um mitzuhalten. Aber das Gefühl, das er im Bauch hatte, wenn er durch die Luft flog, war unglaublich und gab ihm gleich noch dreimal so viel Energie.

Trotzdem wurde er nach einiger Zeit etwas müde. »Sind wir bald da?«, rief er Gustav zu.

»Kannst du nicht mehr?«, neckte ihn der.

Doch da sah Friedrich bereits zwischen den Blättern das Blau des Flusses durchblitzen. Hier war er noch nie gewesen. Wie aufregend!

Als er Gustav und Gabriel erreichte, saßen die auf einem breiten Ast, der ein Stück über das Ufer des Flusses hinausragte. Unter ihnen glitzerte das Wasser in der Sonne.

»Wie schön das ist«, staunte Friedrich. »Ich habe noch nie so viel Wasser gesehen! Und wo ist der Mangobaum?«

Gustav streckte einen seiner langen Arme aus und zeigte hinüber zur anderen Seite des Flusses. »Da!«

Friedrich schluckte. »Und wie sollen wir da hinkommen?«

»Da vorne gibt es eine Stelle, wo sich die Bäume von beiden Seiten fast berühren. Man muss nur ein paar Meter durch die Luft fliegen«, erklärte Gabriel.

»Ein paar Meter?« Ein komisches Gefühl machte sich in Friedrichs Bauch breit.

»Willst du lieber hierbleiben?«, fragte Gustav. »Ist vielleicht besser.«

Friedrich nahm allen Mut zusammen. »Nein, ich komme mit.«

»Fall bloß nicht rein«, warnte Gabriel. »Wir können nämlich nicht schwimmen.«

Gustav schwang sich als Erster zum benachbarten Baum und dann noch einen Baum weiter am Ufer entlang. Gabriel und Friedrich folgten ihm. Tatsächlich, hier standen die Bäume sehr nah am Ufer. Aber ein paar Meter lagen zwischen den belaubten Ästen. Und eine Menge Wasser.

Zack!, schwang sich Gustav hinüber. Er landete sicher auf einem Ast des gegenüberliegenden Baumes und winkte Gabriel und Friedrich zu.

»Jetzt ich«, sagte Gabriel, streckte die langen Arme und schwang in einem hohen Bogen durch die Luft –

Plumps!

Auf der anderen Seite schrie Gustav auf. Friedrich war für einen Moment starr vor Schreck. Dann begann es in seinem Kopf zu rattern. Seine Mutter hatte mal gesagt, dass Faultiere gute Schwimmer seien. Aber dass der Fluss leider zu weit weg sei, um es auszuprobieren. Deshalb war er noch nie da gewesen.

Friedrich blickte aufs Wasser. Gabriel tauchte zwar kurz auf, sein Kopf verschwand aber wieder unter der Wasseroberfläche. Friedrich hatte keine Wahl. Mit seinen Klauen hängte er sich an den Ast, nahm Schwung und ließ sich ebenfalls ins Wasser plumpsen.

Es war kalt.

Und nass.

Aber es fühlte sich herrlich an. Friedrich hatte sich noch nie so wach gefühlt. Er breitete die Arme aus und schwamm. Es funktionierte tatsächlich. An der Stelle, wo er Gabriel als Letztes gesehen hatte, tauchte er hinab. Er bekam etwas zu fassen, umklammerte es mit seinen Klauen und nutzte jetzt seine Hinterbeine. Mit kräftigen Schwimmstößen erreichte er das Ufer, an dem Gustav bereits ängstlich kauerte.

»Zieh ihn raus!«, rief Friedrich.

Gabriels Fell hatte sich vollgesogen, und er war unglaublich schwer. Gemeinsam schafften sie es irgendwie, ihn aus dem Wasser zu hieven. Japsend erholte sich Gabriel von dem Schock.

»Danke, dass du mich gerettet hast«, sagte Gabriel schließlich. »Wieso … wieso kannst du schwimmen?«

Friedrich schüttelte sich, denn auch sein Fell war tropfnass. »Meine Mutter hat mir mal erzählt, dass Faultiere an sich gute Schwimmer sind. Aber wir waren nie am Fluss, da meine Mutter meinte, wir bräuchten Ewigkeiten bis dahin.«

»Das heißt, du warst heute zum ersten Mal im Wasser?«, fragte Gustav ungläubig.

Friedrich nickte. »Wo ist jetzt der Mangobaum?«, fragte er schnell. »Ich habe einen Bärenhunger. Hoffentlich sind die Früchte reif.«

»Da lang«, sagte Gustav, ohne den Arm zu heben.

Diesmal übernahm Friedrich die Führung. Es war auch gar nicht mehr weit. Von Ast zu Ast schwingend, erreichten sie den Mangobaum, in dem unzählige große Früchte hingen. Es duftete herrlich.

»Sie sind reif!«, rief Gustav und reichte Friedrich eine Frucht.

Friedrich biss in das köstlich süße Fruchtfleisch. Er schmatzte genüsslich, während er an einem dicken Ast hing und sein goldenes Fell in der Sonne trocknen ließ. Heute hatte er so viel erlebt wie andere Faultiere in ihrem ganzen Leben. Aber jetzt wollte er einfach nur mal faul sein.

Katja Reider

Maximilian, der Allererste. König für einen Tag

Als Maximilian der Allererste, Bärenkönig von Tüddelland, an diesem Morgen durch grässlichstes Weckergerassel aus seinen schönsten königlichen Träumen gerissen wird, weiß er gleich, dass ein bärenmäßig anstrengender Tag vor ihm liegt: Er muss nämlich das große Schlossfest vorbereiten!

Puh …! Am besten schlafe ich heute besonders gut aus, denkt Maximilian, schleudert den Wecker aus dem Fenster und kuschelt sich wieder in seine Kissen.

Erstaunlich, dass er gestern Abend überhaupt noch einen Wecker gefunden hat! Angeblich ist das letzte Exemplar dieser überflüssigen Quälgeister vor genau 478 Jahren vor Tüddelland feierlich versenkt worden.

Nanu, Maximilian spitzt verärgert seine königlichen Ohren – wer schreit denn da unten vor dem Schlosstor herum?

Seufzend rollt sich der Bärenkönig aus seinem Himmelbett und steckt den Kopf aus dem Fenster. Nanu, das ist ja Lilalottchen, Tüddellands einzige und daher arg gestresste Briefträgerin! Aber warum schreit sie denn so? Und woher hat sie diese schreckliche Beule? – Auweia!!!

Der Bärenkönig eilt die Treppen hinunter.

»Kannst du mir bitte erklären, Maximilian, warum du mich mit Weckern bewirfst?«, zetert Lilalottchen sogleich los. »Reicht es nicht, dass ich schon in aller Herrgottsfrühe fünf Einladungen für dich austrage? Fünf!!! Ich bin völlig erledigt. Und die Einladung für Käpt'n Kümmel hätte ich dir fast zurückgebracht. Die Adresse konnte ja keine Ente lesen …«

»A-a-aber«, stottert Maximilian, »du weißt doch, wo Käpt'n Kümmel wohnt. Schließlich hat unser schönes Tüddelland nur sechs Einwohner.«

»Na und?«, schnaubt Lilalottchen. »Ich bin nicht dazu verpflichtet, Briefe ohne ordentliche Anschrift zuzustellen! Und jetzt überleg dir lieber mal, wie du das mit dem Wecker wiedergutmachen kannst.«

Nachdenklich reibt sich der Bärenkönig die Nase. Aber dann hellt sich sein Gesicht plötzlich auf.

»Wie wäre es denn«, fragt er, »wenn DU heute mal Königin von Tüddelland wärst?«

»Au ja!« Lilalottchen nickt begeistert. »Königin Lilalottchen … das klingt gut! – Und wann fangen wir an?«

»Na, sofort!«, sagt der Bärenkönig, nimmt seine Königskette ab und legt sie Lilalottchen feierlich um den Hals. »Ab jetzt bist du Königin von Tüddelland!«

Lilalottchen strahlt. »Juhu, heute darf ich alles bestimmen! – Du, Maximilian, dann bau mal fix deine Hängematte auf und schaukel mich ein bisschen!«

»Na ja«, druckst Maximilian, »ich hab eigentlich noch ganz viel vorzubereiten. Für unser Schlossfest, weißt du?«

»Bin ich jetzt die Königin oder nicht?«, schnaubt Lilalottchen. »Also, tu, was ich sage! Und wo bleibt überhaupt meine Krone?«

Als am Nachmittag die Gäste zum großen Schlossfest eintrudeln, ist die allgemeine Enttäuschung groß.

»Matjes, Mops und Möwenschiet«, wettert Käpt'n Kümmel. »Du hast ja noch gar keine Lampions aufgehängt, Bärenkönig!«

»Schnittchen gibt's auch nicht«, mault Gouda.

»Und was ist mit Musik?«, fragt Lorelei. »Soll ich für euch singen?«

»Oh, nicht nötig, meine Liebe!«, sagt Hubertchen schnell. »Ich habe zufällig eine Feuerwehr-Sirene dabei. Die klingt ähnlich schön wie dein Gesang! – Aber sag mal, Bärenkönig: Wo hast du denn deine berühmte Himbeerbrause versteckt? Und wann gibt's diese saumäßig leckeren Schoko-Banänchen?«

»Gar nicht«, erklärt Maximilian. »Ich hatte keine Zeit, unser Fest vorzubereiten, weil ich Lilalottchen schaukeln musste. Lilalottchen ist nämlich heute unsere Königin und darf bestimmen.«

»Jawoll!«, kräht Lilalottchen und reckt ihren Schnabel aus der Hängematte. »Ihr müsst alles machen, was ich sage!«

»Nix da!«, ruft Hubertchen. »Du hast uns schon unser schönes Schlossfest verdorben. Ab jetzt regiere ich hier!« Flugs nimmt er dem verdutzten Lilalottchen die Königskette ab und hängt sie sich selber um.

»Und was ordnest du an, großer König?« Lorelei kichert vergnügt.

Hubertchen legt seine Schweinestirn in Falten. »Ah, ich hab's!«, ruft er dann. »Ich mache jetzt ein schönes Schläfchen, und ihr räumt meine Werkstatt auf. Aber bitte gründlich! Wenn ich hinterher auch nur noch ein Stäubchen entdecke, dann … äh … werdet ihr alle schrecklich bestraft.«

»Wie denn?«, fragt Gouda interessiert.

»Das überleg ich mir noch«, schnauzt Hubertchen. »Und jetzt soll mich Käpt'n Kümmel zu meiner Werkstatt tragen. Ich bin ein wenig müde.«

»Oje, Hubertchens Werkstatt sieht mal wieder aus wie ein Schweinestall!«, seufzt Lorelei.

»Ist ja auch einer«, sagt Gouda.

»Potzblitz!«, ruft Käpt'n Kümmel. »Ich hab eine Idee, wie wir hier ganz fix klar Schiff machen! Alle mal herhören …«

Tatsächlich erweist sich Käpt'n Kümmels Vorschlag als genial, und in null Komma nichts strahlt Hubertchens Werkstatt vor Sauberkeit.

Hubertchen selber strahlt weniger. »Aber wo sind denn all meine tollen Erfindungen geblieben?«, fragt er entsetzt. »Meine neue Spiegelei-Wurfmaschine? Und die Puffreis-Kanone? Und der Schuhanzieher für Tausendfüßler und …?«

»Alles da oben drin!«, ruft Gouda und zeigt stolz auf den prall gefüllten Seesack, der über Hubertchens Kopf schwebt. »Hier unten findest du nicht mehr das kleinste Stäubchen. Toll, oder?«

»Nein!« Hubertchen ist ungnädig. »Räumt das sofort wieder …«

»Tut mir leid«, sagt Gouda und nimmt Hubertchen die Königskette ab. »Aber deine Regierungszeit geht soeben zu Ende. Ab sofort bin ich Königin von Tüddelland, und ich wünsche, jetzt hochherrschaftlich zu speisen.«

»Tja, äh«, sagt Hubertchen verdattert. »Also, ich hätte vielleicht noch 'n Schlag Kartoffelbrei von gestern oder –«

»Aber ich speise doch nicht hier!«, ruft Gouda entrüstet, »sondern im goldenen Thronsaal!«

»Selbstverständlich, Hoheit!«, sagt Maximilian, nimmt Goudas Pfote und führt die Insel-Köchin feierlich zurück ins Schloss.

»Und was ist mit uns?«, jammert Lilalottchen.

»Unsere Bäuche sind auch leer!«, klagt Lorelei.

»Wie 'n Fass Rum vor Kap Horn«, brummt Käpt'n Kümmel.

»Eine Königin interessiert sich nicht für die Bäuche ihrer Untertanen«, flötet Gouda. »Und nun tischt auf!«

Also werden in der Schlossküche geschwind allerlei Köstlichkeiten gebrutzelt und der neuen Königin untertänigst serviert. Gouda selbst thront hoheitsvoll am Kopfende der langen Tafel und lässt sich von allen Seiten bedienen.

Aber so richtig wollen ihr selbst die leckersten Speisen nicht schmecken. Sogar die feinsten Käsehäppchen bleiben ihr fast im Halse stecken. – Woran das nur liegen mag?

»Schmeckt es Euch nicht, Majestät?«, fragt Maximilian.

Gouda schluckt. »Es macht gar keinen Spaß, alleine zu essen«, sagt sie dann kleinlaut. »Ach, ich will nicht mehr Königin sein. Mit euch zusammen ist alles viel lustiger! Kommt, esst mit!«

Das lassen sich die anderen nicht zweimal sagen. Blitzschnell setzen sie sich zu Gouda an den Tisch und langen kräftig zu.

Doch kaum ist das letzte Krümelchen verdrückt, schüttelt Lorelei, die eitle

Ziege und Insel-Sängerin, ihr seidiges Fell und verkündet: »So, Freunde, jetzt bin ich eure Königin!«

»Und was befiehlst du?«, fragt Maximilian.

»Ich … äh …« Lorelei überlegt. »Also, ich gebe ein Konzert. Und ihr, ihr feiert mich wie eine Königin! Ja, das befehle ich!«

»Sehr wohl!«, sagt Käpt'n Kümmel untertänig, reißt den nächstbesten Teppich von der Wand und rollt ihn vor Lorelei aus.

Hubertchen und Gouda klatschen begeistert. Und Lilalottchen und Maximilian johlen und trampeln, was das Zeug hält.

»Zugabe!«, brüllt Käpt'n Kümmel. »ZU-GA-BE!«

»Aber ich hab doch noch gar nicht gesungen!«, sagt Lorelei verdattert.

»Piepegal«, ruft Hubertchen. »Du bist die Königin. Du hast Jubel befohlen. Also jubeln wir. Bravo!! BRAVOOO!«

Da setzt Lorelei ihre Krone wieder ab. »Wenn ihr nur jubelt, weil ich euch das befohlen habe, weiß ich ja gar nicht, ob euch mein Gesang wirklich gefällt. Das ist irgendwie doof!«

»Stimmt«, sagt Gouda. »Und was jetzt?«

»Na, was wohl?!«, ruft Käpt'n Kümmel. «Jetzt bin ich König von Tüddelland. Und wisst ihr was? Ich habe große Lust auf eine Fahrt mit meiner guten alten ›Gewitterziege‹.«

»Aber der Schiffsmotor ist doch kaputt!«, sagt Hubertchen.

»Und der Wind bläst heute auch nicht!«, ergänzt Lorelei.

»Eben«, sagt Käpt'n Kümmel. »Da passt es gut, dass ich so fleißige Untertanen habe wie euch! Ihr werdet mich rudern!«

»Rudern??!!«, wiederholen die anderen entsetzt.

»Seid froh, dass ich nicht Wasserski laufen will!« Käpt'n Kümmel grinst. »Und jetzt auf zur ›Gewitterziege‹!«

Kaum sind alle an Bord, geht's auch schon drunter und drüber: Maximilian stolpert über einen Haufen Taue. Lilalottchen verliert ihre Ruder. Und Lorelei fällt fast über die Reling, als sie Hubertchen beim Heben des Ankers helfen will.

»Beim heiligen Klabautermann!«, ruft Käpt'n Kümmel. »Lasst mich mal ran!« Schnurstracks hat Kümmel seine ›Gewitterziege‹ selber klargemacht und die Freunde einmal rund um Tüddelland geschippert.

»Ich wusste gar nicht, dass Könige ihre Untertanen rudern«, kichert Lilalottchen auf dem Heimweg.

»Ich bin kein König mehr«, brummelt Käpt'n Kümmel, »ich bin wieder Käpt'n. Davon verstehe ich wenigstens was.«

Hubertchen, Gouda, Lorelei und Lilalottchen nicken zustimmend.

»Wir wollen auch nicht mehr König oder Königin sein!«

»Na, wenn das so ist«, sagt Maximilian, »dann regiere ich unser schönes Tüddelland eben wieder selber.«

Und da atmen alle erleichtert auf.

»Und was befiehlst du, Bärenkönig?«, fragt Hubertchen eifrig.

Maximilian kratzt sich am Kopf. »Hm … ich ordne an, dass morgen ein prächtiges Schlossfest gefeiert wird.«

»Mit Himbeerbrause und Schoko-Banänchen?«, fragt Gouda.

»Auf jeden Fall«, sagt der Bärenkönig.

»Mit Lampions, Musik und Freudentänzen?«, will Lorelei wissen.

»Selbstverständlich«, sagt der Bärenkönig. »Oh, ich werde mir wohl wieder den Wecker stellen müssen, damit ich es schaffe, alles vorzubereiten.«

»Und wir können ausschlafen!«, seufzt Lilalottchen beglückt.

»Ach, Maximilian«, jubelt Gouda. »Du bist nicht nur der Allererste, sondern auch der Allerbeste.«

Und darüber sind sich wieder mal alle einig.

Renate Welsh

Ein Krokodil beim Zahnarzt

Der Nächste bitte!«, sagte der Zahnarzt und ging sich die Hände waschen. Als er sich umdrehte, saß in seinem Zahnarztsessel ein mittelgroßes Krokodil.

Der Zahnarzt stotterte: »Wie … wie … wie sind Sie denn da hereingekommen?«

»Durch die Tür«, grunzte das Krokodil. »Ich bin angemeldet. Kro Kodil, mein Name.«

Der Zahnarzt zählte langsam bis hundert, um sich zu beruhigen. Kro Kodil riss sein Maul auf.

Eine Schwade von Gestank traf den Zahnarzt. Ihm wurde übel. Kro Kodil schlug mit seinem langen Schuppenschwanz gegen den Sessel. »Also los. Ich hab's eilig!«

Der Zahnarzt beugte sich über das riesige Maul. »Welcher tut denn weh?«, fragte er.

»Ich glaube, der 37 links unten. Oder der 38«, brummte Kro Kodil. Er hatte wirklich sehr schlechten Mundgeruch.

»Vom Zähneputzen halten Sie wohl nicht viel?«, fragte der Zahnarzt mit abgewandtem Gesicht.

»Dafür habe ich einen Vogel«, antwortete Kro Kodil mit Würde. »In meiner Familie ist es nicht üblich, sich selbst die Zähne zu putzen. Das ist die Aufgabe der Sporenkiebitze, die sind eigens zu diesem Zweck auf der Welt.«

Der Zahnarzt schüttelte den Kopf. »Sachen gibt's! Ich nehme an, zum Dank werden sie dann gefressen.«

»Normalerweise nicht«, grunzte Kro Kodil. »Höchstens mal unabsichtlich. Wenn sie einen kranken Zahn anpicken.«

Dem Zahnarzt wurde äußerst unbehaglich zumute. Er sah sich nach seiner Assistentin um. Die war grün im Gesicht.

Ob ich im Zoo anrufen soll?, überlegte der Zahnarzt. Die haben dort bestimmt mehr Erfahrung mit Krokodilen als ich.

Kro Kodil rutschte im Zahnarztsessel hin und her. Sein Schuppenschwanz schlug schneller. »Bringen wir's hinter uns«, krächzte er. Der Zahnarzt war ein mutiger Mann. Aber man soll seinen Mut nicht über Gebühr strapazieren, dachte er.

»Ich hatte noch nie mit Krokodilzähnen zu tun«, sagte er. »Meinen Sie nicht, dass es besser wäre, einen Spezialisten hinzuzuziehen?«

Kro Kodil knurrte. Das Knurren klang gar nicht freundlich. »Ich habe Zahnschmerzen, und Sie sind Zahnarzt. Stimmt's?«

Der Zahnarzt musste zugeben, dass dem so war.

Die Assistentin drückte sich an der Wand entlang. Die rennt weg, dachte der Zahnarzt. Und ich kann es ihr nicht einmal übel nehmen.

»An sich bin ich ja ein Held«, erklärte Kro Kodil. »Da können Sie in ganz Afrika und Umgebung fragen. Aber hier ist nicht Afrika, und beim Zahnarzt war ich noch nie. Ich fürchte, ich werde nervös. Und wenn ich nervös bin, krieg ich Hunger. Das wollte ich nur gesagt haben, damit Sie mir später nicht böse sind, falls ich Ihnen versehentlich den einen oder anderen Arm abbeißen sollte. Es ist bestimmt nicht persönlich gemeint.«

Der Zahnarzt fand das überhaupt nicht komisch und auch nicht beruhigend.

Die Assistentin hatte die Tür erreicht und schlich hinaus.

Der Zahnarzt seufzte.

Ihm fiel ein, dass er vergessen hatte, seine Zimmerlinde daheim zu gießen. Jetzt konnte er nicht einmal mehr die Assistentin bitten, es für ihn zu tun, wenn er …

Weiter mochte er nicht denken.

Da kam die Assistentin zurück. Sie zog den Staubsauger hinter sich her und trug einen Schemel.

»Verehrter Herr Kro Kodil«, sagte sie und lächelte ihr allernettestes Lächeln, »darf ich mir erlauben, Ihnen den Schemel zwischen die Kiefer zu schieben? Dann pusten wir erst mal mit dem Staubsauger den Dre… – ich meine natürlich, die Fremdkörper – aus Ihrem verehrten Maul.«

»Haben Sie keinen blauen?«, fragte Kro Kodil. »Blau ist so beruhigend. Wie ich schon sagte, bin ich etwas nervös.«

»Wir haben leider keinen anderen«, sagte die Assistentin. »Aber ich werde diesen mit Mundwasser einsprühen. Das schmeckt ganz frisch nach Pfefferminz. Ein grüner Geschmack, würde ich sagen. Passt vortrefflich zu Ihren wunderhübschen grünen Schuppen.«

Der Zahnarzt staunte. Mit offenem Mund hörte er zu. So kannte er seine Assistentin gar nicht.

Kro Kodil schaute misstrauisch zu, wie sie den Schemel über und über einsprühte.

»Darf ich Sie jetzt bitten, Ihren schönen großen Mund so weit wie möglich aufzumachen?«, bat sie höflich.

Kro Kodil rekelte sich im Sessel. »Das hat noch niemand zu mir gesagt«, brummte er und riss sein Maul auf. Es sah aus, als wollte er gleich Zahnarzt und Assistentin und Bohrer verschlucken. Der Zahnarzt schnappte nach Luft. Aber Kro Kodil hielt lammfromm still, während sie den Schemel zwischen seine Kiefer stellte. Dann saugte sie jede Menge Speisereste aus dem Riesenmaul. Als sie fertig war, nickte sie dem Zahnarzt aufmunternd zu.

Er zitterte immer noch, aber er beugte sich vor und säuberte das ungeheure Loch im 39. Zahn links. Kro Kodil ließ die Augen nicht von der Assistentin. Sie tätschelte beruhigend seine linke Vorderpfote mit den mächtigen Krallen.

»Ich glaube, wir brauchen einen ganzen Eimer Füllmaterial für diesen Zahn«, murmelte der Zahnarzt.

Kro Kodil hielt tatsächlich still, bis das Loch gefüllt war. Die Assistentin entfernte den Schemel.

Der Zahnarzt seufzte erleichtert. »Zwei Stunden nichts beißen«, sagte er.

Kro Kodil brummte: »Schade. Dabei hätte ich Ihre Assistentin zum Fressen gern.«

Sie lächelte. »Ich weiß die Ehre zu schätzen. Vielleicht ein andermal.«

»Sie dürfen Kro zu mir sagen«, erklärte er feierlich und streckte ihr die Pfote bin. »Die Rechnung schicken Sie bitte an meinen Großvater.« Sein Blick fiel auf die Uhr über der Tür. »O weh, ich muss mich beeilen, sonst versäume ich mein Flugzeug. Tut mir leid, aber Sie wissen ja, wie das ist. Ich werde Sie meiner ganzen Familie empfehlen. Darf ich ein Schemelbein zum Lutschen mitnehmen?«

Endlich ging er. Sie hörten, wie der mächtige Schwanz auf jeder Stufe aufschlug.

Der Zahnarzt setzte sich in seinen eigenen Zahnarztsessel. Die Assistentin öffnete das Fenster. Kro Kodil hatte doch eine ganze Menge Gestank hinterlassen.

»Kann ich den Nächsten hereinrufen?«, fragte die Assistentin.

»Hoffentlich kein Krokodil!«, sagte der Zahnarzt.

»Nein, der kleine Alexander aus dem zweiten Stock.«

Der Zahnarzt verdrehte die Augen.

»Das ist fast genauso schlimm«, stöhnte er.

Als der letzte Patient gegangen war, bat der Zahnarzt seine Assistentin, ihn zu heiraten. Leider weiß ich nicht, was sie geantwortet hat.

Lachgeschichten

Die Sonne, eine Apfelsine,
versinkt im Meer mit einem Platsch.
Die Fische schlucken Vitamine,
und ich erfinde gerne Quatsch!

Antonia Michaelis

Zeit für Mama

Es war an einem Donnerstagnachmittag, und Mama sagte: »Ich brauche zwei Stunden Ruhe. Könnt ihr euch solange alleine beschäftigen?«
Die Ruhe brauchte sie, weil sie eine Geschichte schreiben musste, und die Geschichte brauchte sie, weil sie dafür Geld bekam, und das Geld brauchte sie, weil in unserer Theaterkasse ständig »ein Minus war«.
Ich hatte einmal versucht, das Minus anzugucken, aber als ich die Theaterkasse öffnete, war gar nichts drin.
Bei uns ist es nämlich anders als bei anderen Leuten. Bei anderen Leuten machen ab und zu die Kinder Theater. Bei uns machen alle zusammen Theater, also Mama und wir Kinder, was schon fünf sind, und wir machen es auf der Bühne.

Weil fünf nicht genug sind, sammelt Mama immer andere Leute ein.

Einmal haben wir mit schwer erziehbaren Jugendlichen Theater gespielt, die waren cool, denn sie ließen mich Auto fahren. Im Moment macht Mama ein Theaterprojekt mit Kindern aus anderen Ländern, die nicht Auto fahren. Dafür haben sie uns Schimpfwörter in ihren Sprachen beigebracht, das ist auch gut.

»Wir können uns klar selber beschäftigen«, sagten wir, weil sie das ja hatte wissen wollen.

»Nehmt ihr die Kleine mit?«, fragte Mama, und wir seufzten und nickten.

Das Baby ließen wir bei Mama, das konnte da rumkrabbeln und sich auch selbst beschäftigen.

Papa war nicht da. Er geht immer morgens zur Arbeit und kommt erst spätabends wieder. Ich glaube, er hat Angst vor Mamas komischen Projekten. Wenn er zu früh wiederkommt, ist das Haus voller seltsamer Leute, und er weiß nicht, was er machen soll.

»So«, sagte ich. »Wie kann man sich richtig gut selber beschäftigen?«

»Na, wenn man richtig viele ist!«, rief meine Schwester.

Also stiegen wir auf unsere Räder und fuhren die Theaterkinder abholen, die um die Ecke wohnten: die Tschetschenen und die Ukrainer, die sich immer auf Russisch stritten, und die Syrer und den Somalier und die afghanischen Mädchen, die üben mussten, nicht schüchtern zu sein.

Zu Hause fanden wir die Kleine im Garten, wo sie still und lieb die Blumen goss.

»Es reget!«, krähte sie.

»Deutsche ist komisch«, sagte der Somalier. »Er gießt Blumen mit Wein.«

Da sah ich, dass die Kleine die Weinflasche in der Hand hielt, die Mama zur Entspannung im Kühlschrank aufbewahrt.

»Darf sie das?«, fragte meine Schwester.

»Den Blumen kann ein bisschen Entspannung nicht schaden«, meinte ich.

»Na, wenn sowieso alle da sind, können wir Mama eine Freude machen und das Theaterstück üben.«

Und ich rannte schnell nach oben und steckte den Kopf in Mamas Arbeitszimmer.

Das Baby war dabei, das Computerkabel aus der Steckdose zu ziehen, und Mama steckte es wieder hinein, das war wohl so ein Spiel von den beiden.

»Ich will nicht stören, aber wo sind eigentlich die Verkleidungen?«, fragte ich.

»Abstellkammer, wieso?«, sagte Mama.

Doch da war ich schon wieder auf dem Weg nach unten.

»Dürfen wir die Kostüme denn?«, fragte meine Schwester.

»Die sind so schön gefaltet …«

Ich öffnete die Tür zur Abstellkammer. Dort saß die Kleine in einer offenen Kiste voller Vogelkostüme. Sie rupfte mit beiden Händen Federn aus, warf sie in die Luft und lachte sich kaputt.

»Es scheit!«, rief sie.

Wir nahmen ihr die Kostüme weg.

Im Stück ging es um Würmer und Vögel und einen Hut und um irgendwas mit Demokratie und Toleranz. Keiner von uns verstand, was das Ganze sollte, aber solange Mama sich freute, wenn wir als Vögel herumhopsten, war alles gut.

Wir verkleideten uns also und flatterten durch die Blumenbeete, und die afghanischen Mädchen übten, nicht schüchtern zu sein, indem sie die Ukrainer mit den Pappschnäbeln verhauten.

Ich war ein Wurm, zusammen mit drei anderen, und wir schafften es, uns fast ganz im Beet einzugraben.

»Dürft ihr das?«, fragte meine Schwester.

»Klar«, sagte ich. »Im Stück steht: *Würmer graben sich in die Erde*, ich kann schon lesen.«

Da die Kostüme nach dem Graben sehr erdig waren und irgendwie auch ein bisschen zerrissen, zogen wir sie lieber aus und gingen ins Bad, um uns zu waschen.

»Deutsche sind seltsam«, sagte ein syrischer Junge. »Sie haben in Badezimmer ein See.«

Auf einem Hocker vor dem Waschbecken stand die Kleine. Sie hatte den Wasserhahn ganz aufgedreht und den Stöpsel ins Waschbecken gesteckt, und gerade lief das Wasser über die Schwelle in den Flur. Es sah hübsch aus, weil alle Schuhe zu schwimmen begannen wie Boote.

»Es is Sturmfuut!«, rief die Kleine.

Gut, dachte ich, dass wir so viele Kinder waren, so konnte man prima in der Flut spielen. Wir holten Stöcke und steuerten die Schuh-Boote damit durch den Flur.

»Dürfen wir das?«, fragte meine Schwester.

»Klar«, sagte ich. »Mama mag kreative Ideen.«

Aber irgendwann wurde es uns zu nass, und wir schaufelten das Wasser aus der Haustür, wo gerade der Postbote stand und ein bisschen feuchte Hosenbeine bekam.

Den Rest der Überschwemmung saugten wir mit Handtüchern auf. Und zwar schlangen wir uns die Handtücher um die Füße, so ähnlich wie Pipi

Langstrumpf es beim Putzen macht. Weil die Handtücher nicht reichten, lief ich schnell nach oben, steckte den Kopf in Mamas Arbeitszimmer und sagte: »Ich will nicht stören, aber können wir die Bettwäsche leihen?«

Das Baby entfernte gerade das E aus Mamas Computertastatur.

»Ja, ja«, sagte Mama geistesabwesend. »Ein oder zwei Laken könnt ihr zum Spielen …«

Ich verteilte also Bettbezüge und Laken, und wir spielten, wir wären Sklaven auf einem Piratenschiff und müssten putzen. Die afghanischen Mädchen übten, nicht mehr schüchtern zu sein, indem sie sich mit Papas Hut und Mantel als Piraten verkleideten.

Als wir die Laken schließlich draußen zum Trocknen in die Bäume hängten, fanden wir die Kleine auf dem Kirschbaum. Sie hatte alle Kirschen geerntet. Die waren zwar noch klein und grün, sahen aber trotzdem hübsch aus. Sie kippte sie über uns aus und rief: »Es hagelt!«

»Jetzt haben wir Theater geübt und den Flur geputzt«, stellte ich zufrieden fest. »Jetzt müssen wir nur noch das Abendessen vorbereiten, dann ist alles perfekt.«

Wir gingen in die Küche und suchten Mehl und Eier und Milch. »Wir machen Pfannkuchen für alle!«, rief ich.

»Jaha!«, rief die Kleine, hob die offene Mehltüte und drehte sie um.

»Ein Sandsturm!«, rief sie.

Das Mehl legte sich sachte auf den Fußboden.

»Deutsche ist merkwurdig«, sagte ein ukrainisches Mädchen. »Sie backen Pfannkuch auf Boden.«

Da lachte ich und kippte die Milch auch auf den Boden und schlug die Eier darüber auf. Alle zusammen kneteten den Teig, der mehr aussah wie Kekseteig.

Na, Kekse waren ja auch gut.

Weil die Kekse ein bisschen verbrannten beim Backen, verzierten wir sie mit Blumen aus dem Blumenbeet, sodass man das Schwarze nicht sah. Blöderweise hielten die Blumen nicht. Ich rannte nach oben zu Mama und sagte: »Ich will dich nicht stören, aber wo ist eigentlich der Tacker?«

»In Papas Arbeitszimmer«, sagte Mama.

Das Baby schmierte gerade Creme aus einer Tube auf den Bildschirm.

Ich holte den Tacker aus Papas Arbeitszimmer, und meine Schwester fragte schon wieder: »Dürfen wir das denn?« Weil Papas Zimmer eigentlich verboten ist. Er ist nie darin, aber er bewahrt gefährliche Sachen wie Hammer und Nägel und seinen Laptop dort auf.

Ich nickte nur, und dann tackerten wir die Blumen auf den Keksen fest.

Als ich den Tacker zurückbrachte, saß die Kleine auf Papas Bürostuhl und hämmerte Nägel in Papas Schreibtisch. »Es donnert!«, rief sie begeistert.

Auf der Terrasse saßen jetzt lauter hungrige Kinder, doch die Kekse waren zu schön zum Gleich-Essen, da gab ich ihnen die Pizza aus dem Gefrierfach. Die konnte man schön lutschen. Aber die afghanischen Mädchen bewarfen sich lieber mit der gefrorenen Pizza, um sich das Schüchternsein abzugewöhnen.

Wir legten die Kekse auf einen Teller, und dann liefen wir hinauf zu Mama.

»Überraschung!«, riefen wir im Chor. »Abendbrot ist fertig!«

Das Baby war auf Mamas Arm eingeschlafen, in der Faust eine herausgerissene Buchseite, an der es selig nuckelte.

Mama war auch eingeschlafen, auf ihrem Stuhl.

»Sonne scheint!«, krähte die Kleine und richtete den Schein der Schreibtischlampe auf Mamas Gesicht. Mama gähnte und blinzelte die Blumenkekse an.

»Die sehen aus wie meine Zuchtrosen«, meinte sie.

»Oh, das ist … Zufall«, sagte ich.

»Wir haben uns die ganze Zeit alleine beschäftigt«, sagte meine Schwester.

»Hast du eine schöne Geschichte geschrieben?«

Mama seufzte. Ich glaube, sie hatte keine Idee gehabt.

»Macht nichts«, sagte ich. »Wir helfen dir. Du kannst wirklich froh sein, dass du so hilfreiche Kinder hast. Gib mal den Stift. *Es war an einem Donnerstagnachmittag, und Mama sagte: »Ich brauche zwei Stunden Ruhe …«*

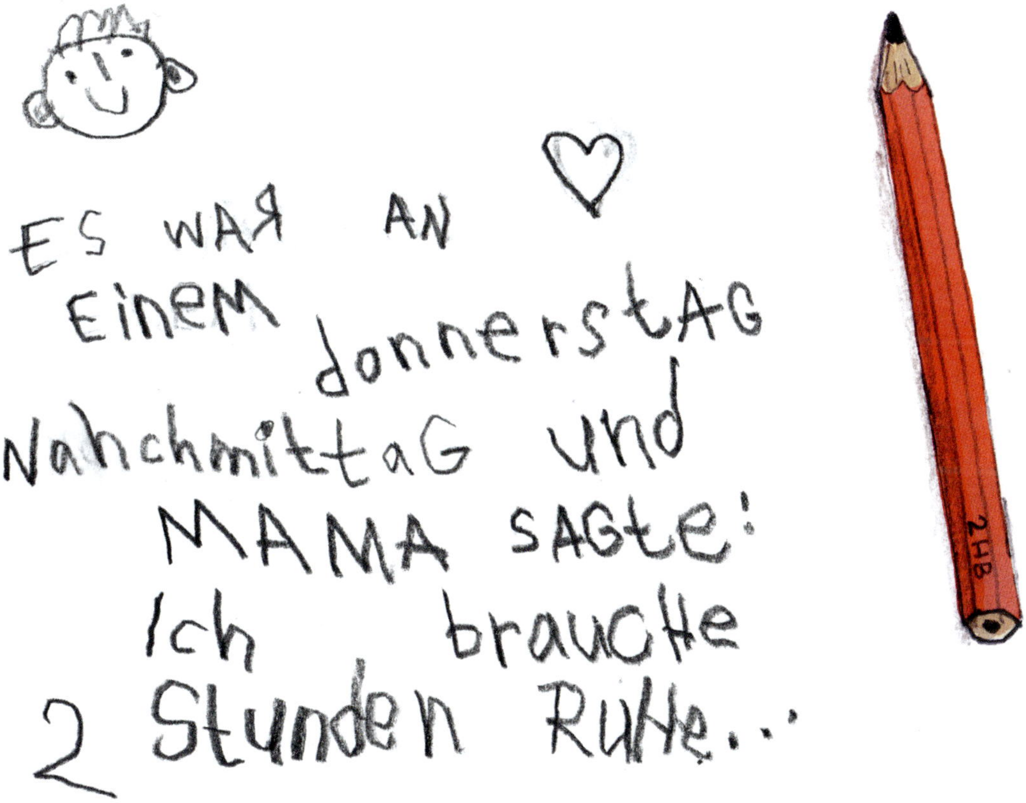

ES WAR AN
EiNEM
donnerstAG
NAhchmittaG und
MAMA sAGte:
Ich brauchte
2 Stunden RuHe...

Usch Luhn

Leonie steht Kopf

Leonie war sauer. Ihr großer Bruder David hatte Besuch von seiner Freundin Pia. Die beiden hatten es sich im Kinderzimmer gemütlich gemacht und Leonie einfach vor die Tür gesetzt. Und jetzt wollten sie auf den Jahrmarkt gehen, der im Volkspark seine Zelte aufgeschlagen hatte.
Ohne Leonie!
Leonie fand Pia richtig toll. Sie war im Turnverein und konnte unglaubliche Kunststücke. Fünf Räder hintereinander schlagen. Handstand ohne festhalten. Einen Überschlag aus dem Stand. Gerade übte sie auf den Händen laufen. Das hatte sie Leonie vor ein paar Tagen vorgemacht.
»Lasst mich sofort wieder rein«, brüllte Leonie jetzt und trommelte mit den Fäusten gegen die Kinderzimmertür.
»Stör uns nicht, Zwerg«, sagte David und öffnete die Tür einen Spaltbreit.
Leonie stürmte neugierig ins Zimmer. Vor Staunen riss sie die Augen weit auf. Pia stand auf dem Kopf. Freihändig. Nun winkte sie ihr sogar zu. Dann stützte sie sich mit den Händen auf und sprang auf die Füße. »Das ist gar nicht so schwer«, sagte sie. »Mit ein bisschen Übung schaffst du das auch.«
David lachte. »Leonie? Der wird ja schon bei einem Purzelbaum ganz schwindlig.«
Vor Wut schossen Leonie die Tränen in die Augen. Wenn sie mit David alleine war, benahm er sich nie so gemein.
»Ärgere deine Schwester nicht, David. Das ist gar nicht nett«, sagte Mama.
»Gar nicht nett«, echote Leonie und wischte sich eine Träne aus dem Auge.
»Wir gehen jetzt sowieso rüber zum Jahrmarkt«, sagte David.

»Aber ich will auch mit«, jammerte Leonie.

»Wir gehen Sonntag alle zusammen mit Papa«, tröstete sie Mama.

Leonie stampfte mit dem Fuß auf. »Ich will aber mit Pia auf den Rummel.«

»Nö-ö«, rief David. »Mit der geh ich schon.« Er verschwand aus der Haustür.

»Tschüs, Leonie«, rief Pia. »Das nächste Mal zeige ich dir, wie man ein Rad schlägt. Versprochen.«

»Komm in den Garten, Schatz, und hilf mir beim Wäscheaufhängen«, sagte Mama. Leonie schüttelte den Kopf. »Keine Lust.«

Mama seufzte. »Wollen wir zusammen Kuchen backen?«

»Nö«, sagte Pia trotzig. Sie wartete, bis Mama mit dem Wäscheaufhängen fertig war.

Dann lief sie auch in den Garten, hinüber zum Spielhaus. In dem Häuschen waren der Bollerwagen und alte Puppen und Kuscheltiere. Sie boxte den großen Bären auf seinen ausgestreckten Arm und verpasste dem Hasen mit den Schlappohren einen Nasenstüber.

»Hoppla. Schlecht gelaunt?«, sagte eine hohe Stimme vorwurfsvoll.

Leonie zuckte erschrocken zusammen. Schuldbewusst guckte sie sich um. Niemand zu sehen. Ob David und Pia zurückgekommen waren und sie an der Nase herumführen wollten? Vielleicht hatten sie sich hinter dem Apfelbaum versteckt.

»Kommt raus. Sonst …«, drohte sie. Nichts rührte sich. »Sonst …« Sie gab der Puppe mit dem langen Zopf einen Schubs. »Jetzt reicht es aber«, meldete sich die Stimme wieder. »Statt uns zu ärgern, begleite uns lieber auf den Jahrmarkt. Heute ist alles umsonst. Sogar das Riesenrad.«

Das waren nicht David und Pia. Auch nicht Mama. Das war …

»Komm schon, Leonie. Hör auf, so miesepetrig zu gucken«, murmelte jetzt eine andere, tiefere Stimme. »Gib dir einen Ruck und sei dabei! Du musst nur die Augen zukneifen, bis drei zählen und dabei die Luft anhalten.«

»Na gut«, sagte Leonie. Vielleicht kam sie auf die Art ja heute doch noch zum Jahrmarkt. Sie machte die Augen ganz fest zu. »Eins … zwei … drei.«

Sie atmete aus und blinzelte vorsichtig.

Tatsächlich! Plötzlich war sie nicht mehr im Spielhaus, sondern stand auf einem Rummelplatz mit vielen Buden und Fahrgeschäften. Und mit ihr waren alle Tiere und Puppen aus dem Spielhaus gekommen! Der Kuschelhase stand auf dem Kopf und drehte dabei eine Pirouette wie eine Ballerina. Die Zopf-Puppe lief auf den Händen einmal um Leonie herum und grinste sie dabei fröhlich an. Ihr schwarzer Zopf wirbelte wie ein Brummkreisel herum, und die Zuckerketten um ihren Hals klimperten leise.

Leonie staunte. Was ihre langweilige Puppe für tolle Sachen konnte!

Die Puppe blieb direkt vor Leonie stehen. »Hallo, ich heiße Lore.«

Oh – bisher hatte Leonie die Puppe immer Silvia genannt.

»Hallo, Lore«, sagte Leonie ein wenig schüchtern.

»Warum stehst du denn auf dem Kopf?«, fragte Lore.

Leonie guckte verdutzt. »*Ich* steh doch gar nicht auf dem Kopf. *Du* stehst auf dem Kopf.«

»Quatsch!«, rief Lore und schüttelte so heftig den Kopf, dass ihr Zopf wieder zu kreisen begann. »Dann würden ja alle anderen hier auch auf dem Kopf stehen.«

Leonie schnappte nach Luft. »Aber das tun sie ja auch«, rief sie.

In diesem Augenblick tauchte der große Teddybär auf. Er schlug ein Rad nach dem anderen und blieb schließlich kopfüber bei ihr stehen.

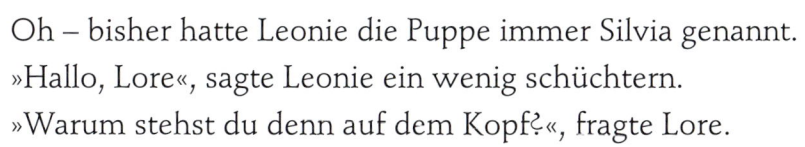

»Hallo, Leonie«, begrüßte er sie. »Ich wusste gar nicht, dass du so gut auf dem Kopf stehen kannst.«

In Leonies Bauch fing es an, wie verrückt zu kitzeln. Und schon musste sie loslachen! Sie lachte und lachte und konnte gar nicht mehr aufhören.

Dann machte sie einen mutigen Satz nach vorn und stand mit einem Mal kopfüber auf den Händen. Vorsichtig setzte sie eine Hand vor die andere. Und tatsächlich! Sie konnte auf den Händen laufen, als hätte sie nie etwas anderes getan. Es machte einen Riesenspaß!

»Na, endlich wirst du vernünftig«, sagte Lore. »So lange auf dem Kopf stehen ist ungesund.«

Die Puppe nahm Leonie an der Hand und steuerte mit ihr das Riesenrad an. »Bitte einsteigen«, begrüßte sie dort das rosa Plüscheinhorn. Es balancierte auf seinem Horn und blinzelte Leonie mit seinen langen Wimpern zu.

»Ich fahre mit Leonie!«, brummte da jemand. »Ich bin schließlich Leonies ältester Freund.«

Das stimmte. Der große Teddybär hatte sogar schon Mama gehört, als sie ganz klein war.

Leonie und der Bär kletterten in die Gondel, und los ging es. Ganz allmählich kam das Riesenrad in Schwung. Vergnügt winkte Leonie Lore von oben zu. Aber bald wurde das Gefährt schneller und schneller.

»Mir wird schwindlig«, rief Leonie und verbarg ihren Kopf im Bärenfell. Der

Teddy hielt sie fest in seinen großen Bärentatzen. Da ergriff ein starker Windstoß Leonie und den Bären und wirbelte die beiden durch die Luft davon.

»Leonie? ... Leonie ...!«

»Ach, guck mal, wie süß. Leonie schläft.«

»Typisch Leonie. Die alte Schlafmütze.«

Leonie öffnete die Augen und guckte sich schlaftrunken um. »Wo bin ich?«, fragte sie verwirrt. »Wo ist der Jahrmarkt?« Sie lag auf dem alten Bären im Spielhaus, und vor ihr standen Mama, David und Pia und lachten sie an.

»Du bist eingeschlafen, mein Schatz«, sagte Mama und streichelte ihr über die Wange.

»Schönen Gruß vom Jahrmarkt«, strahlte Pia. Sie zauberte eine Zuckerkette hervor und hängte sie Leonie um den Hals.

»Danke!«, rief Leonie. »Aber warum steht ihr denn alle auf dem Kopf?«

Sie kicherte und sprang auf. »Guck mal, Pia, was ich kann.« Und dann machte sie übermütig zehn Purzelbäume quer über den Rasen und schlug zuletzt sogar ein richtiges Rad.

Pia klatschte begeistert. »Super! Du bist ja eine richtig tolle Turnerin. Wenn du Lust hast, nehme ich dich nächste Woche zum Training mit. Auf dem Kopf stehen ist das Tollste überhaupt.«

Pia linste zum Bären hinüber und musste schon wieder lachen. »Na klar«, rief sie. Sie schnappte sich den Bären und machte mit ihm den schönsten Purzelbaum überhaupt.

Lisa-Marie Dickreiter · Andreas Götz

Ein turbulenter Spaziergang mit Uropa Rudi

An dem Sonntag, als Uropa Rudi anrief, waren Mama und Papa auf einem Flohmarkt und kauften alte Möbel. Sie mochten alte Dinge lieber als neue. Besen lieber als Staubsauger. Kohleöfen lieber als Heizungen. Briefe lieber als E-Mails.

Das einzige Alte, was sie nicht mochten, war Uropa Rudi. Er war der schlimmste Uropa weit und breit. Er log, dass sich die Balken bogen. Er klaute alles, was er in die Finger bekam. Und wenn ihm etwas nicht passte, nahm er sein Gebiss raus und warf es einem hinterher.

Darum waren Mama und Papa auch nicht die Einzigen, die Uropa Rudi nicht mochten. Niemand mochte ihn. Bis auf Lilo und Fred. Denn Uropa Rudi sagte zu ihnen nie: Dafür seid ihr noch zu klein. Oder: Das ist zu gefährlich. Oder: Das macht man nicht. Er sagte immer nur: Das brauchen eure Eltern nicht zu wissen.

Und genau deshalb rief er an dem Sonntag an, an dem Mama und Papa nicht zu Hause waren.

»Geht mal einer von euch ran«, rief Jenny vom Wohnzimmersofa zur Küche hinüber. Dort saßen Lilo und Fred und schmierten sich vor lauter Langeweile das fünfte Nutellabrot. Eigentlich sollte Jenny ja genau so was verhindern, dafür wurde sie schließlich von Mama und Papa bezahlt. Aber sie lag viel lieber auf dem Sofa und tippte auf ihrem Handy herum.

»Bist du das, Liselotta?«, schrie Uropa Rudi ins Telefon.

»Ja«, schrie Lilo zurück und hielt sich den Hörer vom Ohr weg. Uropa Rudi war fast taub und Telefonieren mit ihm ziemlich anstrengend.

»Ihr müsst sofort kommen«, schrie Uropa Rudi. »Aber nur du und Alfred! Es geht um Leben und Tod!«

Ein Klacken. Er hatte aufgelegt.

Als Lilo sich zu Fred umdrehte, stopfte der sich gerade das letzte Stück Nutellabrot in den Mund.

»Wir müssen zu Uropa Rudi«, sagte Lilo, »und zwar sofort.«

»Mm-mh?«, machte Fred und zeigte zum Wohnzimmersofa. Dort tippte Jenny nicht mehr auf ihrem Handy herum, jetzt hielt sie ein Nagellackfläschchen in der Hand.

»Ihr braucht euch gar nicht erst hinzusetzen!«, schrie Uropa Rudi, als Lilo und Fred sich auf das rote Sofa in seinem Zimmer setzen wollten. »Wir machen einen kleinen Spaziergang.«

»Was?«, schrien Lilo und Fred gleichzeitig. Sie hatten Jenny mit der Wir-haben-so-viele-Hausaufgaben-bitte-nicht-stören-Lüge ausgetrickst, sie waren wie die Bekloppten zum Seniorenheim geradelt – und das alles nur für einen langweiligen Spaziergang?

»Wir besuchen Isidor Schmidtke«, schrie Uropa Rudi. »Isidor ist mein bester Freund.«

»Und was ist mit auf Leben und Tod?«, schrie Fred.

»Das werdet ihr schon sehen«, schrie Uropa Rudi. »Aber zuerst müssen wir uns hier rausschmuggeln.«

Das war nichts Neues. Das mussten sie jedes Mal, seit Uropa Rudi der Direktorin vom Seniorenheim das Auto geklaut hatte, um mit Lilo und Fred eine kleine Spritztour durch die Stadt zu unternehmen. Weit waren sie damals allerdings nicht gekommen: Sie hatten gleich den ersten Pfosten auf dem Parkplatz gerammt. Dafür hatten Lilo und Fred vier Wochen Hausarrest

gekriegt, und Uropa Rudi durfte das Seniorenheim nur noch mit einem Auf-
passer verlassen.

»Auf, auf, Männer!«, schrie Uropa Rudi und
stemmte sich ächzend aus seinem Sessel.
»Mir nach!«

Im Flur vor Uropa Rudis Zimmer roch es wie beim Zahnarzt. Manchmal
bekam Lilo einfach so Zahnschmerzen, bloß wegen dem Geruch.

»Worauf wartet ihr?«, flüsterte Uropa Rudi und zeigte mit seinem Spazierstock in die Ecke, in der der Feuermelder hing. Mit der Hand machte er komische Zeichen. Lilo und Fred hatten keine Ahnung, was er wollte.

»Wird's bald!«, schrie Uropa Rudi. Dann schüttelte er den Kopf. »Meuterei!«,
schrie er und schlurfte zum Feuermelder hinüber. Lilo und Fred blieben dicht
hinter ihm.

»Ist das nicht krass verboten?«, flüsterte Fred. Aber da hatte Uropa Rudi
schon mit seinem Spazierstock das Glas von dem kleinen roten Kasten ein-

geschlagen und den schwarzen Knopf gedrückt. Der Feueralarm schepperte los wie Papas alter Wecker, nur tausend Mal lauter. Lilo und Fred hielten sich die Ohren zu und folgten Uropa Rudi zur Treppe. Auf dem Weg nach unten wurden sie von vielen Leuten überholt. Einige Omas und Opas schrien »Feuer« und »Hilfe«, und eine junge Frau mit einem kleinen Kind auf dem Arm brach in Tränen aus. In Lilos Bauch begann es schrecklich zu ziehen.

»Das ist bestimmt bloß ein Fehlalarm«, sagte sie zu der jungen Frau. »Passiert bei uns in der Schule dauernd.«

»Meinst du?«, fragte die junge Frau und lief ein bisschen langsamer.

»Ganz bestimmt«, sagte Lilo.

Auf dem runden Platz vor dem Seniorenheim standen die Leute herum und schauten alle nach oben. Aber nirgendwo war Feuer oder Rauch zu sehen. Ohne sich um die Aufregung zu kümmern, schlurfte Uropa Rudi Richtung Straße. Plötzlich blieb er stehen und schrie: »Ja, was haben wir denn da?!« Zwischen zwei Autos parkte der weinrote Jansen DL 24-800 von Opa Subinski. Dieses Elektromobil fanden Fred und Uropa Rudi schon lange super. Leider ließ Opa Subinski niemanden damit fahren. Selbst als Fred und Uropa Rudi ihm eine wert-  volle Münze aus Papas Münzsammlung ange- boten hatten, hatte er Nein gesagt.

Aber jetzt stand Opa Subinski auf dem runden Platz und hielt wie die anderen Leute Ausschau nach einem Feuer. Seine Einkäufe steckten noch im Draht- korb vom Jansen DL 24-800. Und etwas anderes steckte auch noch: der Schlüssel.

»Jetzt oder nie!«, schrie Uropa Rudi. Er rammte seinen Spazierstock neben den Jutebeutel mit Opa Subinskis Einkäufen und hievte sich ächzend auf den Sitz.

»Und ich?«, schrie Fred.

»Ihr lauft natürlich!«, schrie Uropa Rudi. »In eurem Alter bin ich ganze Tage nur herumgelaufen!«

Er drehte den Schlüssel um und rollte mit einem leisen Sirren davon.

»Haltet durch!«, schrie Uropa Rudi. »Nach dieser Kurve geht's bergab!«

»Ha-ha«, keuchte Fred, »das sagt er schon die ganze Zeit.«

Lilo konnte bloß nicken. Für eine Antwort hatte sie nicht mehr genug Luft.

Natürlich ging es nach der nächsten Kurve nicht bergab. Es ging bergauf.

»Kommt schon, ihr lahmen Gurken!«, schrie Uropa Rudi und gab Vollgas.

»Wir sind früher nur bergauf gelaufen! Bergab war uns viel zu langweilig!«

»Jetzt will *ich* mal fahren!« Fred weinte fast.

»Was?!«, schrie Uropa Rudi.

Lilo blieb stehen. Sie hatte furchtbares Seitenstechen.

»Der spinnt doch«, keuchte Fred und blieb auch stehen. »Immer will er alles allein bestimmen.«

Während Lilo und Fred dastanden und verschnauften, erklomm Uropa Rudi auf dem Jansen DL 24-800 mühelos die Steigung. Oben angekommen, schrie er: »Wo ist bei dem Ding eigentlich die Bremse?!«

Dann war er weg.

»Huuiii!«, hörten Lilo und Fred ihn erst schreien.

Und dann: »Neeeiiiiiin …!«

Und dann krachte und schepperte es.

Uropa Rudi sah aus wie eine Pizza. Er hatte Pizzaränder in den Haaren, Tomatensoße auf dem Hemd, Pilze auf der Hose, und an seiner Backe klebte eine Salamischeibe.

»So eine verdammte Sauerei!«, schrie er und pulte sich eine Erbse aus der Nase. »Warum habt ihr nicht gesagt, dass es hier bergab geht⸮!«

»Jetzt reicht's«, sagte Fred zu Lilo. »Komm, wir lassen ihn liegen.«

Aber Lilo hatte schon angefangen, die aufgeplatzten Müllsäcke beiseitezuziehen, auf denen Uropa Rudi zum Glück weich gelandet war. Was man vom Jansen DL 24-800 leider nicht sagen konnte. Er war gegen einen Müllcontainer aus Stahl gekracht und umgekippt. Beide Scheinwerfer waren zerbrochen, ein Seitenspiegel war abgeknickt und der Drahtkorb von Opa Subinski verbeult.

»Alfred! Liselotta!«, schrie Uropa Rudi feierlich, nachdem Lilo und Fred ihn aus den Müllsäcken gezogen hatten. »Ihr habt mir das Leben gerettet! Dafür habt ihr euch eine Belohnung verdient.« Er zerrte den Jutebeutel aus dem Drahtkorb und kramte in Opa Subinskis Einkäufen herum. »Was ist das denn⸮!«, schrie er. »Brottrunk⸮! Sauerkrautsaft⸮! Dörrpflaumen⸮! Diät-Schokolade⸮! Ja, spinnt der⸮!«

»Iiiiihhh«, riefen Lilo und Fred gleichzeitig.

»Hier«, schrie Uropa Rudi und hielt ihnen eine Flasche Karottensaft hin. »Davon kriegt ihr wenigstens gute Augen!«

Nachdem sie auch die Diät-Schokolade verputzt hatten, hievten Lilo und Fred mit Uropa Rudi den Jansen DL 24-800 wieder auf die Räder.

»Jetzt bist du dran mit Lenken, Alfred«, schrie Uropa Rudi.

»Ja, super«, schimpfte Fred. »Jetzt, wo er kaputt ist!«

Aber der Jansen DL 24-800 war nicht kaputt. Er rollte leise sirrend vom Hinterhof der Pizzeria Don Giuseppe und das, obwohl sie jetzt zu dritt auf ihm fuhren.

Das Haus Nr. 17 sah genauso alt aus wie Uropa Rudi. Dachziegel waren zerbrochen, ein Fensterladen hing schief herunter, und an manchen Stellen bröckelte der Putz ab. Auf dem verrosteten Briefkasten neben der Haustür stand der Name *Isidor Schmidtke*.

»Dann wollen wir mal«, schrie Uropa Rudi und drückte den Klingelknopf. Schnell zupfte Lilo ihm einen Zwiebelring aus den Haaren, und
Fred stellte sich so vor Uropa Rudi, dass er die schlimmsten Tomaten-
soßenflecken auf seinem Hemd verdeckte.

Die Tür ging auf, und eine kleine, breite Frau stand vor ihnen. In der
Hand hielt sie eine Schnabeltasse, wie sie auch die alten Leute im Seniorenheim zum Trinken kriegten.

»Ja, bitte?«, sagte sie.

»Guten Tag, meine Dame«, schrie Uropa Rudi, »wir
wollen zu Isidor Schmidtke.«

»Heute kein Besuch«, sagte die Frau streng. Sie wollte
die Tür schon schließen, aber Uropa Rudi stieß seinen
Spazierstock dazwischen und schrie: »Halt! Warten Sie!
Es geht um Leben und Tod!«

»Na endlich!«, flüsterte Fred Lilo zu.

»Gestatten, Professor Dr. Dr. Kannengießer von der Universität
Uppsala«, schrie Uropa Rudi und machte eine kleine Verbeugung.

»Ich war sechzig Jahre lang der Leibarzt von Herrn Schmidtke, ich habe sogar seinen Blinddarm operiert und seine Hühneraugen geheilt.«

Lilo und Fred sahen sich an. Was erzählte Uropa Rudi denn da? War er nicht
Klempner gewesen und hatte tropfende Wasserhähne repariert?

»… und jetzt, meine Verehrteste, ist es mir endlich gelungen, ein hochwirk-
sames Tonikum zu brauen, das Herrn Schmidtke von seiner chronischen
Nuklear-Insuffizienz-Reflux-Hypertrophie heilt. So kann er gesund und
munter hundert werden!«

Die Frau sah Uropa Rudi an und sagte nichts. Sie schien nicht besonders
beeindruckt. Dafür staunten Lilo und Fred umso mehr, was Uropa Rudi für
komplizierte Wörter kannte. Vielleicht war er ja doch ein Professor gewesen
und kein Klempner.

»Verstehen Sie denn nicht!«, schrie er und fuchtelte mit seinem Spazier-

stock vor der Nase der Frau herum. »Ich muss mit der Therapie unverzüglich beginnen! Ohne das Tonikum wachsen die Ohren von Herrn Schmidtke in seinen Kopf rein! Sein Blut wird rosten! Und seine Knochen werden von Lochfraß befallen!«

Lilo und Fred schüttelten sich. Das hörte sich ja furchtbar und total eklig an! Hoffentlich war das nur eine von Uropa Rudis Lügengeschichten.

»Ich nix verstehen«, sagte die Frau grimmig. »Heute kein Besuch!«

Die Tür schlug zu.

»Muss Isidor jetzt sterben?«, fragte Fred.

»Blödsinn!«, schrie Uropa Rudi. »Das hab ich bloß erfunden, damit die alte Schabracke uns reinlässt! Jetzt brauchen wir einen neuen Plan! Hat jemand eine Idee?«

Lilo wollte schon Nein sagen, da bemerkte sie die Frau. Sie stand am Fenster und schaute wie ein Wachhund in den Vorgarten. Was war es, das sie nicht aus den Augen lassen wollte? Am Zaun lehnte ein funkelnagelneues Rad. »Ich«, schrie Lilo. »Ich hab eine Idee!«

Fred machte absichtlich Lärm. Er stieß das Gartentor so heftig auf, dass es gegen den Zaun krachte, er warf einen Blecheimer um, und als er das Rad zur Straße schob, ließ er sogar die Fahrradklingel scheppern. Und die Frau fiel darauf herein. Sie stand nicht mehr am Fenster. Nur der Vorhang schaukelte noch hin und her. »Achtung, sie kommt!«, rief Lilo und ging hinter dem Haselnussstrauch in Deckung, wo sie und Uropa Rudi lauerten. »Alles roger!« Fred hob den Daumen. »Bist du sicher, dass sie unseren Alfred nicht erwischt?«, schrie Uropa Rudi. »Wenn er genauso Rad fährt, wie er läuft, dann gute Nacht!« »Pscht!!!«, zischte Lilo. Uropa Rudi würde sich gleich wundern. Fred war zwar erst sieben, konnte aber viel schneller Rad fahren als sie und jeder, den sie kannte. Und das musste er auch. Denn so fuchsteufelswild, wie die Frau jetzt aus dem Haus geschossen kam, war sie viel schneller, als Lilo gedacht hatte. Sie raste zur Straße und schrie: »Stój! Stój!« »Hilfe!«, schrie Fred und trat in die Pedale, dass der Schotter wegspritzte. Aber Lilos Plan hatte trotzdem funktioniert: Die Haustür stand sperrangelweit offen. »Ran an die Buletten!«, schrie Uropa Rudi. Dann stürmten sie los. Zumindest

Lilo. Uropa Rudi rannte zwar auch, aber er war nur so schnell wie eine von den Schnecken, mit denen die Jungs aus Lilos Klasse Rennen veranstalteten. Als er endlich im Haus ankam, schlug er die Tür zu und drehte den Schlüssel um.

»Die haben wir fein ausgetrickst!«, keuchte Uropa Rudi und wuschelte Lilo mit der Hand durchs Haar.

»Und wie geht's jetzt weiter?« Vorsichtig machte Lilo ein paar Schritte in den Flur. Überall stapelten sich vollgepackte Pappschachteln und Koffer. Die Zimmertüren standen offen, genau wie die Schranktüren, und an den Kommoden waren alle Schubladen herausgezogen. Lilo wusste von Mama und Papa, was eine solche Unordnung bedeutete, und von ihnen kannte sie auch das Wort dafür: Haushaltsauflösung. Das hieß, dass jemand wegging. Und zwar für immer.

»Isi, alter Zausel! Wo steckst du?«, schrie Uropa Rudi.

Aus dem Halbdunkel am Ende des Flurs antwortete eine krächzende Stimme: »Rudi? Bist du das?«

»Nein, der Kaiser von China!«, schrie Uropa Rudi und schlurfte los.

Lilo folgte ihm mit zwei Schritten Abstand in das hinterste Zimmer. Am Fenster stand ein großer Sessel, und darin saß ein Mann, der genauso alt aussah wie Uropa Rudi. Sein Bademantel war hellblau. Wie ein Stück Sommerhimmel, fand Lilo.

»Warum sitzt du am Fenster?«, schrie Uropa Rudi. »Du kannst eh nicht sehen, was da draußen ist.«

»Aber ich kann es mir hier besser vorstellen«, schrie Isidor.

Lilo hatte noch nie die Augen von einem Blinden gesehen. Die von Isidor waren klein und so verschwommen grau wie Kieselsteine unter Wasser.

»Ich weiß erst seit gestern, dass du morgen wegmusst«, schrie Uropa Rudi.

»Ja«, schrie Isidor. »Meine Enkeltochter zieht nach Hamburg, und ich muss mit. Sie will mich dort in ein Heim stecken.« Er zog ein zerknülltes Stofftaschentuch aus seinem Ärmel und tupfte sich damit die Augen ab. »Jetzt setz dich schon hin, Rudi, dein Rumgestehe macht mich nervös.«

Uropa Rudi schob einen Stuhl ans Fenster. Er schien vergessen zu haben, dass Lilo da war, und Isidor hatte sie wahrscheinlich noch gar nicht bemerkt. Lilo schaute sich um. Die Wände waren voller eckiger heller Flecken. Hier hatten mal Bilder gehangen. Lilo musste an zu Hause denken, an die Fotos, die dort an den Wänden hingen. Hochzeitsfotos von Mama und Papa, Babyfotos von ihr und Fred. Fotos von den Omas und Opas. Sogar eines von Uropa Rudi.

Die Bilder von Isidor waren jetzt bestimmt in einer von den vielen Pappschachteln im Flur. Und vielleicht würden sie dort für immer bleiben, weil Isidor sie nicht mehr anschauen konnte und weil sich außer ihm niemand dafür interessierte.

Lilo hätte sich Isidors Bilder gerne angeschaut.

Sie hatte gedacht, die beiden Uropas würden über alte Zeiten reden. Doch sie saßen nur da und schauten aus dem Fenster. So wie sie und Fred manchmal dasaßen, ohne dass einer was sagte. Weil es nichts zu sagen gab.

»Hilfe!«, schrie Fred draußen und fuhr laut bimmelnd am Fenster vorbei.

»Mein Urenkel!«, schrie Uropa Rudi.

»Stój! Stój!«, schrie die Frau und rannte am Fenster vorbei.

»Meine Pflegerin Swetlana«, schrie Isidor.

»Die alte Schabracke wollte uns nicht reinlassen!«, schrie Uropa Rudi.

»Meine Enkelin hat Besuch verboten. Ich soll mich nicht aufregen«, schrie Isidor und tupfte sich wieder mit dem Stofftaschentuch die Augen ab. »Warum bist du überhaupt hier? Wir haben uns doch schon verabschiedet, als du ins Heim musstest.«

Lilo horchte auf. Kam jetzt die Sache mit Auf-Leben-und-Tod?

»Ich … ich muss dir was geben«, schrie Uropa Rudi. Er griff in seine Hosentasche, zog etwas heraus und legte es in Isidors Hand. Was es war, konnte Lilo nicht erkennen.

»Ja, also …«, schrie Uropa Rudi. Er räusperte sich und schaute aus dem Fenster. Dann schaute er wieder zu Isidor. »Du hast auch nicht richtig darauf
aufgepasst!« Er kratzte sich im Nacken. »Ist keine Entschuldigung, ich
weiß … also … Tut mir leid. Es war einfach … Ist halt so passiert!«

»Ich wusste immer, dass du sie genommen hast«, schrie Isidor, aber er klang
kein bisschen wütend.

Lilo schlich näher heran. Sie wollte unbedingt sehen, was Uropa Rudi Isidor
gegeben hatte.

»Wie, du hast es gewusst?!«, schrie Uropa Rudi aufgebracht. »Warum hast
du nie was gesagt?!«

»Das hab ich doch! Aber du hast immer behauptet, dass du sie nicht genommen hast.«

Uropa Rudi schwieg.

Krass, dachte Lilo, Uropa Rudi hatte sogar seinen besten Freund beklaut? Kein Wunder, dass er das unbedingt wiedergutmachen wollte, solange der noch da war!

»Du kannst sie haben«, schrie Isidor.

»Nein, ich will sie nicht!«, schrie Uropa Rudi. »Sie gehören dir!«

»Dafür, dass du sie nicht willst, hast du sie ganz schön lange behalten!«, schrie Isidor. »Über achtzig Jahre hast du sie gehabt, jetzt können sie auch bei dir bleiben! Und basta!«

»Auf gar keinen Fall!« Uropa Rudi stieß seinen Spazierstock auf den Boden. »Ich will nicht mehr der sein, der dich beklaut hat!«

»Ruhe!«, schrie Isidor.

Es wurde so still, dass Lilo den Atem anhielt.

»Kindchen«, sagte Isidor dann zu Lilo, »komm mal her.«

Er hatte sie also doch bemerkt. Mit kleinen Schritten ging sie auf ihn zu.

»Gib mir mal deine Hand«, sagte er. Sie hielt ihm ihre rechte hin, er nahm sie und legte etwas hinein.

Drei bernsteinfarbene Glasmurmeln.

Sie waren noch warm von Isidors Hand und fühlten sich überhaupt nicht hart an. Lilo bekam eine Gänsehaut, als sie daran dachte, wie alt die Glasmurmeln waren. Uralt, wenn schon Uropa Rudi und Isidor mit ihnen gespielt hatten.

»Pass gut darauf auf, Kindchen«, sagte Isidor, »damit sie dein Uropa nicht wieder klaut!«

»Was tuschelt ihr da?!«, schrie Uropa Rudi.

Isidor zwinkerte Lilo mit einem von seinen blinden Augen zu. Dann schrie er: »Mensch, Rudi, weißt du noch, wie wir beim

Klickern den Holzinger Brüdern die Rosinenbrötchen abgeknöpft haben?«

»Die besten Rosinenbrötchen meines Lebens!«, schrie Uropa Rudi.

Beide kicherten, als hätten sie ihr Murmelspiel eben erst gewonnen.

In das Kichern mischte sich ein müdes Bimmeln. Es kam von draußen. Vor dem Fenster tauchte Fred auf. Er hing über dem Lenker und sah aus, als würde er jede Sekunde vom Rad fallen. Obwohl er so langsam fuhr, war der Abstand zwischen ihm und der Frau noch derselbe. Denn sie rannte inzwischen nicht mehr, sie trabte bloß hinterher, und ab und zu blieb sie sogar stehen und stützte sich kurz am Gartenzaun ab.

»Ha!«, schrie Uropa Rudi. »Und wie wir den Maier Sepp nass gemacht haben! Erinnerst du dich?«

Aber für Erinnerungen war jetzt keine Zeit.

»Wir müssen sofort los!« Lilo zupfte Uropa Rudi an der Weste. »Fred macht gleich schlapp!«

Mit leisem Sirren brachte der Jansen DL 24-800 Lilo, Fred und Uropa Rudi vom Haus Nr. 17 weg. Besorgt schaute Lilo über die Sitzlehne zurück. Stand die Frau noch da? Schüttelte sie noch ihre Faust? Nein, sie war weg.

»Durst!«, jammerte Fred und fuchtelte mit der leeren Sauerkrautsaftflasche herum. Leider war nichts mehr zum Trinken da, er hatte selbst den Brottrunk in einem Zug hinuntergekippt.

»Was habt ihr eigentlich die ganze Zeit gemacht?«, schrie er.

Lilo wartete darauf, dass Uropa Rudi alles erzählte, doch der blieb stumm und fuhr stur geradeaus. Erst da fiel Lilo auf, dass er seit dem Abschied von Isidor kein Wort mehr gesprochen hatte.

»He, Uropa Rudi?«, schrie sie. »Alles okay?«

Uropa Rudi antwortete nicht. Ohne zu blinken, bog er so schwungvoll ab, dass Lilo und Fred beinahe vom Jansen DL 24-800 gerutscht wären.

»Mir ist bloß was eingefallen«, schrie er. Dann klappte er seinen Mund wieder zu und fuhr weiter stur geradeaus.

»Und was?«, schrie Lilo.

»Wenn Isidor weg ist ...«, schrie Uropa Rudi, und seine Finger kneteten das Lenkrad. »Wenn Isidor weg ist, gibt es hier niemanden mehr, der mit mir Kind war.«

»Hä?«, schrie Fred. »Kapier ich nicht!«

Lilo kapierte auch nichts. Doch dann musste sie daran denken, wie Uropa Rudi und Isidor miteinander gekichert hatten, als sie sich an die Geschichte mit den Murmeln und den Rosinenbrötchen erinnerten. Und da verstand sie, was Uropa Rudi meinte.

So würde es nie mehr sein.

»Oh, oh! Schau mal da vorne!«, sagte Fred zu Lilo.

Ein Auto war in die Straße eingebogen, das Lilo und Fred bekannt vorkam. Was daran lag, dass sie es mit Uropa Rudi schon einmal geklaut hatten. Am Steuer saß mit grimmiger Miene die Direktorin und neben ihr mit noch grimmigerer Miene Opa Subinski.

»Prima, dass die kommen!«, schrie Uropa Rudi und klopfte gegen die Batterieanzeige vom Jansen DL 24-800. »Uns geht eh gleich der Saft aus!«

Noch ehe die Direktorin die Autotür öffnen konnte, hatte Uropa Rudi sie schon schwungvoll aufgerissen und schrie: »Einen wunderschönen guten Tag, meine Verehrteste! Sie glauben nicht, was uns alles passiert ist! Stellen Sie sich vor ...«

An diesem Abend krochen Lilo und Fred hundemüde ins Bett. Was sie alles erlebt hatten! Leider konnten sie Mama und Papa nichts davon erzählen. Denn dann würden die auch erfahren, wie leicht sie Jenny ausgetrickst hatten – und dann gute Nacht!

»Ich will lenken!«, murmelte Fred in seinem Bett.

Lilo schloss ihre Augen und griff unters Kissen. Dort lagen die drei bernsteinfarbenen Glasmurmeln. Sie fühlten sich in ihrer Hand viel größer an, als sie waren, und auf einmal hörte Lilo Uropa Rudi und Isidor kichern und sich Murmel-Geschichten erzählen, und dann waren es nicht mehr Uropa Rudi und Isidor, die kicherten, sondern sie und Fred, und sie kicherten nicht wegen der Murmeln, sie kicherten wegen dem, was heute alles passiert war. Aber da war Lilo schon eingeschlafen.

Kirsten Boie

Ein Stier im Wohnzimmer

Dies ist eine wahre Geschichte, ob du es glaubst oder nicht. Ich habe sie in den Nachrichten gehört, wirklich wahr.

Lasse sitzt auf der Mülltonne neben der Garage. Es ist Samstag, und das ist sonst immer der beste Tag. Weil man da nicht zur Schule muss nämlich. Da kann man das Leben so richtig genießen.

Aber heute kann Lasse das leider nicht. Heute ist Mama mit ihren Kollegen auf einer Fahrrad-Tour, und Lasse ist mit Papa allein.

»Papa, was kann ich denn mal machen?«, fragt Lasse und bummert mit den Hacken gegen die Tonne. »Sag doch mal, Papa!«

Papa schiebt den Rasenmäher in den Schuppen.

»Rechnen üben vielleicht?«, sagt Papa.

Und nun holt er auch noch den Kantenschneider.

»Scheißrechnen!«, sagt Lasse böse. »Ich bin doch nicht blöde!« Aber er sagt das ganz leise. Damit Papa ihn nicht hört.

Nikolas und André und Malte sind heute zu einem Turnier gefahren. Die sind im Fußball eine Mannschaft über Lasse. Mit denen kann er heute auch nicht spielen.

»Du brauchst mal eine Pause, Papa«, sagt Lasse. »Zu viel Arbeit ist ungesund. Wollen wir mal bolzen?«

Papa lacht und schaltet den Kantenschneider ein.

»Zu viel Faulenzen ist auch ungesund«, sagt er. »Wie wäre es denn, wenn du ein bisschen lesen üben würdest?«

»Scheißlesen!«, sagt Lasse böse. Aber diesmal hat er es nicht leise genug gesagt.

»Es gibt Wörter, die will ich in diesem Garten gar nicht hören«, sagt Papa.

»Ja, ja, ja«, sagt Lasse. Jetzt sitzt er bestimmt schon fünf Stunden auf der Mülltonne. »Ich könnte zum Beispiel ja auch mal fernsehen, Papa«, sagt Lasse vorsichtig. »Nur fünf Minuten vielleicht.«

»Fernsehen am Morgen?«, sagt Papa. »Nichts da, mein Sohn!«

Und Lasse denkt, dass er dann gar kein Wochenende braucht. An so einem langweiligen Tag kann er genauso gut zur Schule gehen.

Aber da hat er sich vielleicht getäuscht! Ja, ja, Lasse hat sich getäuscht. Weil der Tag schon bald kein bisschen mehr langweilig sein wird, kein klitzekleines bisschen mehr.

An diesem Morgen nämlich stößt Alfred, der Stier, ganz aus Versehen gegen das Tor seiner Weide, und du weißt natürlich schon, was jetzt passieren wird:

Na klar, das Tor ist offen. Irgendwer hat es offen gelassen, das kann ja passieren.

Na, so was!, denkt Alfred, der Stier. (Er denkt das natürlich in der Stiersprache, klar.) Das Tor ist ja offen! Da will ich mal raus in die Welt.

Und weil Alfred ein neugieriger Stier ist und weil er die weite Welt noch nicht kennt, macht er sich gleich auf den Weg.

Und er ist allerbester Laune.

In seinem Garten ist Lasse inzwischen von der Mülltonne gestiegen.

»Papa, wann bist du denn fertig?«, fragt er vorsichtig.

Die Kanten hat Papa jetzt auch schon geschnitten.

»Ich muss noch Unkraut zupfen, mein

Sohn«, sagt Papa und kniet sich vors Rosenbeet. »Und du kannst mir gerne mal helfen.«

Lasse seufzt. »Nee, danke, vielleicht doch nicht, Papa«, sagt er.

Dann holt er einmal tief Luft. »Oh, Papa, guck doch mal, Papa! Auf der Kreuzung ist gerade ein UFO gelandet!«

»Tatsächlich?«, sagt Papa, ohne hochzugucken. »Was es alles so gibt!«

Dann schüttelt er die Erde von einem Büschel Löwenzahn.

»Wirklich wahr, Papa, heilig geschworen!«, schreit Lasse. »Da steigen lauter Männer aus! So kleine grüne sind das, Mensch!«

Papa wischt sich mit der schmutzigen Hand über die Stirn. Da ist jetzt ein richtig sandiger Streifen.

»Na, wie schön, mein Sohn«, sagt er und hat schon das nächste Büschel Unkraut in der Hand. »Vielleicht sagst du ihnen mal Guten Tag? Man soll immer höflich sein.«

Und Papa schmeißt das Unkraut in seinen Eimer.

Lasse zeigt Papa einen Vogel. Aber hinter Papas Rücken, dass er nichts davon merkt. Papa hat ihm kein bisschen geglaubt, das ist doch gemein.

Aber Papa wird schon noch sehen, was er davon hat, wenn er Lasse nicht glaubt.

Ja, ja, das wird Papa noch sehen.

Inzwischen ist Alfred, der Stier, schon eine ganze Weile durch die Felder gelaufen, und allmählich fängt er an, sich zu langweilen.

Das ist also die weite Welt, denkt Alfred, der Stier. Na ja, na ja. So besonders ist die weite Welt nun auch wieder nicht. Links Felder und rechts Felder und dazwischen ein Weg. Das hätte ich mir eigentlich interessanter vorgestellt. Und fast wäre er schon umgekehrt. Aber dann sieht er hinter der Kurve etwas leuchten, das sieht weiß aus und spannend und kein bisschen wie ein Weidezaun oder ein Trecker oder eine Trinkbadewanne.

Vielleicht geht da ja die weite Welt erst richtig los, denkt Alfred, der Stier. Könnte doch sein.

Und vor Aufregung fängt er sogar ein bisschen an zu rennen.

Im Garten hat Papa jetzt auch noch das Rosenbeet geschafft.

»Ich glaub, du hast vergessen, den Herd auszuschalten, Papa«, sagt Lasse. »Geh lieber mal gucken.«

»Ich hatte den Herd gar nicht an«, sagt Papa. »Meine Güte, Lasse! Fällt dir denn überhaupt nichts ein, was du spielen kannst?«

»Und warum kommt dann lauter Qualm aus den Fenstern?«, schreit Lasse.

»Und warum kommt dann lauter Qualm ...«

»Nun reicht es aber!«, schreit Papa böse. Wenigstens ist er jetzt wütend geworden. »Zum tausendsten Mal! Bei uns ist kein UFO gelandet, und die Küche brennt auch nicht! Und mich lass jetzt bitte mal arbeiten! Du kannst doch nicht immer erwarten, dass etwas Aufregendes passiert!« Aber das kann Lasse eben doch. Das wird Papa schon noch sehen.

Nur ein paar Schritte entfernt nämlich trottet Alfred, der Stier, jetzt gerade durch die Siedlung.

Na bitte, ich hab's doch gewusst!, denkt er aufgeregt. Das ist die weite Welt! Es gibt also doch noch was anderes als Weidezäune und Trecker und Trinkbadewannen! Und Alfred guckt glücklich die Autos an und den Brötchenboten auf dem Fahrrad und zwei Männer, die eine lange, lange Leiter tragen.

Und vor lauter Begeisterung fällt er sogar in einen leichten Galopp.

Im Garten guckt Papa gerade die Schrammen an seinen Armen an. Dann seufzt er und kriecht noch tiefer zwischen die Büsche.

»Papa, da kommt ein Stier die Straße hoch, Papa!«, ruft Lasse. »Guck doch mal, Papa!«

Aber Papa tut so, als ob er ihn gar nicht hört.

»Der ist ja gleich bei unserem Garten!«, schreit Lasse. »Guck doch mal, Papa!«

Aber Papa hat gerade ein besonders gemeines
Unkraut erwischt. Darum kann er Lasse leider
nicht mal richtig zuhören.

»Jetzt geht er durch die Pforte«, sagt Lasse verblüfft. »Mein allerliebster Scholli, du.«

Und vorsichtshalber krabbelt er nun doch wieder
auf seinen Mülltonnensitz.

In der Pforte steht Alfred, der Stier, und glotzt erstaunt in den Garten.

Ich weiß gar nicht mal, ob mir diese Weide hier besser gefällt, denkt Alfred,
der Stier. Natürlich sieht sie abwechslungsreich aus. So viele unbekannte
Dinge.

Und er macht zögernd ein paar Schritte auf die Terrasse zu, auf der rot und
weiß der Sonnenschirm steht. Dem gibt er mit seiner Nase einen ganz kleinen Stups. Und leider ist der Sonnenschirm nicht sehr stabil.

»Was war denn das für ein Gepolter?«, ruft Papa aus den Stachelbeersträu-
chern. »Lasse, ich hab dir gesagt …«

»Der Stier hat den Schirm umgeschmissen!«, ruft Lasse erschrocken. »Jetzt
geht er ins Wohnzimmer, glaub ich.«

»Ich hab dir schon tausendmal gesagt«, sagt Papa, ganz langsam schiebt sich
sein Po rückwärts aus dem Gestrüpp, »dass man nicht lügen darf! Wenn du
den Schirm umgeschmissen hast …«

Aber jetzt springt Lasse doch wieder von seiner Tonne. In der Terrassentür
steht der Stier und glotzt mit seinen großen Kuhaugen ins Wohnzimmer. Da
will Lasse nichts verpassen.

»Lasse?«, ruft Papa. »Lasse, was machst du denn da?«

Dann ist er vor Schreck plötzlich ganz still. Aus dem Haus kommt ein fürch-
terliches Gepolter.

»Lasse?«, brüllt Papa.

Im Wohnzimmer steht Alfred, der Stier, und guckt traurig auf die Scherben.
Er ist bestimmt ein vorsichtiger Stier, und nichts ist ihm unangenehmer, als

Regale umzuschmeißen und Geschirr zu zerbrechen. Nein, wirklich sehr unpraktisch alles hier, denkt Alfred, der Stier. Viel zu eng für einen gut gewachsenen Stier. Da ziehe ich meine Weide doch vor.

Und er tänzelt graziös zur Küchentür, um nachzugucken, was es in der Küche so alles gibt.

»Jetzt geht der Stier in die Küche!«, ruft Lasse.

Aber da ist Papa endlich bei ihm, und so erschrocken hat Lasse Papa noch nie gesehen.

»Du meine Güte, Lasse!«, flüstert Papa. »Das ist ja ein Stier!«

»Jetzt guckt er sich die Küche an«, sagt Lasse.

Aber das braucht er Papa gar nicht zu erklären. Das hört Papa auch so. Die Küche ist für einen gut gewachsenen Stier nämlich auch viel zu eng. Kann ja sein, dass andere Leute die weite Welt ganz nett finden, denkt Alfred, der Stier, und guckt ärgerlich auf den Fußboden, auf dem jetzt die Reste vom Frühstück liegen. Aber mir ist sie ganz eindeutig nicht geräumig genug. Da ziehe ich meine Weide allemal vor.

Und er dreht sich um und geht an Papas Kakteenregal vorbei zurück zur Terrassentür.

Und das ist natürlich das Poltern, das Papa und Lasse gerade hören. Und dann sehen sie Alfred auch schon, wie er ein bisschen maulig und unzufrieden über den neuen weißen Teppich zur Tür trottet und verschwindet, ohne sich auch nur ein Mal nach ihnen umzugucken. So schlechte Laune hat er inzwischen, und so enttäuscht ist er von der weiten Welt.

Als Alfred über die Terrasse und über den frisch gemähten Rasen und durch die Pforte verschwunden ist, lässt Papa sich mit einem Stöhnen auf das Wohnzimmersofa plumpsen.

»Lasse, Lasse, Lasse, Mensch!«, ruft Papa. »Ein Stier in unserem Haus! Warum hast du mir das denn bloß nicht gesagt?«

Da gibt Lasse Papa keine Antwort.

Inzwischen trottet Alfred, der Stier, zwischen den Feldern auf seine Weide zu, und mit jedem Schritt wird er vergnügter. Geh mir los mit der weiten Welt!, denkt Alfred, der Stier. Was soll das schon Besonderes sein? Wenn sie da so enge Ställe haben, dass ein gut gewachsener Stier noch nicht mal mehr Fliegen verscheuchen kann, ohne mit dem Schwanz gleich alles kaputt-zuschlagen.

Da ist er auch schon bei seiner Weide angekommen, und er schnauft durch das Tor und guckt sich um und ist wieder zu Hause, und vor lauter Glück brüllt er das lauteste *Muuuuh!* seines Lebens.

Das hören Papa und Lasse, als sie gerade dabei sind, im Wohnzimmer die Scherben aufzusammeln.

»Das war jede Wette der Stier«, sagt Papa und schüttelt den Kopf. »Du meine Güte, Lasse.«

Lasse kichert. Nun hat Papa doch gemerkt, was er davon hat, wenn er Lasse immer nicht glaubt.

James Krüss

Die schönen Tage von Neapel

Diese Geschichte ist vor mehr als hundert Jahren passiert. Also wird sie wohl wahr sein. Außerdem hat ein Seemann sie berichtet. Und Seeleute – das weiß man ja – schwindeln nie oder selten.

Also: Vor mehr als hundert Jahren lebte in Hamburg ein Junge namens Andreas. Er war der geschickteste Segeltuchflicker in der ganzen Hafenstadt. Daher nahmen die großen Dreimaster ihn gern mit auf die Reise. Er hatte auf den Schiffen nichts anderes zu tun, als Segel zu flicken, und wenn die Schiffe wochenlang in fremden Häfen lagen, um ihre Ladung zu löschen, durfte Andreas an Land gehen und sich dort nach Herzenslust umsehen.

Eines Tages fuhr Andreas mit dem Segelschiff *Die kleine Liebe* nach Neapel.

Sie hatten guten Wind und angenehmes Wetter. Nur auf der Höhe des Golfes von Biskaya gab es einen Sturm, bei dem Andreas auf die spitze Ecke des Kajütendaches geschleudert wurde und eine Narbe auf der linken Wange davontrug.

Als sie eine Woche später im Hafen von Neapel anlegten, sagte Kapitän Carsten Petersen zu dem jungen Segeltuchflicker: »Wir haben hier vierzehn Tage zu tun, Andreas. Wenn du willst, kannst du ein bisschen durch das Königreich Neapel strolchen.«

»Mach ich!«, antwortete Andreas, nahm seinen Seesack, in dem er die Andenken von seinen vielen Reisen aufbewahrte, und ging an Land.

Als er zu dem Platz kam, der Piazza Vittoria heißt, sah er dort viele Menschen versammelt, die nach Art aller Italiener ein großes Getöse machten. Auf dem Sockel eines Denkmals der Blumengöttin Flora stand ein Mann in kostbarer, fantastischer Uniform und schrie den Leuten auf Italienisch etwas zu.

Andreas drängte sich durch die Menge bis zu dem Denkmal vor, um den prächtig gekleideten Herrn besser betrachten zu können. Außerdem wollte er ausprobieren, ob man ihn verstehe, wenn er Italienisch spräche. Er kannte nämlich zwei italienische Wörter. Das eine hieß *si* und bedeutet »ja«, das andere hieß *io* und bedeutet »ich«.

Andreas wartete einen günstigen Moment ab, und als der Mann auf dem Denkmal eine Frage zu stellen schien, die niemand beantworten konnte, schrie Andreas ganz laut: »Io!«

Nun war es aber so, dass der König von Neapel gestorben und sein Sohn, der Prinz Angelo, seit drei Wochen verschwunden war. Niemand wusste, wo er sich aufhielt. Deshalb fragte der Ausrufer die Leute, wer den Aufenthalt des Königssohnes kenne. Als nun Andreas »Io« rief, da meinte jeder, dass der junge Segeltuchflicker den Aufenthaltsort des Prinzen kenne.

»Ist er etwa in Neapel?«, fragte der Ausrufer.

Andreas antwortete: »Si!«, und das heißt »Ja«.

Der Ausrufer staunte und fragte: »Ist er vielleicht hier auf dem Platz?«

»Si!«, rief Andreas.

»Aber wer ist der Prinz?«, fragten die Leute und sahen sich suchend nach allen Seiten um.

»Io!«, rief Andreas. Und das heißt »ich«.

Die Menge staunte und wollte es zuerst nicht glauben. Aber der prächtig gekleidete Ausrufer stieg vom Denkmal herunter, ging auf Andreas zu, betrachtete ihn von allen Seiten und sagte: »Sein schwarzes Haar ist blond geworden. Das ist merkwürdig. Aber er hat eine lange Narbe auf der linken Wange, genau wie unser Königssohn. Also muss er der Prinz Angelo sein!«

»Si!«, sagte der junge Segeltuchflicker, denn er hatte nur das Wort Angelo verstanden und meinte, das hieße Andreas.

Nun drängten von allen Seiten die Leute herzu, um ihren wiedergefundenen Prinzen aus der Nähe zu sehen. Andreas meinte, dass er als ausländischer Matrose die Neugier der Neapolitaner errege. Deshalb sagte er immer abwechselnd »Si« und »Io«, öffnete seinen Seesack und zeigte den Leuten die Andenken, die er von seinen Reisen mitgebracht hatte. Er zeigte ihnen den kleinen Elfenbein-Elefanten aus Indien, die Nussschalen-Kette von Jamaika,

die Ebenholz-Sphinx aus Ägypten und die Perlmutter-Pfeife von den Fidschi-Inseln. Aber den größten Eindruck machte er mit einer Matrosenpuppe aus Hamburg, die »Ahoi« sagte, wenn man auf ihren Bauch drückte.

Als die Neapolitaner die Kostbarkeiten aus dem Seesack sahen, zweifelten sie keinen Augenblick mehr daran, dass Andreas der Prinz Angelo sei. Man geleitete ihn zur königlichen Kutsche am Rande des Platzes und sagte dem goldbetressten Kutscher, dass dies der wiedergefundene Königssohn sei, der von seiner Reise einen Sack voller Kostbarkeiten mitgebracht habe.

»Si, io!«, rief Andreas und stieg unter dem Jubelgeschrei des Volkes in die Kutsche ein, die ihn unverzüglich auf das Schloss brachte. Hier kleidete man ihn in herrliche Gewänder, steckte ihm siebenundzwanzig Orden an die Brust, sodass er fast ein Übergewicht nach vorn bekam, und dann führte man ihn auf den Balkon, damit er sich dem Volke zeige.

Andreas begriff nicht recht, was das alles bedeuten solle, fand es aber sehr lustig und holte schnell seine Matrosenpuppe aus dem Seesack, da sie den Leuten auf dem Platz so ausnehmend gefallen hatte. Als er dann, von zwei schrecklich vornehmen Dienern begleitet, auf den Balkon hinaustrat, drückte er schnell auf den Bauch des Matrosen, der gehorsam sein »Ahoi« in die Gegend rief.

Die Diener mit den langen Gesichtern und den noch längeren schwarzen Schnurrbärten verkniffen sich das Lachen, denn Königsdiener müssen ernst bleiben. Aber als Andreas zum zweiten Mal auf den Bauch der Puppe drückte und der Matrose zum zweiten Mal »Ahoi« quiekte, da fingen die Schnurrbärte bedenklich zu zittern an, die langen Gesichter verzogen sich in breite Lachfalten, und dann prusteten die würdigen Lakaien los und lachten so sehr, dass ihre goldenen Tressen und Schnüre hin und her schaukelten wie Segeltaue im Wind.

Die Volksmenge, die unten vor dem Schloss stand und zum Balkon hinauf-
sah, lachte dröhnend mit, so komisch fand sie den neuen König mit seinen
beiden Dienern. Den Frauen liefen Tränen über die Wangen, und dicke Männer hielten sich die Bäuche aus Angst, dass sie vor Lachen platzten.

Wenn die Leute einmal nicht lachten, hoben sie die Arme in die Höhe und
riefen: »Lang lebe König Angelo!«

Dann winkte Andreas gnädig vom Balkon herab, rief »Si« oder »Io« und ließ
die Matrosenpuppe »Ahoi« quieken. Alsbald begann das Gelächter von
Neuem, und schließlich schrie die ganze Menge vor dem Schloss im Chor:
»Lang lebe König Angelo Ahoi! Lang lebe König Angelo Ahoi!«

Unter dem Namen Angelo Ahoi wurde Andreas tatsächlich König von Nea-
pel. Er musste jeden Tag von zehn bis ein Uhr regieren. Und weil er immer
»Si« und »Io« sagte, waren seine Minister sehr zufrieden mit ihm. Denn
Minister haben es gern, wenn Könige Ja sagen.

Zwölf Tage lang lebte Andreas herrlich und in Freuden. Wenn sein Kam-
merdiener ihn morgens auf Italienisch fragte, ob Majestät das Frühstück
wünsche, dann antwortete Andreas »Si«, und sogleich brachte man ihm auf
goldenem Tablett Trinkschokolade, geröstetes Weißbrot, Apfelgelee, Pam-
pelmusen, Oliven, Schinken, Parmesankäse und gebratene Sardellen.

Nach dem Frühstück sagte Andreas »Io«. Dann kamen die Diener und zogen
ihn zwei volle Stunden lang an. Er wurde frisiert, maniküt, gepudert, gebürstet und mit Orden behängt, und erst wenn er das alles hatte über sich

ergehen lassen, durfte er in Begleitung des gesamten Hofstaates in den Thronsaal gehen und regieren.

Neapel wurde unter der Regierung König Angelo Ahois die lustigste Stadt Italiens, und alle Tage wurden Feste gefeiert. Einmal war auch die Besatzung des Dreimasters *Die kleine Liebe* zu einem Bankett ins Schloss geladen. Aber sie saßen so weit entfernt vom König, dass er nicht mit ihnen sprechen konnte, und niemand von den Seeleuten erkannte in dem prächtigen, gepuderten König am Ende der Tafel den Segeltuchflicker Andreas.

Am dreizehnten Tag seiner Regierung saß Andreas wieder einmal regierend

im Thronsaal, als zwei Gardesoldaten einen schwarzlockigen jungen Burschen hereinschleppten, der fürchterlich zeterte und mit rollenden Augen und ausgestreckter Hand auf König Angelo Ahoi zeigte.

»Dieser Knabe«, sagten die Soldaten auf Italienisch, »dieser Knabe hier behauptet, dass er der richtige König von Neapel sei. Sollen wir ihn laufen lassen oder …?«

»Si!«, rief Andreas, bevor die Gardesoldaten weiterreden konnten.

Über diese Antwort war der ganze Hofstaat verblüfft.

»Sollen wir ihn wirklich laufen lassen?«, fragten die Soldaten.

Andreas sagte zum zweiten Mal »Si«, und das heißt bekanntlich »Ja«.

Hierüber war man im Thronsaal noch verblüffter. Aber am erstauntesten war der schwarzlockige, fremde Knabe selber. Er trat zögernd an den Thron und fragte auf Italienisch, ob er im Schloss bleiben dürfe.

»Si!«, sagte Andreas.

»Aber zwei Könige können nicht zusammen regieren«, meinte der fremde Junge. »Einer von uns muss gehen. Fragt sich nur, wer?«

»Io!«, sagte Andreas, und das heißt bekanntlich »Ich«.

Jetzt begann im Thronsaal ein allgemeines Köpfeschütteln. Nur der Herr Oberhofzeremonienmeister hielt seinen gepuderten Kopf steif und würdig wie immer. Er trat zu dem schwarz gelockten Knaben, betrachtete ihn aufmerksam und sagte dann: »Er hat eine Narbe auf der linken Wange. Und schwarze Haare hat er auch. Er muss der richtige König sein.«

»Si!«, sagte Andreas auf dem Thron.

Nun war die Verwirrung allgemein. Man schrie, sprang herum und gestikulierte mit Händen und Füßen, wie es nur in Neapel möglich ist.

Andreas auf seinem Thron blieb als Einziger ruhig sitzen und betrachtete vergnügt das Durcheinander, denn er hatte keine Ahnung, was in Wirklichkeit vor sich ging.

Als der fremde Knabe sich vor ihm verbeugte und auf die Krone und das Zepter zeigte, gab Andreas ihm beides, ließ den Jungen sogar auf dem

Throne sitzen und machte vor ihm ebenfalls eine Verbeugung, wie er sie seinen Ministern abgeguckt hatte.

Das fand man im Thronsaal so absonderlich, dass der ganze Hofstaat mit einem Schlage still war und offenen Mundes auf die beiden Knaben starrte. Der schwarzlockige Junge aber schien nichts Absonderliches daran zu finden. Er fand die Sache vielmehr komisch und fing so heftig zu lachen an, dass alles ringsum davon angesteckt wurde. Der ganze Thronsaal hallte wider von Gelächter. Den Frauen liefen Tränen über die Wangen, und dicke Männer hielten sich die Bäuche aus Angst, dass sie vor Lachen platzten.

Als Andreas gar seinen Seesack holte und dem neuen König seine Matrosenpuppe vorführte, da fing selbst der gepuderte Kopf des Herrn Oberhofzeremonienmeisters vor Lachen zu wackeln an, und in allen siebzehn Türen des Thronsaales erschienen die verwunderten Gesichter der Schlossangestellten.

So endete die Regierungszeit des Königs Angelo Ahoi genau so, wie sie angefangen hatte, nämlich mit Gelächter. Andreas aber musste die kostbaren Gewänder wieder ausziehen und das Schloss verlassen. Und das fand er ganz in Ordnung, denn am folgenden Morgen sollte sein Schiff wieder in See stechen. Er sagte dem neuen König Auf Wiedersehen, küsste ihn nach italienischer Sitte auf beide Wangen, bekam von ihm einen prächtigen Dolch mit

Edelsteinen für seinen Seesack geschenkt und verließ dann
zu Fuß das Königsschloss.

Als er durch das Tor hinausging, präsentierten die Wachen das Gewehr, und
der Gardeleutnant sagte: »Die schönen Tage von Neapel sind vorbei!«

»Si«, antwortete Andreas. Dann wanderte er zu dem Dreimaster *Die kleine
Liebe* im Hafen und verbrachte die letzte Nacht in Neapel in der Hängematte
seiner Koje.

In dieser Nacht aber machte die Geschichte vom falschen König in ganz
Neapel die Runde, und als das Segelschiff *Die kleine Liebe* am nächsten Morgen den Hafen verließ, standen alle Neapolitaner an der Mole, lärmten, pfif-
fen, schwenkten ihre Hüte und riefen: »Lang lebe Andreas Ahoi! Lang lebe
Andreas Ahoi!«

Kapitän Carsten Petersen und seine Mannschaft sahen ihren Segelflicker
verwundert an und fragten: »Was sind denn das für Leute?«

»Alte Bekannte«, sagte Andreas, und dann stellte er sich ans Heck, winkte
den Leuten zu, rief »Si« und »Io« und ließ seine
Matrosenpuppe dreimal »Ahoi« quieken.

Bald darauf segelten sie ins offene Meer hinaus, und Andreas fing wie gewöhnlich an, ein Segeltuch zu flicken, das beim Verladen beschädigt worden war.

Als ein Matrose ihm dabei erzählte, dass die ganze Mannschaft der *Kleinen Liebe* zum Bankett beim König gewesen sei, fing Andreas schrecklich zu lachen an und konnte sich gar nicht beruhigen.

»Was hast du denn?«, fragte der Matrose.

»Stell dir vor«, rief Andreas, »eben merke ich, dass ich König von Neapel gewesen bin.«

Erich Kästner

Das Schwein beim Friseur

Schon seit Wochen hingen dem kleinen Berthold die Haare über den Kragen, und seine Mutter überlegte sich, wie sie ihn zum Friseur kriegen könnte. Sie sagte, er sähe wie ein Mädchen aus, und lauter ähnlich kränkende Sachen. Aber Berthold, obwohl er sonst ziemlich brav war, schüttelte den Kopf und antwortete immer:

»Wenn ich doch nicht mag!« Das machte: Ihm fehlte der Vater, denn der war früh gestorben. Und außerdem ließ sich der Junge lieber drei Backenzähne ziehen als einmal die Haare schneiden. Na ja, so war er eben.

Da kam der Mutter eine Idee. Sie versprach dem Jungen, sie wolle mit ihm zum *Friseur am Zoo* gehen. Damit war Berthold sofort einverstanden. *Der Friseur am Zoo* war nämlich etwas besonders Feines. Erst mussten sie durch den Herrensalon. Hier wurde mit Schlagsahne eingeseift und rasiert, und Berthold schimpfte innerlich, weil er noch keinen Bart hatte. Dann war ein Herr da, der ärgerte sich über seine abstehenden Ohren. Und da ließ er sich mit Brennscheren, mit denen man sonst die Haare umlegt, seine Ohren so lange biegen, bis sie ordentlich und glatt am Kopf anlagen. Einem alten Herrn, der eine große Glatze hatte, wurde Haarsamen auf die kahle Billardkugel gesät; dann kam ein Gehilfe mit einer Gießkanne, begoss den Kopf, und schon krochen die ersten Haarspitzen aus dem Schädel. Berthold lachte und fragte, ob auch noch Blumen herauswüchsen. Da wurde der Herr böse. Und die Mutter zog den Jungen schnell fort.

Im Kinderzimmer vom *Friseur am Zoo* war es noch viel großartiger. Vor jedem Spiegel stand ein Tier, ein lebendiges, versteht sich, und da stiegen die Kinder in den Sattel und klopften den Tieren auf den Rücken, fütterten sie, kraulten sie hinter den Ohren und merkten so kaum, dass ihnen inzwischen ein Friseurgehilfe das Haar schnitt. Es gab da ein Pony, einen Esel, ein Schwein, einen Hirsch, einen jungen Elefanten, einen Bernhardinerhund und ein zahmes Einhorn.

Als Berthold kam, waren schon mehrere Kinder da, und nur das Schwein lag noch auf dem Teppich und grunzte. Es war auf Kinder nicht gut zu sprechen, weil die überallhin lieber wollten als auf ein Schwein. Berthold wollte auch nicht darauf, und das Schwein dachte bei sich: Dafür werde ich dich ärgern! Kurz und gut, das Schwein wurde gesattelt, und Berthold musste hinaufklettern. Als er oben saß, kam auch schon der Friseur mit einer Schere und einem Kamm und fing an, die Haare auf der linken Seite wegzuschneiden. Plötzlich trat das Schwein von einem Bein aufs andere und verlangte: »Streichle mich!« Aber der Junge schüttelte den Kopf. Dabei tat ihm die Schere des Friseurs weh. Er stieß versehentlich dem Schwein in die Flanken, und das begann sofort, wütend im Salon hin und her zu rennen.

Der Friseur setzte sich hinter dem Jungen auf den Schweinerücken und versuchte, im Haarschneiden fortzufahren. Das Schwein lief wie angestochen umher und machte alle übrigen Tiere furchtbar nervös. Die schimpften sehr, und das Einhorn drehte sich um und kitzelte das Schwein mit dem Horn. Da quiekte das Schwein, rannte zur Tür hinaus, durch den Herrensalon, die Treppe hinunter und auf die Straße.

Könnt ihr euch vorstellen, wie das aussah? Ein Schwein mit einem Jungen auf dem Rücken, dem die linke Hälfte der Haare weggeschnitten war? Er sah zum Schreien aus.

Die Straßenbahnen standen auf der Stelle still. Ein Autobus machte Männchen. Aber das Schwein rannte weiter. Schließlich fiel der Friseur hinunter und blieb zwischen den Straßenbahnschienen sitzen. Berthold begann das Galoppieren Spaß zu machen. Doch plötzlich sauste das Schwein in eine Villa, die Treppe hoch, einen Gang entlang und, weil eine Tür offen stand, in ein Zimmer hinein. Dort blieb es stehen.

In dem Zimmer war ein Bett. Und in dem Bett lag ein kleines Mädchen, das Bella hieß und sehr krank war. Es lag seit acht Tagen gleichgültig im Bett, mochte nichts essen und nichts reden, und Bellas Vater – die Mutter war tot – wusste, obwohl er selber Arzt war, absolut nicht, was der Kleinen fehlte.

Sie sah das Schwein im Zimmer stehen, einen Jungen obendrauf, dem man zur Hälfte die Haare geschnitten hatte und der aussah, wie Gänse aussehen, wenn's gedonnert hat, und da fing sie an zu lachen. Berthold lachte mit, und nun lachten die zwei Kinder, dass man es im ganzen Hause hörte! Verblüfft kam Bellas Vater aus dem Sprechzimmer gelaufen, sah seine Tochter vergnügt und mit roten Backen und erkannte sofort: Jetzt ist sie wieder gesund.

Dann klingelte Bertholds Mutter an der Haustür und fragte aufgeregt, ob hier ein Schwein und ein kleiner Junge eingetroffen seien. Nun war die Freude groß. Und später wurde Bertholds Mutter sogar die Frau von Bellas Vater, zog mit ihrem Jungen in die Villa, und Bella und Berthold wurden Geschwister, die einander sehr lieb hatten. Das Schwein kauften sie dem *Friseur am Zoo* ab, und es blieb bei ihnen, hatte es gut und wurde niemals geschlachtet.

Ob es wahr ist, dass auf diese Weise die Redensart entstanden ist: Na, die haben aber Schwein gehabt?

Gutenachtgeschichten

Ein Krokodil liegt unterm Bett!
Es sagt, es will Geschichten hören,
dann ist es nachts im Dunkeln nett
und wird mich nicht beim Schlafen stören.

Barbara Rose

Smilla, das Schlafschaf

Alle Kinder liebten den Spielzeugladen von Herrn Petersen. Bunt und aufregend wie ein Geschenkpaket war er, prall gefüllt mit Überraschungen. Schon die ganz Kleinen drückten jeden Tag ihre Nasen am Schaufenster platt. Was es da alles zu sehen gab! Eine kleine, fauchende Dampflokomotive, zwei Burgen aus Lego mit Rittern und Pferden, mit einem Wald und vielen Tieren. Riesige Drachen und zarte Feen, die durch die Scheibe zu schweben schienen. Und vor allem jede Menge Kuscheltiere!
»Kinder brauchen Kuscheltiere«, erklärte Herr Petersen jedem, der die Ladentür mit dem Glöckchen öffnete. »Stofftiere zum Trösten und zum Schmusen. Geliebte Vertraute, wenn Mama und Papa mal nicht da sind.« Deshalb hatte Herr Petersen einen riesigen Vorrat an samtigen Bären, Äffchen, Streifenhörnchen und anderen kuscheligen Tieren in seinen Regalen.
»Besonders wichtig sind sie beim Einschlafen«, fand er. »Und wenn die Kinder in ihren Träumen durch die Nacht fliegen, werden sie von den weichen Flauschewesen begleitet.«
Wer ein solches Kuscheltier suchte, der fand bei Herrn Petersen bestimmt etwas.

Schlafschafe liebte der Ladenbesitzer besonders. Vielleicht lag es daran, dass Herr Petersens Vater Schäfer gewesen war. Vielleicht hing es aber auch damit zusammen, dass Herr Petersen am liebsten zu den Schäfchenwolken am Himmel aufsah. Auf jeden Fall gab es in seinem Laden ein ganzes Regal nur mit Schlafschafen: blauen, grauen, weißen und rosafarbenen. Aus weichem Fell oder kuscheligem Stoff. Mit Punkten, Streifen oder einfarbig. Herr Petersen hatte das Regal extra so aufgestellt, dass die Schafe den Kindern sofort ins Auge fielen.

Bis auf ein Schäfchen. Es lag ganz oben auf dem Regal. Weit weg von allen anderen. Dieses Schlafschaf hieß Smilla. Es war himmelblau, hatte einen wollweißen Fellbauch und dunkelblaue Ohren.

Herr Petersen mochte Smilla sehr, lieber als die anderen Schlafschafe. Allerdings gab es da ein Problem: »Leider kann ich dich nicht verkaufen, Smilla. Ich würde ja gern ein passendes Kind für dich finden. Du bist wirklich niedlich und mollig weich. Aber wie soll ein Schlafschaf beim Wegträumen helfen, wenn es selbst immer schläft?«

Tatsächlich schlief Smilla den ganzen Tag. Von morgens bis abends. Sie wachte nur kurz auf, wenn die anderen Schlafschafe zu laut mähten oder sich mit Herrn Petersen unterhielten. Oder wenn die Ritter in der Nacht heimlich mit ihren Schwertern gegeneinander kämpften.

»Du bist mäh-rkwürdig, Smilla«, brummte Torben, das dickste Schaf von allen. »Wir sollen die Kinder in den Schlaf mähen, da dürfen wir nicht alles verpennen. Das gehört sich nicht für ein Schlafschaf. Mäh-rk dir das, Smilla!«

»Ein Schlafschaf, das immer

schläft, ist nichts wert«, knurrte Bruno, ein besonders
großer Kuschelbär. »Völlig unnütz!«

Smilla blinzelte Torben, Bruno und Herrn Petersen
aus ihren dunklen Knopfaugen kurz an. Dann fie-
len sie wieder zu. Einfach so. Smilla konnte gar nichts dagegen tun.

»Ach, Smilla!« Herr Petersen seufzte und legte das Schäfchen wieder ganz
oben ins Regal. Allerdings versehentlich so nah an den Rand, dass Smilla
beinahe hinunterfiel. Oje!

In diesem Moment klingelte das zarte Glöckchen an der Ladentür. Kund-
schaft! Herr Petersen eilte sofort nach vorne an die Theke. Dort stand Benno
mit seinem Papa. Herr Petersen kannte die beiden gut. Auf dem Weg zum
Kindergarten lief der kleine Junge jeden Tag am Laden vorbei. Und manchmal kamen die beiden auch herein.

»Guten Morgen, Benno. Guten Morgen, Herr Knopp«, begrüßte Herr Petersen die beiden. »Wie kann ich helfen?«

»Ich habe heute Geburtstag«, erzählte Benno freudestrahlend. »Papa hat gesagt, ich darf mal schauen.«

»Es wäre wirklich gut, wenn wir ein Kuscheltier zum Einschlafen hätten«,
erklärte Bennos Papa. »Benno liegt immer viel zu lange wach.«

Benno nickte. »Allein schlafen ist doof! Deshalb brauche ich ganz unbedingt
ein Schlafschaf. Die mag ich am liebsten!«

»Genau wie ich.« Herr Petersen lächelte. »Herzlichen Glückwunsch zum
Geburtstag, Benno. Wir werden bestimmt das Richtige für dich finden.
Möchtest du dir die Schafe mal ansehen? Aber pass ein bisschen auf. Überall
stehen Kartons herum, die ich noch auspacken muss.«

Das ließ sich Benno natürlich nicht zweimal sagen. Während sich die beiden
Erwachsenen unterhielten, stürmte er aufgeregt in den Teil des Spielzeugla-
dens mit den Kuscheltieren.

»Hallo, Bären!«, rief er fröhlich.

Die Teddys machten sich extra groß und breit. Bruno stellte sich sogar extra

auf die Hinterpfoten, um noch beeindruckender zu wirken. Mit den Tatzen strichen sich alle Bären ihr Fell glatt, damit es schön glänzte. Doch Benno beachtete sie nicht weiter.

»Ihr seht aber wild aus«, rief er den Dinos und Drachen zu. Aber auch ihnen schenkte er keinen weiteren Blick, obwohl sie möglichst Furcht einflößend ihre scharfen Krallen ausfuhren und die Zähne fletschten. Schnurstracks lief Benno zu den Schlafschafen. Ein Schäfchen mit blauem Halstuch war ihm gleich ins Auge gefallen, da – *Peng! Pardauz!* – stolperte er über einen der Kartons, von denen Herr Petersen gesprochen hatte. Benno verlor das Gleichgewicht und stieß mit voller Wucht an das Regal, in dem die Schlafschafe lagen.

»Mäh. Mähähä!«, riefen alle verängstigt.

Alle. Bis auf ein Schaf: Smilla.

Durch Bennos Aufprall wurde sie von der Regalkante geschleudert und wirbelte nach unten. Erschrocken riss Smilla die Augen auf, schloss sie aber ganz schnell wieder, als sie bemerkte, dass sie fiel. Einen Moment lang schwebte das kleine Schaf durch die Luft und landete dann …

… genau in Bennos Armen.

»Hallo!« Benno lachte überrascht. »Du musst keine Angst haben. Ich heiße Benno. Ich hab dich aufgefangen. Und jetzt halte ich dich ganz fest.«

Smilla betrachtete ihn eine Weile. So eine liebevolle Stimme hatte sie noch nie gehört! Die war sogar noch schöner als die sanfte Brummstimme von Herrn Petersen. Richtig schmusig!

»Da hast du aber mäh-chtig Glück gehabt, dass er dich aufgefangen hat«, sagte Torben beeindruckt.

»Allerdings!« Smilla kuschelte sich in Bennos Arme.

»Ein starker kleiner Kerl«, stellte Bruno Bär fest. »Der würde mir auch gefallen.«

»Benno?«, erklang da die Stimme seines Vaters. »Ist etwas passiert?«

»Alles gut, ich bin nur gestolpert«, antwortete Benno eilig. »Nix passiert!« Smilla drückte sich noch enger an Benno. Wie gut der Junge roch. Hmmm. Ganz lecker nach … nach frischem Gras.

»Gestern habe ich mit Papa den Rasen gemäht. Riechst du das?«, fragte Benno. Er hatte gemerkt, wie das Schlafschaf an seinem T-Shirt geschnuppert hatte. Schön kitzelig war das!

»Mäh!«, flüsterte Smilla. Ganz leise, damit nur Benno es hörte. »Ich heiße Smilla, und ich mag dich!« Auf einmal war sie kein bisschen mehr müde. So hellwach wie in Bennos Nähe hatte sie sich noch nie gefühlt.

Vorsichtig trug Benno das Schlafschaf nach vorn zu seinem Papa und Herrn Petersen. »Ich habe ein Schlafschaf gefunden. Es ist mir direkt in die Arme gehüpft.« Benno strahlte seinen Papa und Herrn Petersen an.

»Smilla?« Die Augen von Herrn Petersen wurden groß wie Suppentassen. »Ausgerechnet!«

»Warum?«, wollte Bennos Papa wissen. »Ist dieses Schlafschaf nicht geeignet? Oder besonders teuer?«

Da richtete Smilla ihren wachen Blick auf Herrn Petersen. Bittend sah sie ihn an. *Sag jetzt nichts Falsches*, sollte das heißen. Das konnte Herr Petersen sofort erkennen. Und er sah auch, dass Smilla kein bisschen schläfrig mehr war. Herr Petersen räusperte sich. »Dieses Schlafschaf ist etwas ganz Besonderes. Es weiß ganz genau, was es will. Deshalb hat sich Smilla ihren neuen Besitzer auch selbst ausgesucht. Und weil Benno heute Geburtstag hat, schenke ich ihm das Schlafschlaf. Unter einer Bedingung!«

»Und die wäre?« Bennos Papa sah den Ladenbesitzer erstaunt an.

»Benno muss immer mal wieder vorbeikommen und mir berichten, ob das Einschlafen mit Smilla klappt«, erklärte Herr Petersen.

Smilla seufzte. Benno seufzte ebenfalls. Und auch Herr Petersen und Bennos Papa seufzten tief.

»Soll ich Smilla noch in hübsches Geschenkpapier einpacken, Benno?«, fragte Herr Petersen.

»Auf keinen Fall!« Benno schüttelte den Kopf. »Ich will Smilla im Arm halten. Bis zum Kindergarten.«

Dankbar zwinkerte Smilla Herrn Petersen noch einmal zu, als Benno mit ihr den Laden verließ. Der Ladenbesitzer sah ihnen lächelnd nach. Noch nie hatte er so ein waches Schlafschlaf gesehen.

Von nun an kam Benno mit Smilla fast jeden Tag bei Herrn Petersen vorbei. Eifrig erzählte er, wie gut er jeden Abend einschlief, während Smilla auf ihn aufpasste.

»Und sie ist nicht müde?«, fragte Herr Petersen vorsichtig.

»Nie!« Benno drückte Smilla liebevoll.

Das Schlafschaf mähte leise. »Wenn er ganz fest eingeschlafen ist, döse ich auch ein bisschen«, wisperte Smilla Herrn Petersen zu. »Aber nur ganz kurz. Ich muss doch auf meinen besten Freund aufpassen. Jetzt habe ich endlich eine Aufgabe, die mich wach hält.«

»Da hast du aber Glück gehabt«, brummte Torben, das dickste Schaf aus dem Regal. »Benno ist wirklich ein netter kleiner Mäh-nsch.«

»Hoffentlich finde ich auch bald jemanden, der mich so lieb hat«, quiekte Bruno Bär.

Smilla sagte nichts mehr. Sie hatte ihren besten Freund schon gefunden.

Maren von Klitzing

Der heißeste Tag des Jahres

Der erste Ferientag brachte endlich den Sommer. Die Luft über den Straßen flirrte vor Hitze, und vor dem Freibad hatte sich eine lange Menschenschlange gebildet. Karim und sein Papa planschten und schwammen den ganzen Nachmittag im kühlen Wasser. So lange, bis sie müde und hungrig ihre Sachen packten. Auf dem Nachhauseweg spendierte Paps ein Eis. Die heißen Sonnenstrahlen ließen es beinahe schneller schmelzen, als sie es aufschlecken konnten. So warm war es an diesem ersten Ferientag.

Am Abend saß Karim in seinem Bett und las ein spannendes Buch. Er spürte noch immer die Sonne auf seiner Haut. Weil Schulferien waren, durfte er länger aufbleiben. Aber Karim war von der Hitze viel zu schlapp, um das richtig auszunutzen. Das Abendbrot hatte er mit Mama, Paps und seiner kleinen Schwester Mayla auf dem Balkon gegessen. Es war der einzige Platz, an dem es sich aushalten ließ. Karim hatte lustlos in seinem Salat gestochert. Auch Mama und Paps hatten ziemlich erschöpft ge-

wirkt, nur Mayla krähte vergnügt vor sich hin, sie hatte aber auch tagsüber einen Mittagsschlaf gemacht.

Karim ließ das Buch sinken. Wenn es nur nicht so warm wäre in seinem Zimmer! Er stand auf und öffnete beide Fenster. Vielleicht würde ja ein wenig kühle Abendluft hereinströmen. Aber nein, es strömte überhaupt nichts. Die Luft stand still wie eine Wand. Karim seufzte und wischte sich ein paar Schweißperlen von der Stirn. Da kam Mama herein, um ihm Gute Nacht zu sagen.

»Wie soll ich denn einschlafen?«, fragte Karim. »Hier ist es heiß wie in einer Sauna.«

»Du könntest dich nur mit einem Bettlaken zudecken«, schlug Mama vor. »Das ist nicht so warm wie deine Decke. Warte, ich hole dir eins.« Sie stand auf und kam kurz darauf mit einem Laken zurück. Dann gab sie Karim einen Gutenachtkuss und machte das Licht aus.

Karim kuschelte sich unter das Laken. Weniger heiß war ihm aber nicht. Irgendwo in seinem Zimmer summte eine Fliege. Es musste ein richtig dicker Brummer sein. Karim machte das Licht an und stand auf, um die Fliege zu verscheuchen. Dabei stieß er den Schreibtischstuhl um. Rums!!, machte es. Erschrocken schlug Karim die Hand vor den Mund.

Kurz darauf steckte Papa im Pyjama seinen Kopf durch die Tür. »Was ist denn hier los?«, fragte er. »Räumst du mitten in der Nacht dein Zimmer um?«

»Nein, aber die Fliege da nervt«, sagte Karim und zeigte zum Fenster. Da flog der Brummer mit einem kleinen Schlenker in die Nacht hinaus.

Paps schüttelte den Kopf. »Ab ins Bett mit dir, Karim. Morgen ist auch noch ein Tag, dann kannst du so viel und so lange dein Zimmer umräumen, wie du magst.«

Karim legte sich wieder ins Bett. Eine halbe Ewigkeit starrte er die Zimmerdecke an. Als Nächstes fächelte er sich mit seinem Buch frische Luft zu, dann knipste er das Licht an und las weiter in seinem Buch. Es war eine Indianergeschichte. Der Indianer ritt tagsüber durch die Wälder, abends schlief er am Lagerfeuer, neben seinem Pferd. Karim legte nachdenklich das Buch zur Seite. Das war *die* Idee. Er nahm seine Decke und das Kissen und tapste leise durch den Flur. Im Wohnzimmer öffnete er die Tür zum Balkon, legte die Bettsachen auf die große Sitzbank und reckte die Arme. Endlich frische Luft! Dann legte er sich auf die Bank, deckte sich zu und schloss die Augen. Doch kurz darauf öffnete er sie wieder. Er hatte ein seltsames Geräusch gehört. Vorsichtig setzte Karim sich auf. Ihm wurde flau im Magen. Direkt vor ihm war etwas in einem langen Gewand. Es bewegte sich bedrohlich hin und her. Hilfe! Gab es hier etwa Gespenster? Karims Herz hämmerte wie wild. Er stieß einen Schrei aus und plumpste von der Bank. Dann schrie noch etwas. Das war das Gespenst!

»Mama?«, fragte Karim in die Dunkelheit hinein. »Bist du das?«

»Du lieber Himmel, Karim! Hast du mich erschreckt!«, rief Mama, die Mayla fest an sich gedrückt hielt. »Warum liegst du nicht in deinem Bett?«

»Weil ich nicht schlafen konnte«, sagte Karim und kletterte auf die Bank zurück. »Ich sagte doch schon, dass es in meinem Zimmer viel zu warm ist. Deshalb schlafe ich draußen.«

»Verstehe«, sagte Mama und setzte sich neben ihn. »Deine Schwester kann auch nicht schlafen«, seufzte sie. »Mayla macht kein Auge zu bei der Hitze.«

»Sie könnte doch auch draußen schlafen«, sagte Karim. »Und du und Papa auch.«

»Was kann ich?«, fragte Papa verschlafen, der nun in der

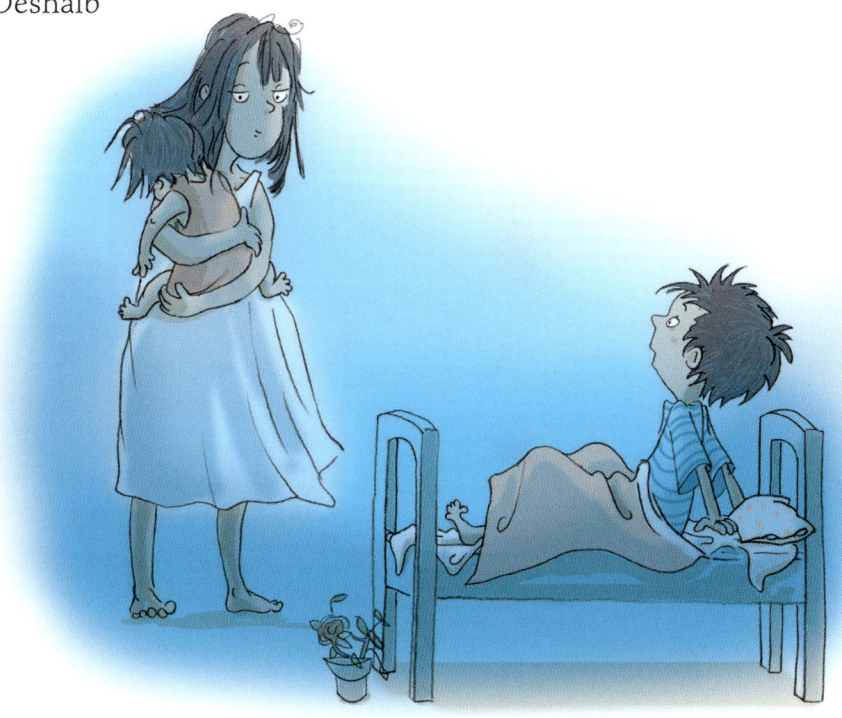

Balkontür stand. Er rieb sich die Augen. »Ist das hier eine Mitternachts-party?«

»Karim schläft auf dem Balkon«, sagte Mama, und plötzlich musste sie kichern. »Die Idee ist gar nicht mal schlecht. Wir könnten unsere Matratzen nach draußen holen. Hier, halte sie mal!« Sie reichte Mayla an Karim weiter, dann klappte sie den Esstisch zusammen und stellte die Stühle zur Seite. Zusammen mit Papa holte sie Kissen, Decken und Matratzen, und sie bauten ein richtiges Übernachtungslager. Papa verschwand noch einmal nach drinnen und kam mit ein paar Kissen zurück, die er auf Karims Bank legte, damit er es weicher hatte. Zum Schluss zündete Mama ein paar Kerzen auf der Balkonbrüstung an. Oh, wie war es gemütlich hier draußen!

»Gute Nacht, zusammen«, sagte Papa.

»Schaut mal«, sagte Karim. »Da sind ganz viele Sterne am Himmel.«

»Das ist der Große Wagen«, erklärte Mama Karim das Sternbild.

»Hmhm«, murmelte Karim, denn allmählich wurden ihm die Augen schwer. Mayla lag zwischen ihren Eltern und war längst eingeschlafen. Papa begann leise zu schnarchen, irgendwo miaute eine Katze, und ganz in der Nähe summte schon wieder eine Fliege. Doch das störte Karim nicht mehr. Ein sanfter, kühler Nachtwind strich ihm übers Gesicht. Da kuschelte er sich noch ein bisschen tiefer in seine Decke und schlief fest bis zum nächsten Morgen.

Benjamin Tienti

Wulle Wulle Ruste

Fabian ist sauer. Das ist nichts Besonderes, er ist eigentlich dauernd sauer. Aber heute noch mehr. Er wirft sich hin und haut mit der Faust auf den Boden.

»Aber ich will nicht!«, schreit er.

Mama setzt sich neben ihn. Sie spricht ganz ruhig.

»Es ist schon spät«, sagt sie. »Jeder muss einmal schlafen.« Dass Mama so ruhig bleibt, macht Fabian noch wütender. Er spürt einen richtig harten Klumpen in seinem Bauch. Ein Klumpen aus Ärger.

»Ich nicht! Ich bin nicht müde!«, schreit er.

Mama streckt Fabian seine Zahnbürste hin. Sie hat sie extra in sein Zimmer mitgebracht und auch schon Zahnpasta draufgeschmiert. Fabian nimmt die Zahnbürste und schmeißt sie durchs Zimmer, sie prallt gegen seinen Kleiderschrank und fällt auf den Boden. Am Kleiderschrank ist jetzt ein weißer Zahnpastaklecks. Gut so, denkt Fabian.

Aber Mama lächelt. Sie streckt die Hand aus und will Fabian berühren. »Ach, Fabian«, sagt sie.

Fabian schlägt Mamas Hand weg. »Lass mich in Ruhe!«, schreit er.

Mama hält sich ihre Hand. Jetzt lächelt sie nicht mehr. Sie steht auf.

»Ich lasse dich in Ruhe«, sagt sie. »Bis du dich wieder beruhigt hast.« Sie geht aus Fabians Zimmer und macht die Tür zu.

Fabian sitzt allein auf dem Boden, und zu dem Klumpen im

Bauch hat er jetzt auch noch einen Kloß im Hals. So als ob er gleich weinen muss. Aber er weint nicht. Fabian weint nie.

»Blöd«, sagt er. »Blöd, blöd, blöd.« Er schüttelt sich, und der Kloß geht wieder weg.

Immer muss er machen, was die anderen sagen. Fabian, putz dir die Zähne, Fabian, geh ins Bett, Fabian, komm essen. Nichts darf er. Nichts, was ER will. Fernsehen: nein. Schokolade: nein. Die Playmobil-Piraten: nein, nein und noch mal nein! Er haut wieder auf den Boden.

»Blöd, blöd, blöd, blöd, blöd!« Er sagt mindestens hundert Mal blöd.

Danach fühlt er sich ein bisschen besser. Seine Augen sind schon ganz kratzig. Irgendwie ist er doch schon müde.

»Ich wünschte, alle wären weg«, sagt er. »Dann könnte ich machen, was ich will.«

»Nichts einfacher als das«, sagt eine Stimme. Von dahinten, bei der Zahnbürste.

»Ist da wer?«, fragt Fabian. Er sieht niemanden. Doch, da bewegt sich was. Ein kleines Männchen sitzt auf der Zahnbürste, als wäre die ein Pferd, und winkt.

»Tach auch«, sagt es.

Das Männchen ist winzig klein, wie ein Lego-Männchen.

Fabian kneift die Augen zusammen. »Wer bist du denn?«, fragt er.

»Das könnte ich dich auch fragen. Wenn jemand blöd genug ist, hundert Mal

blöd zu sagen, muss ich immer nachsehen, wer der Blödi ist.« Das Männchen kichert, leise wie eine Ameise. Es springt von der Zahnbürste und hüpft mit einem Riesensatz auf Fabians Arm. »Also, wie heißt du, Blödi?«

»Ich … äh … Fabian«, sagt Fabian.

»Fabian, Blödian!« Das Männchen lacht und streckt die Hand aus, und Fabian gibt ihm den kleinen Finger.

»Wulle Wulle Ruste. So heiße ich. Ich bin ein Wustelmann.«

»Wulle Wulle Ruste …«, sagt Fabian.

»Pschscht! Den Namen von einem Wustelmann darf man doch nicht so leichtfertig aussprechen. Stell dir vor, was da passieren kann!«

Fabian muss sich richtig anstrengen, damit er alles hört, weil der Gnom so piepsig spricht. Er ist so klein und knuffig, dass er gar nicht auf die Idee kommt, Angst zu haben.

»Sag einfach nur Wulle. Ist sicherer.«

»Wulle …«, sagt Fabian wieder.

Und Wulle nickt. »Bist ein kleiner Zornigel, was?«

Fabian sagt nichts. Er kneift die Augen zusammen und fragt sich, ob er sich das kleine Männchen vielleicht am Ende nur einbildet.

»Ich spreche mit dir!«, piepst Wulle und kneift Fabian in den Arm.

»Aua!« Fabian schüttelt sich, und Wulle springt von seinem Arm auf seine Schulter. Fabian muss sich den Hals verrenken, damit er den Gnom überhaupt noch aus den Augenwinkeln sehen kann.

»Also: Wenn du möchtest, dass alle weg sind, musst du einfach nur einen

Spruch aufsagen. Einen Geheimspruch. Nur ich kenn den. Soll ich ihn dir verraten?«

Fabian nickt, und Wulle kommt mit seinem Mund ganz nah an Fabians Ohr. Es kitzelt, als er flüstert:

»Wulle Wulle Ruste.

Keiner, der ihn küsste,

nichts, was er vermisste,

du bist weg.«

»Und dann?«, fragt Fabian.

»Hab ich doch schon gesagt! Probier's doch einfach aus! Wir sehen uns, ich muss dann mal wieder! Tschö mit ö!« Der Gnom hüpft mit einem Riesensatz zum Fenster, springt hinaus und ist weg.

Fabian sieht hinaus in die Dunkelheit. Ist das jetzt gerade wirklich passiert?

Es klopft, und Mama steckt den Kopf zur Tür herein. »Hast du dich beruhigt?«, fragt sie.

Fabian ist noch ein bisschen durcheinander. Eigentlich will er gar nichts sagen, aber er sagt: »Nö!«

»Komm, leg dich ins Bett«, sagt Mama. »Es ist Zeit für deinen Gutenachtkuss.«

Fabian schüttelt den Kopf. »Nö«, sagt er noch mal.

»Na gut«, sagt Mama. »Ich wünsche dir jedenfalls eine gute Nacht. Eins, zwei, drei, Sorgen für heute sind jetzt vorbei.«

Das sagt Mama jeden Abend. Sie geht hinaus, und Fabian bleibt weiter am Fenster stehen. Er spürt immer noch den Wutklumpen im Bauch. Am liebsten würde er die ganze Nacht aufbleiben und fernsehen. Er dreht sich um. Wie war das?

»Wulle Wulle Ruste.

Keiner, der ihn küsste,

nichts, was er vermisste,

du bist weg.«

Nichts passiert. War ja klar. Fabian geht zur Tür und macht sie ein kleines Stück auf. Er lauscht in den Flur. Nichts. Ganz leise schleicht er zur Wohnzimmertür. Auch nichts. Alles ist still. Er öffnet die Tür. Keiner ist mehr da. »Es hat geklappt!«, ruft er. Er geht durch die ganze Wohnung, die Küche, das Schlafzimmer, das Bad. Er ist tatsächlich allein. In der Wohnung ist es so still, dass sich sogar sein eigener Atem laut anhört.

»Juhu!«, ruft er und dreht sich mit ausgestreckten Armen um sich selbst. Er fühlt sich frei. Und er weiß genau, was er jetzt machen wird.

Fabian sitzt im Wohnzimmer und sieht fern. Total laut. Da hätte Mama schon gesagt: »Mach das leiser, da wird man ja taub!« Er probiert alle Programme durch, aber es läuft nichts für Kinder. Nirgends.

Also sieht er eine Sendung, in der die Leute kochen und die ganze Zeit »Mmmmh!« und »Aaaaah!« und »Toll!« sagen, während sie Sachen in ihre Töpfe schmeißen und rühren. Das Publikum klatscht die ganze Zeit, und es zischt und schmurgelt alles so laut, dass er sich beinahe vorstellen kann, selbst im Publikum zu sitzen. Er bekommt auf einmal Hunger. In der Küche

findet er die Reste vom Abendessen. Gesunde Linsen mit gesunden Würstchen und Nudeln. Nee, keine Lust.

Ganz hinten im Schrank findet er, was er sucht: Chili-Chips. Und im Kühlschrank: Ketchup! Und so sitzt er auf der Couch, knuspert Chips aus der offenen Tüte und schüttet sich von Zeit zu Zeit etwas Ketchup direkt aus der Flasche in den Mund. Lecker! Irgendwann ist die Sendung vorbei, es kommt Werbung und danach ein Film. *Batman*!

Fabian macht ein bisschen leiser. Batman hat so eine tiefe Stimme. Und überall rennen und brüllen Leute, und die Musik wird immer lauter, bis irgendwann jemand total laut schreit: »Hiiiilfe!«

Fabian macht schnell aus. Sein Herz klopft, und seine Zunge ist wund von den ganzen Chili-Chips. Und auf einmal muss er gähnen. Es hört gar nicht mehr auf. Als ob sein ganzer Körper gähnt. Er steht auf und geht noch einmal durch die ganze Wohnung. Ist wirklich keiner da?

Im Badezimmer greift er nach seiner Zahnbürste, aber die liegt ja noch in seinem Zimmer. Er wollte ja sowieso nicht Zähne putzen! Fabian grinst und schlurft in sein Zimmer. Dort kuschelt er sich in sein Bett und überlegt, was er morgen alles anstellen könnte. Ein paar Ideen hat er schon. Die Gedanken mischen sich langsam mit seinen Träumen und werden immer verrückter und noch verrückter.

Die Sonne scheint hell ins Zimmer, als Fabian aufwacht. Sein Mund fühlt sich an, als hätte ein Vogel drin geschlafen. Er springt aus dem Bett und geht ins Bad. Alles ist so still. Es dauert ein bisschen, bis er sich erinnert, warum. »Halloo!?«, ruft er in die Wohnung. Keine Antwort. Er spült sich den Mund aus und sieht sich mit vollen Backen im Spiegel an. Das sieht so komisch aus, dass er losprusten muss und das ganze Wasser aus seinem Mund den Spiegel vollsprüht. Erst erschrickt er, dann lacht er. Noch mal! Er kann schließlich machen, was er will!

Im Wohnzimmer baut sich Fabian ein Lager. Er stapelt die Sessel und Stühle in der Mitte des Raumes aufeinander und legt Decken darüber.

Er holt den Werkzeugkasten von Papa aus der Kammer. Den wollte er schon immer mal benutzen. In seinem Lager fühlt er sich wie ein Pirat in seinem Versteck. Er nimmt den Akkuschrauber, hält ihn von unten gegen den Sessel und lässt ihn schnurren. Was für ein Gefühl! Leider hat der Sessel jetzt ein Loch. Er schlägt ein paar Nägel in den Wohnzimmertisch und hängt Sachen daran, ein Kuscheltier, einen Schöpflöffel aus der Küche und die Fernsehzeitung, durch die er erst mal mit der Küchenschere ein Loch schneiden muss. Er kommt richtig ins Schwitzen, und für eine Weile vergisst er alles um sich herum. Er ist der Pirat, und er macht sich seine Höhle zurecht und hängt seine Beute auf.

Irgendwann fängt sein Bauch an zu rumpeln.

Zum Frühstück gibt es »Schoko-Teller«. So heißen in Fabians Familie die braunen Cornflakes, die aussehen wie kleine Schüsseln. Die gibt es eigentlich nur am Wochenende. Leider ist die Milch alle. Egal. Fabian isst sie einfach ohne Milch und spült mit Cola nach. Bestes Frühstück der Welt, denkt er. Dabei läuft der Fernseher im Wohnzimmer auf voller Lautstärke, obwohl

er in der Küche sitzt. Der Kinderkanal. Seine Frühstücksschüssel lässt Fabian einfach stehen, als er wieder ins Wohnzimmer zurückgeht. Auf einmal hat er keine Lust mehr, Pirat zu sein. Wenn Mama die Unordnung sehen würde und die Nägel und alles, würde sie sicher einen Anfall bekommen. Es fühlt sich gut an, dass er das alles ganz allein hinbekommen hat.

Aber noch besser wäre es, wenn jetzt sein Kumpel Karlo da wäre. Fabian zieht seine Jacke an. Und dann zieht er sie wieder aus.

»Wozu brauche ich eine Jacke?«, ruft er laut in die Wohnung. Er sieht sich um, als ob gleich alle anfangen würden zu applaudieren, wie gestern im Fernsehen bei der Kochshow.

Er holt seine Lieblingsschuhe aus dem Schrank, und an der Tür fällt ihm gerade noch ein, dass er ja einen Schlüssel mitnehmen muss, wenn er wieder in die Wohnung kommen will.

Vor der Tür ist es dann aber doch ganz schön kalt, und er geht noch mal rein und holt seine Jacke. Dafür gibt es aber keinen Applaus.

Draußen ist kein Mensch. Es fahren keine Autos, niemand geht auf den Straßen spazieren, nicht mal Vögel sind zu hören. Fabian geht mitten auf der Straße und versucht, nur auf den weißen Markierungen zu balancieren. Er singt laut, was ihm so in den Kopf kommt:

»Mango Mango Mango Zitrone, Kiwi Kiwi Kiwiiii!«, bis er bei Karlos Haus angekommen ist. Er klingelt – nichts. Er klingelt noch mal – wieder nichts.

Es hätte ihn irgendwie auch gewundert, wenn ausgerechnet Karlo dageblieben wäre, während alle anderen weg sind.

Er klingelt noch ein paar Mal, man weiß ja nie, dann gibt er auf.

Auf dem Rückweg kommt Fabian am Spielzeugladen vorbei. Wenn niemand da ist, kann man sich doch eigentlich alles nehmen, was man will, oder? Stört ja keinen. Er probiert die Tür zu öffnen, aber die ist verschlossen. Er geht um den Laden herum, und tatsächlich, ein Fenster ist offen! Kein Problem für Bat-Fabian, er klettert und gleitet, und schon ist er drin und klopft sich die Hose ab.

Er ist im Paradies. Er weiß gar nicht, was er als Erstes anfassen soll. Alles gehört praktisch ihm!

Überall Figuren und Schwerter und Wasserspritzen. Und da ist auch der Riesensaurier, den er immer haben wollte, ein Triceratops, der seinen Mund bewegen kann!

Fabian sucht hinter dem Tresen und findet zwei Tüten und packt ein, was ihm gefällt. Alle Playmobil-Männchen, auch die Piraten, Lego, Pupsknete, einen Riesenberg Kaugummis mit Klebetattoos und ein Fingerskateboard. Er geht zum Fenster und wirft beide Tüten hinaus.

Dann versucht er sich am Triceratops, aber er kann ihn nicht hoch genug heben, um ihn durchs Fenster zu werfen. Er seufzt.

»Mach's gut, Tricie. Ich lasse mir was einfallen und hole dich hier raus.«

Dann springt er durchs Fenster und sammelt seine Tüten ein. Das lief doch richtig gut, denkt er. Auf zum Spielplatz!

Der Wind lässt die Schaukel ganz leicht hin und her wehen. Ein bisschen Laub fliegt nah am Boden in einem kleinen Kreis um das Klettergerüst.

Erst weiß Fabian gar nicht, was so komisch ist, doch dann fällt es ihm auf: Er war noch nie ganz allein auf dem Spielplatz. Die Stille passt nicht so richtig hierher.

Er nimmt die Playmobilmännchen aus den Tüten und

verteilt sie auf den Spielgeräten. Die Piraten kommen zum Matschplatz, der Polizist auf die Schaukel, die Cowboys oben und unten auf die Rutsche, er macht weiter, bis der ganze Spielplatz voll mit Playmobil-Männchen ist. Dann geht er zur Seilbahn. Kein Anstehen, wo gibt's denn so was?

»Ich bin jetzt der Chef vom Spielplatz!«, ruft Fabian und lacht. »Ich bin der Chef der ganzen Welt!!«

Und alle Playmobil-Figuren lächeln ihm zu, und er stellt sich vor, wie sie ihm zujubeln, während er Schwung nimmt und den Seilbahnritt seines Lebens hinlegt. Fabian ist ganz außer Atem, als die Seilbahn zum Stehen kommt. Hätte das jetzt bloß jemand gesehen! Besser hat er das noch nie alleine hinbekommen. Gleich noch mal! Fabian fährt mit der Seilbahn, immer wieder, bis er nicht mehr kann.

Dann sagt er: »Langweilig.« Und geht nach Hause. Lässt alle Figuren stehen, wo sie sind. Die Tüten mit den Spielsachen, alles. Und geht, den Blick auf dem Boden, die Straße entlang. Er hat auf einmal einfach keine Lust mehr.

Zu Hause isst er wieder Chili-Chips. Sein Mund brennt, aber er gibt nicht auf. Es muss doch Spaß machen! Im Fernsehen läuft irgendein Zeichentrickfilm, aber er sieht gar nicht hin. Er sieht in die Chipstüte und hört das Krachen in seinem Kopf, während er kaut. Aber die Chips machen nicht satt. Er trinkt noch einen Schluck Cola und geht in die Küche. Dort holt er sich einen Löffel und isst Linsen und Nudeln und Würstchen. Direkt aus dem Topf auf dem Herd. Und es schmeckt ihm gut. Es schmeckt nach Mama. Er isst so viel, dass er plötzlich das Gefühl bekommt, gleich platzen zu müssen. Er war noch nie so voll. Sein Bauch tut weh, und er hat das Gefühl, sich nicht mehr bewegen zu können. Er geht in sein Zimmer und legt sich in sein Bett und rollt sich zusammen. In seinem Hals gibt es einen kleinen Druck. Gleich muss er weinen. Aber er weint nicht. Fabian weint nie.

»Blöd«, sagt er. Und das erinnert ihn daran, was der Gnom gesagt hat: Wenn jemand blöd genug ist, hundert Mal blöd zu sagen, muss ich immer nachsehen, wer der Blödi ist.

Fabian setzt sich auf. »Blöd«, sagt er.

»Blöd, blöd, blöd …«

Er sagt hundert Mal blöd. Und dann noch hundert
Mal. Dann wartet er. Es passiert nichts. Er sagt noch einmal:

»Blöd, blöd, blöd …«

»Kannst jetzt aufhören, okay? Ich hab's kapiert.« Wulle steht direkt
vor seinem Bett und sieht zu ihm nach oben.

»Wulle!«, sagt Fabian, und er ist so froh, eine Stimme zu hören, dass er
lachen muss, einfach so.

»Kannste dich mal entscheiden? Ist jetzt was blöd oder lustig?« Wulle stemmt
die Fäuste in die Hüften.

»Es ist blöd«, sagt Fabian.

»Was ist blöd?«

»Ich will nicht mehr alleine sein«, sagt Fabian.

»War es denn nicht lustig?«

»Nein … doch … Ich weiß auch nicht.«

»Na gut«, sagt Wulle. »Aber das kostet dich was. Eine Rosine. Jeden Abend. Ein Jahr lang. Du legst sie mir hin, und ich hol sie mir in der Nacht, wenn du schläfst.«

Fabian nickt. »Eine Rosine …«, sagt er.

»Abgemacht?« Wulle streckt seine Minihand aus.

»Abgemacht«, sagt Fabian und schlägt ein. Mit seinem kleinen Finger.

Wulle springt wieder auf seine Schulter und flüstert in sein Ohr:

»Wulle Wulle Ruste,

keiner der ihn küsste,

als er sie vermisste.

Ich bin weg.«

»Und das soll ich jetzt auch aufsagen?«

»Neeeeein!!«, sagt Wulle. »Auf keinen Fall. Das reicht schon. Das kann nur ich sagen. Okay? Jetzt heißt es warten. Und vergiss nicht: Jeden Abend eine Rosine!« Wulle springt zum Fenster. »Tschö mit ö. Wir sehn uns!«

Fabian steht auf. Diesmal schaut er Wulle nicht hinterher. Er rennt durch die Wohnung und sieht sich um: alles wie vorher, keiner da. Hat Wulle ihn etwa angelogen? Fabian geht in sein Zimmer zurück und legt sich wieder ins Bett. Er fühlt sich immer noch so voll. Voll von allem, was es gibt. Er macht die Augen zu und bleibt einfach liegen.

Da klopft es an die Tür. Mama steckt den Kopf zur Tür herein. »Hast du dich beruhigt?«, fragt sie.

Fabian setzt sich auf. »Mamaaaaa!«, ruft er. Er springt aus dem Bett und rennt zu ihr und schmeißt sich in ihren Arm. Es fühlt sich so gut an.

»Fabian, was ist denn los?«, fragt sie. Sie lacht und drückt ihn an sich. »So kenne ich dich ja gar nicht.«

»Nichts«, sagt Fabian. »Gar nichts. Ich bin nur froh, dass du da bist.«

»Ach, Fabian«, sagt Mama.

»Ärgerst du dich?«, fragt Fabian.

»Worüber denn?«

»Über das Chaos in der Wohnung.«

»Welches Chaos?«

»Ist kein Chaos in der Wohnung?«

»Wo soll denn ein Chaos herkommen?«

Fabian dämmert es. »Warst du gar nicht weg?«

»Weg? Ich war doch nur mal kurz draußen. Damit du dich beruhigen kannst.«

»Und Papa? Ist der auch da?«

»Natürlich ist Papa da, Fabian. Du bist ja schon ganz müde. Was sagst du denn für komische Sachen? Wir gehen doch nicht einfach weg. Jetzt wird erst mal geschlafen.« Mama streichelt Fabian über den Kopf. »Eins, zwei, drei, Sorgen für heute sind jetzt vorbei.«

Sie nimmt sein Gesicht zwischen ihre Hände und gibt ihm einen Gutenachtkuss. Als sie schon bei der Tür ist, sagt Fabian: »Mama, ich brauch noch was.«

»Was denn?«

»Aber du darfst keine Fragen stellen. Mach es einfach.«

»Was denn?«

»Eine Rosine.«

Mama sieht Fabian eine Weile lang an. So wie man jemanden ansieht, der ein bisschen verrückt ist. »Okay. Dann bringe ich dir gleich noch eine Rosine.« Mama lacht. Und Fabian ist glücklich.

Andrea Schütze

Elfen glauben nicht an Menschen

Ein langer, spannender und bunter Tag geht zu Ende.
Zufrieden liegen die drei kleinen Elfen in ihren Schaukelbettchen und kuscheln sich in die weichen Decken aus feinstem Engelshaar ein. Silbrig blinzelt der Mond durch das Astloch und bringt die gemütliche Baumhöhle zum Glitzern.

Doch sosehr Stella, Penny und Mikkel versuchen, die Augen auch nur für ein paar Sekunden geschlossen zu halten, so wenig will ihnen das gelingen.

»Eins, zwei, drei, vier … klapp, wieder offen«, sagt Mikkel und kichert.

»… siebzehn, achtzehn, neunzehn, zwanzig, ach … ist mir zu doof«, sagt auch Stella, macht die Augen wieder auf und starrt missmutig an die Decke.

»Schlafen ist einfach eine total unnötige Zeitverschwendung«, erklärt Penny.

»Voll unnötig«, bestätigen Mikkel und Stella.

»Und was jetzt?«, fragt Penny.

»MAMA!!!«, rufen die drei, wie immer in einem solchen Fall.

Müde streckt Mama Elfe den Kopf ins Zimmer.

»Aber Kinder«, mahnt sie. »Es ist schon unheimlich spät. Wie kann man nach einem solchen Tag nicht fix und fertig müde sein? Ihr seid doch die ganze Zeit herumgeflattert, ohne auch nur eine Minute Pause zu machen.« Mama Elfe gähnt.

Penny, Mikkel und Stella seufzen.

»Also, was gibt's denn noch?«, fragt Mama Elfe. »Habt ihr Hunger? Nein, das ist nicht möglich, ihr habt einhundert Bärentoasts mit Kirschketchup gegessen. Oder habt ihr etwa Durst? Nein, das kann auch nicht sein, es gab fünfhundert Liter Bergquell-Limo mit Zitronengeschmack. Müsst ihr mal aufs Klo? Nein, ich habe drei Mal Wasserrauschen … oder wartet mal …« Mama Elfe denkt nach. »Ich habe nur zwei Mal Wasserrauschen gehört. Mikkel, hast du mal wieder nicht gespült?«

»Ups«, sagt Mikkel und zieht sich die Decke über den Kopf.

Mama Elfe verdreht die Augen.

»Jedenfalls ist doch alles so weit in Ordnung, oder nicht? Gute Nacht also, schlafet schön und fein, ihr süßen Elfenkinderlein.«

Doch Mama Elfe ist noch nicht ganz aus dem Zimmer geschwirrt, als sie hört, wie Penny etwas murmelt.

»Wie bitte?«, fragt Mama Elfe.

»Mnschngschte«, nuschelt Penny erneut.

»Oh nein«, stöhnt Mama Elfe. »Nicht das jetzt auch noch. Ihr wollt eine Menschengeschichte hören?«

»Jaaa!«, rufen die Elfenkinder.

Mama Elfe lässt sich in den großen Ohrensessel plumpsen. Menschengeschichten findet sie noch unsinniger als Hundegeschichten. Es gibt nämlich weder Hunde noch Menschen, und es ist Mama Elfe ein Rätsel, warum die Elfenkinder trotzdem immerzu davon hören wollen.

»Wie wäre es stattdessen mit ›Die zuckersüße Zwergenbande zieht zum Zirkus‹?«, fragt Mama Elfe und nimmt das Buch aus dem Regal.

»Langweilig!«, stöhnen die drei Elfenkinder.

Mama Elfe seufzt.

»Aber nur eine einzige, sehr kurze Geschichte. Und ihr dürft mich nicht unterbrechen, abgemacht?«

Die Elfenkinder nicken.

»Versprochen«, sagt Stella und kreuzt unter der Decke ihre Elfenflügel.

»Könnte der Mensch bitte einen Hund haben?«, fragt Mikkel vorsichtig.

»Auch das noch. Ich hab's ja geahnt!«, stöhnt Mama Elfe. »Aber na gut, einverstanden.«

Dann muss Mama Elfe kurz nachdenken. Was könnte sie nur erzählen? Menschen- und Hundegeschichten, du meine Güte, gibt es eigentlich etwas noch Langweiligeres?

»Ei-hei-heines Tages …«, fängt Mama Elfe also nach einer Weile an und gähnt dabei herzhaft. »Ging, uuuhuaaahhh, einmal ein Mensch spazieren.«

»Wie groß war er?«, platzt Penny heraus.

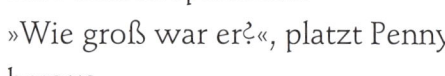

»Kinder«, mahnt Mama Elfe, »ich hatte doch gesagt, ihr sollt mich nicht …«

»Nur noch kurz die Größe«, bettelt Penny.

»Okay«, sagt Mama Elfe. »Eines Tages ging also ein Mensch spazieren. Dieser Mensch war so groß wie ein halber Baum. Er hatte drei Arme und drei Beine, wie jeder Mensch, und …«

»Wow«, staunen die Elfenkinder mit großen Augen.

»Er könnte also in unsere Höhle reingucken?«, fragt Stella und starrt auf das Astloch-Fenster.

»Bestimmt«, wispert Penny und zieht die Decke bis zur Nasenspitze.

»Und dieser Mensch«, fährt Mama Elfe fort, »hatte einen Hund dabei.«

»Jaaa!«, jubelt Mikkel. »Wie hieß er?«

»Also echt«, schimpft Mama Elfe.

»Der hat so einen richtigen Menschennamen, was denkst du denn?«, flüstert Stella ihrem Bruder zu. »Herr Schulz zum Beispiel.«

Mikkel nickt zufrieden.

»Ja, Herr Schulz ist gut. Und er ist gelb«, sagt er.

»Mit rosa Punkten«, schlägt Penny vor.

Mama Elfe lehnt ihren Kopf an den Sessel und schließt für einen kurzen Moment die Augen. Es ist völlig zwecklos, den Kindern immer und immer wieder zu versichern, dass es weder Menschen noch Hunde gibt. Doch wenn es sie gäbe, dann hätten die Hunde bestimmt ziemlich langweilige Farben, da ist sich Mama Elfe sicher.

»Schlammbraun und matschgrau«, murmelt sie.

»Wie?«, fragen die Kinder neugierig.

»Mama Elfe öffnet mühsam ein Auge.

»Na, die … Dings … Haare«, nuschelt sie verschlafen.

Frau Müller

»Ah«, ruft Stella. »Du meinst, die Haare von dem Menschen sind schlamm-braun?«

»Hmpf«, macht Mama Elfe statt einer Antwort und zieht die Beine auf den Sessel hoch.

»Nee«, protestiert Mikkel entschieden. »Menschen haben nicht solche Haare. Das würde doch gar nicht zu Blau passen.«

»Eben«, bestätigt Penny. »Stellt euch das mal vor. Braune Haare zu blauer Haut. Ihhh!«

»Grün?«, schlägt Penny vor.

»Ja. Oder rosa«, meint Stella.

»He, ich weiß was. Der Mensch und Herr Schulz, die treffen beim Spazie-rengehen noch einen anderen Menschen«, schlägt Mikkel vor.

»Ja, und der hat auch einen Hund!«, ruft Penny aufgeregt.

»Name?«, rufen die drei und kichern.

»Wartet …« Stella überlegt. »Könnte der zweite Hund jetzt nicht einer von der anderen Sorte sein?«

»Au ja«, jubelt Penny. »Und wie heißen die so?«

»Frau …«, sagt Mikkel, »Frau, Frau …«

»Müller«, fällt Stella ein, und ihre Geschwister klatschen.

»Aber Frau Müller muss lila sein, geht das?«, bittet Penny.

»Klar«, sagt Mikkel. »Und als sich die Menschen und die Hunde begeg-nen …«

»… fangen sie an zu quatschen«, ergänzt Stella.

»Nee!« Penny prustet los. »Menschen können doch nicht reden. Nur Hunde.«

»Ach so, stimmt, das hatte ich vergessen«, sagt Stella. »Also, die Menschen stehen so rum, und Frau Müller und Herr Schulz unterhalten sich.«

»›Hallo, Frau Müller, wie geht's dir so?‹, fragt Herr Schulz. ›Ganz gut, und dir, Herr Schulz?‹, fragt Frau Müller …«, erzählt Mikkel weiter.

»Super!« Penny und Stella nicken begeistert. Es gibt nichts Besseres als Men-schen- und Hundegeschichten. »Und dann erzählt Frau Müller, dass ihrem

Menschen sein Futter nicht mehr schmeckt, und Herr Schulz erzählt, dass sein Mensch gestern ausgebüxt ist.«

»Ja, und dann spielen Frau Müller und Herr Schulz noch eine Runde Fußball«, ergänzt Mikkel.

»Cool.« Stella hopst aufgeregt im Bett auf und ab. »Und was machen die zwei Menschen in der Zeit?«, fragt sie ihre Geschwister.

Mikkel und Penny schauen sich ratlos an.

»Hm …«, sagt Penny.

»Na ja …«, meint Mikkel.

»Die stehen da halt so rum. Schnuppern in die Luft und warten, bis die Hunde weiterwollen«, schlägt Stella vor.

»Genau«, sagt Penny zufrieden.

»Und dann gehen alle wieder nach Hause und essen Eis. Jede Menge Eis. Weil jeder Hund eine riesige Eismaschine hat«, erzählt Mikkel.

»Klasse«, bestätigt Stella.

»Und das ist das Ende der Geschichte«, sagt Mikkel und gähnt.

»Guckt mal, Menschengeschichten machen Elfeneltern voll müde«, stellt Penny fest und zeigt auf Mama Elfe, die sich auf dem Sessel zusammengerollt hat und tief und fest schläft.

»Gute Nacht, Mama«, sagt Stella und legt behutsam eine Decke über sie. Und diesmal muss man kaum bis zwanzig zählen, bis alle Elfenkinder eingeschlafen sind.

Marlies Bardeli

Nächtlicher Besuch

Heute kann ich gar nicht einschlafen.
Weil nämlich überhaupt kein schöner Tag war.
In der Schule hat Merle fast alle zu ihrem Geburtstag eingeladen, nur mich
nicht. Die Einladung war auf rosa Karten mit Glitzerstift geschrieben.
Wir gehen zusammen in die erste Klasse. Merle hat ganz viele Freundinnen,
ich nicht. Genau genommen habe ich gar keine Freundin. Doch, einen gibt
es, der mein Freund sein will, Konrad heißt er. Den hat Merle auch nicht
eingeladen.
Eigentlich finde ich Konrad ganz nett. Aber ich trau mich nicht, mit ihm zu
spielen. Er ist doch ein Junge. Kein Mädchen aus meiner Klasse spielt mit
Jungs. Außerdem werde ich immer gleich rot, wenn er mich anspricht, und
das ist peinlich.
Konrad wohnt auch in unserer Siedlung. Die Wohnungen sind alle gleich:
klein, alt und dunkel. An den Häusern ist die Farbe schon abgeblät-
tert. Zwischen den Wohnblocks sind schmale Rasenstreifen, da
sind Wäscheleinen gespannt, und es ste-
hen Mülltonnen am Rand.

Merle wohnt nicht bei uns im
Viertel. Sie wohnt in einer
gelben Villa mit einem
großen Garten drum
herum.
»Bist du neidisch?«

Was ist das denn für eine feine, leise Stimme? »Wer spricht denn da?«

»Ich bin es, ein Nachtfalter. Ich bin hier über deinem Bett. Nein, mach kein Licht, das lenkt mich nur ab, und ich muss immerzu wild um die Lampe flattern, ob ich will oder nicht.«

»Nein, mach nur kein Licht. Das würde mich zum Erlöschen bringen.«

»Noch jemand! Wer bist denn du?«

»Ein Mondstrahl. Ich falle durch dein Fenster, schräg von oben auf den bunten Flickenteppich vor deinem Bett.«

»Du bist aber schön!«

»Danke!«

Ich strecke meinen nackten Fuß unter der Bettdecke hervor und halte ihn in den Mondstrahl.

»Bist du nun neidisch auf Merle oder nicht?«, wiederholt der Nachtfalter seine Frage.

»Ein bisschen schon«, gebe ich zu.

»Und warum?«

»Sie hat so schöne Sachen. Und so tolle Kleider!«

»Das sind Äußerlichkeiten«, sagt der Mondstrahl. »Es zählt nur die Merle, die darin steckt. Würdest du mit der befreundet sein wollen?«

Ich denke einen Moment lang nach. »Eigentlich nicht«, sage ich dann.

»Na, siehst du«, sagt der Mondstrahl.

»Aber die anderen mögen sie alle. Nie ist sie allein. Sie hat ganz viele Freundinnen«, sage ich.

»Ob das echte Freundinnen sind, weiß man nicht«, sagt der Nachtfalter. »Man hat doch meistens nur einen oder höchstens zwei beste Freunde, mehr sind gar nicht zu schaffen.«

Ja, das stimmt. Man braucht Zeit für beste Freunde, um ihnen etwas von sich zu erzählen oder ihnen zuzuhören, um etwas mit ihnen zu unternehmen oder sich Überraschungen für sie auszudenken.

»Aber wie findet man beste Freunde?«

»Es passiert irgendwie«, sagt der Mondstrahl, »wie von selbst. Man muss sich gar nicht dafür anstrengen. So ist es mir jedenfalls mit Veronika gegangen. Das ist meine beste Freundin.«

»Ist sie auch ein Mondstrahl?«, frage ich.

»Nein, eine Feldmaus.«

»Was? Das finde ich aber komisch. Wie kann ein Mondstrahl mit einer Maus befreundet sein?«

»Das ist gar nicht komisch«, antwortet der Nachtfalter. »Mein bester Freund ist ein alter Gummistiefel.«

»Nicht wahr!«

»Doch!«

Und dann erzählen sie.

Zuerst der Mondstrahl.

»Eines Nachts, als ich weit weg von der Stadt einen Feldrand beleuchtete, kam eine kleine haselnussbraune Maus angerannt, die trug ein Tütü und rote Schuhe. Sie verbeugte sich nach allen Seiten und begann zu tanzen, denn sie hielt mich für einen Theaterscheinwerfer. Seit dieser Nacht sind wir befreundet. Veronika bereitet sich auf die Aufnahmeprüfung am städtischen Theater vor. Dort will sie als Tänzerin anfangen.

Die anderen Mäuse lachen sie aus. Keine glaubt, dass sie es schaffen könnte. Aber sie lässt sich nicht entmutigen. Wenn ich sie beleuchte, ist es für sie wie auf einer Bühne.«

Und nun ist der Nachtfalter dran.

»Mein Gummistiefelfreund schützt mich vor dem hellen Tag und vor hungrigen Vögeln. Er ist allein, seine andere Hälfte, mit der er glücklich verheiratet war, ist verloren gegangen. Nur ein Stiefel, was soll man damit! So hat man ihn hinter

einem Schuppen abgestellt, um ihn in den Müll zu werfen. Aber die Müllabfuhr hat gestreikt, und man hat ihn dort vergessen. Ich tröste ihn und erzähle ihm Geschichten von meinen nächtlichen Erlebnissen, und der Gummistiefel erzählt mir Geschichten von seiner Frau, die er sehr geliebt hat, die so schön glänzte, als sie neu war, und so schön nach Gummi roch, und auch von dem Mann, der früher mit ihm und seiner Stiefelfrau herumgelaufen ist durch Matsch und Schnee. Und am Morgen, da falte ich ihm die Nacht zusammen, damit er wach wird, und am Abend, kurz bevor ich aufbreche, entfalte ich ihm die Nacht wieder, damit er gut schläft. Wozu bin ich schließlich ein Nachtfalter?«

»Eine tanzende Maus und ein alter Gummistiefel, das sind wirklich ganz besondere Freunde! Solche werde ich nie haben. Ich könnte ja nicht einmal mit ihnen reden!«

»Warum nicht? Du redest ja auch mit uns«, sagt der Mondstrahl. »Und wir sind doch deine Freunde! Zumindest für diese Nacht.«

»Wie gerne würde ich allen davon erzählen! Aber niemand würde es glauben.«

»Hauptsache, du weißt, dass es stimmt«, sagt der Nachtfalter.

Da klopft etwas ans Fenster.

»Was mag das sein? Oder wer? Mein Zimmer ist im zweiten Stock.«

»Ach, das ist Gundula, die Posteule«, sagt der Mondstrahl. »Sie hat wohl einen Brief für dich!«

Gundula pocht noch einmal an die Scheibe.

»Entschuldigt«, sage ich, denn der Nachtfalter und der Mondstrahl mögen ja kein Licht, knipse die Nachttischlampe an und öffne das Fenster einen Spalt.

»Bist du Tini?«, fragt Gundula.

»Ja«, sage ich.

»Dann ist der Brief für dich.«

»Aber von wem ist er?«

»Schau nach, schau nach!«, ruft sie im Wegfliegen, und es hört sich an, als wären ihre Flügel aus Samt. »Muss weiter, muss weiter!« Aus der Ferne klingt es wie *Schuhu, schuhu*!

Ja, der Brief ist wirklich für mich! *An Tini*, steht da, *Siedlung Lämmerfeld, Haus Nr. 8, 2. Stock, drittes Fenster von links*. Ich falte das Papier auseinander.

Hallo Tini,
magst du morgen nach der Schule mit mir in den Zoo gehen? Wenn alle anderen Merles Geburtstag feiern? Ich habe zwei Karten.
Viele Grüße – Konrad

Ich schaue hinaus in die Nacht. Konrad wohnt in dem Haus hinter den Wäscheleinen. Da brennt noch Licht in einem Fenster. Und dort steht eine Gestalt, die schaut zu mir herüber und winkt.

Genau erkennen kann ich die Gestalt nicht.

Ich weiß trotzdem, dass es Konrad ist.

Da hebe ich die Hand und winke zurück.

Der Nachtfalter fliegt wie verrückt um die Nachttischlampe. Der Mondstrahl ist nicht mehr zu sehen. Ich lösche schnell das Licht.

»Endlich!«, sagt der Nachtfalter außer Atem. »Ich konnte schon nicht mehr!«

»Und ich bin wieder sichtbar, aber nur noch im Fensterwinkel«, sagt der Mondstrahl. »Gleich bin ich verschwunden. Mein Chef, der Mond, zieht weiter. Aber vorher möchte ich noch wissen, ob du wohl mit Konrad in den Zoo gehen wirst?«

»Ja«, sage ich, »wenn ein Mondstrahl mit einer Maus und ein Nachtfalter mit einem Gummistiefel befreundet sein kann, dann kann ich ja wohl auch einen Jungen zum Freund haben. Das ist sowieso cool.«

»Finde ich auch«, sagt der Mondstrahl. »Meine Gratulation!«

»Bravo, bravissimo!«, ruft der Nachtfalter begeistert.

»Mein Chef wird ungeduldig, und Veronika wartet«, sagt der Mondstrahl. »Ich schaue demnächst mal wieder vorbei.«

Ich winke ihm nach, und der Nachtfalter umflattert den Rest von seinem Schein.

»Faltest du morgen früh die Nacht für mich zusammen?«, frage ich.

»Na klar«, sagt der Nachtfalter, »das mache ich gern. Wozu sonst bin ich wohl da?«

Nein, heute war kein schöner Tag. Aber die Nacht, die ist wunderbar.

Astrid Lindgren

Im Land der Dämmerung

Manchmal sieht Mama so richtig traurig aus. Daran ist nur mein Bein schuld. Ein ganzes Jahr lang habe ich nun dieses kranke Bein. So lange liege ich schon im Bett. Ich kann überhaupt nicht gehen. Das macht Mama traurig. Einmal hörte ich sie zu Papa sagen: »Weißt du, ich glaube, Göran wird niemals wieder gehen können.«

Das sollte ich natürlich nicht hören.

Den ganzen Tag liege ich in meinem Bett und lese oder male und baue mit dem Stahlbaukasten. Wenn es dämmerig wird, kommt Mama herein und fragt:

»Wollen wir Licht machen, oder willst du Dämmerstunde halten wie immer?«

Und dann antworte ich, dass ich Dämmerstunde halten will wie immer. Mama geht wieder in die Küche.

Und in dem Augenblick klopft Herr Lilienstengel ans Fenster. Herr Lilienstengel gehört zum Volk der Dämmerung. Er wohnt im Land der Dämmerung. Man nennt es auch das Land, Das Nicht Ist. Jeden Abend nimmt mich Herr Lilienstengel mit ins Land der Dämmerung. Nie werde ich vergessen, wie er mich das erste Mal abholte. Das war übrigens genau an dem Tag, als Mama gesagt hatte, ich werde wohl niemals wieder gehen können. Und so ist es zugegangen:

Es begann zu dämmern. In den Zimmerecken war es schon ganz dunkel. Ich wollte kein Licht haben, weil ich gerade gehört hatte, was Mama zu Papa draußen in der Küche gesagt hatte, und ich lag da und dachte nach, ob ich

wirklich nie mehr würde gehen
können, und ich dachte auch an
die Angel, die ich zu meinem
letzten Geburtstag bekommen
hatte und die ich nun vielleicht
nie benutzen konnte, und ja, es
ist schon möglich, dass ich ein
bisschen geweint habe.

Da hörte ich am Fenster ein Klopfen. Wir wohnen oben, im dritten
Stock. Deshalb wunderte ich
mich. Wer in aller Welt konnte da
draußen ans Fenster klopfen?

Es war kein anderer als Herr Lilienstengel! Er kam geradewegs durchs
Fenster. *Obwohl das Fenster geschlossen war.*

Er war ein sehr kleiner Herr mit einem karierten
Anzug und einem hohen schwarzen Hut auf dem Kopf. Er
nahm den Hut ab und verbeugte sich.

Ich verbeugte mich auch – so gut ich es in meinem Bett konnte.

»Mein Name ist Lilienstengel«, sagte er. »Ich spaziere überall hier in der
Stadt so ein bisschen an den Fenstern vorbei, um nachzusehen, ob es Kinder
gibt, die ins Land der Dämmerung wollen. Vielleicht möchtest du?«

»Ich kann leider nirgendwo hingehen«, sagte ich. »Ich habe ein krankes
Bein.«

Aber da kam Herr Lilienstengel zu mir und nahm mich bei der Hand.

»Spielt keine Rolle«, sagte er. »Spielt gar keine Rolle im Land der Dämmerung.«

Und so stiegen wir beide durchs Fenster, ohne es zu öffnen. Auf dem Fens-
tersims blieben wir stehen und sahen uns um. Da lag Stockholm in der

Dämmerung, in einer ganz weichen blauen Dämmerung.
Auf den Straßen war kein Mensch zu sehen.
»Jetzt fliegen wir«, sagte Herr Lilienstengel.

Und das taten wir. Wir flogen bis hinauf
zum Turm der Klara-Kirche.

»Ich will nur mal kurz ein paar Worte
mit dem Wetterhahn reden«, sagte Herr
Lilienstengel.

Aber der Wetterhahn war nicht da.

»Er macht sicher seine Dämmerrunde«, sagte Herr Lilienstengel. »Er wird irgendwo herumflattern, um hier im
Klara-Viertel zu sehen, ob es Kinder gibt, die ins Land
der Dämmerung wollen. Komm, wir fliegen weiter.«
Wir landeten auf einem Baum im Kronobergspark. Auf
den Bäumen dort wuchsen rote und gelbe Bonbons.
»Iss«, sagte Herr Lilienstengel.
Und das tat ich. So gute Bonbons habe ich noch nie
gegessen.
»Hast du Lust, mal eine Straßenbahn zu steuern?«,
fragte Herr Lilienstengel.
»Das kann ich nicht«, sagte ich. »Das habe ich noch
nie versucht.«

»Spielt keine Rolle«, sagte Herr Lilienstengel. »Spielt gar keine Rolle im Land der Dämmerung.«

Da flogen wir zur Sankt-Erik-Straße hinunter und stiegen in einen Straßenbahnwagen der Linie 4. Wir stiegen ganz vorn ein. In der Straßenbahn waren keine Menschen – keine gewöhnlichen Menschen, meine ich. Aber sie war voll von lauter wunderlichen kleinen Männlein und Weiblein.

»Sie gehören alle zum Volk der Dämmerung«, sagte Herr Lilienstengel.

Einige Kinder waren auch dabei. Ein Mädchen erkannte ich. Sie war in der Klasse unter mir gewesen – damals, als ich noch zur Schule gehen konnte. Ich erinnere mich, dass sie immer so nett ausgesehen hatte. So sah sie jetzt übrigens auch noch aus.

»Sie ist schon lange hier bei uns im Land der Dämmerung«, sagte Herr Lilienstengel.

Ich brachte die Straßenbahn in Gang. Es ging so leicht, als ob es gar nichts wäre. Sie ratterte los, dass es nur so um sie pfiff. An keiner Haltestelle hielten wir an, denn es gab niemanden, der aussteigen wollte. Sie fuhren alle nur mit, weil es Spaß machte, und niemand wollte an einer bestimmten Haltestelle aussteigen. Ich fuhr über die Westbrücke, da sprang die Bahn plötzlich aus dem Gleis und ins Wasser.

»Was nun?«, schrie ich.

»Spielt keine Rolle«, sagte Herr Lilienstengel. »Spielt gar kein Rolle im Land der Dämmerung.«

Die Straßenbahn fuhr im Wasser beinah noch besser. Es machte richtig Spaß, sie zu steuern. Wir landeten an der Nordbrücke, und da sprang die Bahn an Land. Immer noch waren keine Menschen zu sehen.

Die leeren Straßen und dazu diese geheimnisvolle blaue Dämmerung waren sehr seltsam. Herr Lilienstengel und ich stiegen am Schloss aus. Wer die Straßenbahn weitersteuerte, weiß ich nicht.

»Jetzt gehen wir hinauf und besuchen den König«, sagte Herr Lilienstengel.

»Nur zu«, sagte ich.

Ich dachte natürlich, er meinte den gewöhnlichen König. Aber das war ein Irrtum. Wir gingen durch ein Tor, eine Treppe hinauf und in einen großen Saal hinein. Dort saßen auf zwei goldenen Thronsesseln ein König und eine Königin. Der König trug ein Gewand aus Gold und die Königin ein Gewand aus Silber. Und ihre Augen – nein, niemand kann ihre Augen beschreiben. Wenn sie mich damit ansahen, lief es mir wie Feuer und Eis den Rücken entlang.

Herr Lilienstengel verneigte sich tief und sagte: »Oh, König vom Land der Dämmerung, oh, Königin vom Lande, Das Nicht Ist! Darf ich Euch Göran Petterson vom Karlbergsweg vorstellen?«

Der König sprach mit mir, es hörte sich an, als rausche ein riesiger Wasserfall. Aber ich weiß nicht mehr, was er gesagt hat. Um den König und die Königin herum standen eine Menge Hofdamen und Hofherren. Plötzlich begannen sie zu singen. Und es war ein Gesang, wie er in der Stadt Stockholm wohl noch nie zu hören gewesen ist. Man hatte das Gefühl, als liefe einem noch viel mehr Feuer und Eis den Rücken entlang, wenn man ihn hörte.

Der König nickte und sagte: »So singen wir im Land der Dämmerung. So singen wir im Land, Das Nicht Ist.«

Eine Weile später standen Herr Lilienstengel und ich wieder unten an der Nordbrücke.

»Nun bist du bei Hofe eingeführt«, sagte Herr Lilienstengel.

Und dann sagte er: »Jetzt fahren wir zum Volkspark. Hast du Lust, einen Autobus zu fahren?«

»Ich weiß nicht, ob ich das kann«, sagte ich. Denn ich glaubte, das sei sicher schwerer, als eine Straßenbahn zu steuern.

»Spielt keine Rolle«, sagte Herr Lilienstengel. »Spielt gar keine Rolle im Land der Dämmerung.«

Und – wupps! – stand da schon ein roter Autobus. Wir stiegen ein, und ich setzte mich ans Steuer und trat auf das Gaspedal. Ich konnte ganz großartig fahren. Ich fuhr schneller, als jemals ein Mensch vor mir gefahren ist, und hupte, dass es sich anhörte, als sei es ein Krankenwagen. Wenn man in den Volkspark hineinkommt, liegt linker Hand ein Stück den Hügel hinauf der Seerosenhof. Es ist ein hübscher alter Bauernhof mit einem Rasen davor. Früher lag dieses Gehöft einmal in Härjedalen. Als Herr Lilienstengel und ich zum Seerosenhof kamen, saß dort auf der Vortreppe ein Mädchen. Wir gingen auf sie zu und begrüßten sie.

»Guten Tag, Kristina«, sagte Herr Lilienstengel. Kristina war sehr eigenartig angezogen.

»Warum trägt sie solche Kleider?«, fragte ich.

»Solche Kleider trugen sie früher in Härjedalen, als Kristina auf dem Seerosenhof wohnte«, erklärte Herr Lilienstengel.

»Früher …«, sagte ich. »Wohnt sie denn jetzt nicht hier?«

»Nur in der Dämmerstunde«, antwortete Herr Lilienstengel. »Sie gehört zum Volk der Dämmerung.«

Von drinnen war Musik zu hören, und Kristina bat uns hinein.

Im Haus waren drei Musikanten, die Geige spielten, und viele Menschen, die tanzten. Im offenen Kamin brannte ein Feuer.

»Was sind das hier für Leute?«, fragte ich.

»Sie haben in den alten Zeiten auf dem Seerosenhof gewohnt«, sagte Herr Lilienstengel. »Und jetzt treffen sie sich hier in der Dämmerstunde und sind fröhlich.«

Kristina tanzte mit mir. Denkt nur, dass ich so gut tanzen konnte, ich, mit meinem Bein!

Nach dem Tanz aßen wir lauter gute Sachen, die auf einem Tisch angerichtet waren. Fladenbrot und Molkenkäse und Rentierbraten und ich weiß nicht, was noch alles. Ich war hungrig, und es schmeckte großartig.

Ich wollte aber gern noch mehr sehen vom Volkspark, und Herr Lilienstengel und ich gingen weiter. Genau vor dem Seerosenhof kam uns ein Elch entgegen.

»Was ist denn?«, fragte ich verwundert. »Ist er ausgebrochen?«

»Im Land der Dämmerung sind alle Elche frei«, sagte Herr Lilienstengel. »Im Land, Das Nicht Ist, hält man keinen Elch eingesperrt.«

»Und das spielt gar keine Rolle«, sagte der Elch.

Ich war kein bisschen erstaunt, dass er sprechen konnte.

Im Gartenrestaurant, in dem Papa und Mama und ich sonntags manchmal Kaffee getrunken haben, als mein Bein noch gesund war, kamen zwei süße Bärenkinder angetrottet. Sie setzten sich an einen Tisch und schrien laut, sie wollten Limonade haben. Und da kam eine riesengroße Limonadenflasche durch die Luft geflogen und landete vor den Bärenkindern auf dem Tisch. Eins nach dem anderen tranken sie aus der Flasche. Hinterher nahm der eine kleine Bär die Flasche und goss dem anderen Limonade über den Kopf. Obwohl der ganz nass wurde, lachte er bloß und sagte: »Spielt keine Rolle. Spielt gar keine Rolle im Land der Dämmerung.«

Herr Lilienstengel und ich wanderten noch lange umher und betrachteten all die Tiere, die da herumspazierten, wie sie wollten.

Kein Mensch war zu sehen, kein *gewöhnlicher* Mensch, meine ich. Schließlich fragte mich Herr Lilienstengel, ob ich sehen möchte, wo er wohne.

»Ja, gern«, sagte ich.

»Dann fliegen wir jetzt mal zu mir nach Hause«, sagte er.

Und das taten wir. Abseits von den anderen Häusern im Volkspark lag ein kleines, gelb angestrichenes Häuschen inmitten einer Fliederhecke. Ein schmaler Weg führte von der Veranda hinunter zum See. Dort unten war ein Bootssteg, und an dem Steg lag ein Boot. Das ganze Haus und das Boot und überhaupt alles war natürlich viel kleiner als gewöhnliche Häuser und Boote. Denn Herr Lilienstengel war doch so ein kleiner Herr. Jetzt erst bemerkte ich, dass ich genauso klein war.

»Hier ist es ja wunderschön«, sagte ich. »Wie heißt denn das kleine Haus?«

»Villa Lilienruh«, antwortete Herr Lilienstengel.

Der Flieder duftete so gut, und die Sonne schien, und das Wasser gluckste gegen das Ufer. Und auf dem Steg lag eine Angel. Ja, die Sonne schien. War das nicht merkwürdig? Ich spähte durch die Fliederhecke, und ich sah da draußen noch immer diese blaue Dämmerung.

»Die Sonne scheint allezeit über Villa Lilienruh«, sagte Herr Lilienstengel. »Der Flieder blüht immer. Vor dem Steg beißen dauernd die Barsche an. Willst du nicht manchmal herkommen und angeln?«

»O ja, das will ich gern«, sagte ich.

»Aber ein andermal, nicht heute«, meinte Herr Lilienstengel. »Bald ist die Dämmerstunde zu Ende. Wir müssen nach Hause zum Karlbergsweg fliegen.«

Und das taten wir. Wir flogen über die Eichen des Tiergartens und hoch über spiegelndes Wasser und flogen hoch über die Stadt hinweg. In den Wohnungen wurde nun Licht angemacht. Nie habe ich gewusst, dass es so etwas Schönes gibt wie die Stadt dort unter mir in der Dämmerung.

Am Karlbergsweg wird jetzt ein Schacht für die Untergrundbahn gebaut. Manchmal hat mich Papa zum Fenster getragen, damit ich die großen Bagger sehen konnte, die dort Kies und Steine tief aus der Erde holen.

»Willst du auch mal etwas Kies mit dem Kran herausholen?«, fragte mich Herr Lilienstengel, als wir zum Karlbergsweg kamen.

»Ich glaube nicht, dass ich mit dem Mechanismus zurechtkomme«, antwortete ich.

»Spielt keine Rolle«, sagte Herr Lilienstengel. »Spielt gar keine Rolle im Land der Dämmerung.«

Und ich kam natürlich mit dem Mechanismus zurecht. Es war ja so leicht! Einen Greifer Kies nach dem anderen holte ich hoch und ließ den Kies auf einen Lastwagen fallen, der dort stand. Das machte Spaß! Aber plötzlich sah ich einige kleine, wunderliche Greise mit roten Augen zu mir heraufsehen aus einem Loch tief unten, wo die Untergrundbahn einmal fahren soll.

»Das sind die Unterirdischen«, sagte Herr Lilienstengel. »Auch sie gehören zum Volk der Dämmerung. Sie haben große, weite Säle dort unten, die von Gold und Diamanten leuchten. Ein andermal darfst du mit dort hinkommen.«

»Aber wenn nun der Tunnel gerade durch ihre Säle gesprengt wird?«

»Spielt keine Rolle«, sagte Herr Lilienstengel. »Spielt gar keine Rolle im Land der Dämmerung. Die Unterirdischen ziehen einfach mit ihren Sälen um, wenn es sein muss.«

Dann flogen wir durch unser geschlossenes Fenster, und ich plumpste in mein Bett.

»Morgen in der Dämmerstunde sehen wir uns wieder«, sagte Herr Lilienstengel. Und dann war er verschwunden. Und gerade da kam Mama herein und machte Licht.

Das war das erste Mal, dass ich Herrn Lilienstengel traf. Jetzt kommt er jeden Tag und holt mich ab ins Land der Dämmerung. Oh, es ist ein so wunderbares Land! Es ist so herrlich, dort zu sein. Es macht gar nichts, wenn man ein krankes Bein hat. Denn im Land der Dämmerung kann man fliegen.

Illustratorenverzeichnis

Stéffie Becker wurde 1977 in Paris geboren. Mit fünf Jahren kam der Umzug nach Deutschland – Zeichenstifte und viele Bücher im Gepäck! Zeichnen, lesen und die Natur erkunden waren ihre liebsten Beschäftigungen. Später studierte sie Kommunikationsdesign in Trier. Ihre Leidenschaft für Bücher ließ sie jedoch nie los, und so machte sich 2002 als Illustratorin selbständig. Ihre Söhne teilen ihre Liebe zu Büchern und lümmeln gerne gemeinsam auf dem Sofa herum und lesen. Nur wenn die Sonne scheint und die Bienen summen, dann stürmen sie nach draußen!

Dorothée Böhlke hat ihre große Liebe zu Büchern und Bildern schon früh entdeckt. In ihrer Familie wurde – zum Glück! – vorgelesen. Bald verspürte sie den Drang, selbst lesen zu lernen. Und tolle Geschichten zu erfinden und zu zeichnen. Ein selbstgebasteltes Buch als Geschenk für ihre Eltern machte den Anfang. Von da an war ihr Weg eigentlich vorbestimmt: In Hamburg studierte sie Illustration und Kommunikationsdesign. Dort illustriert und schreibt sie heute ein Kinderbuch nach dem anderen. Wenn es warm ist, schaukelt sie in einer Hängematte auf ihrem Südbalkon, kritzelt immer mal etwas und spielt zwischendurch Ukulele.

Kai Schüttler wurde 1988 in Münster geboren. Hier studierte er an der Fachhochschule Design mit dem Schwerpunkt Illustration. Seit 2013 ist er als selbstständiger Illustrator tätig. Seine Illustrationen entwirft und zeichnet er meistens mit Bleistift und Papier, die Farbe kommt später am Computer hinzu. Neben der Arbeit an Büchern, erstellt er Illustrationen für Zeitschriften, Plakate und CD's. Sein Arbeitszimmer hat er unter dem Dach. Wenn er mal nicht arbeitet, spielt er an seiner Playstation, guckt Serien, mäht den Rasen oder feilt an seinen eigenen Geschichten. Außerdem gibt er Zeichenkurse an der Volkshochschule.

Autorenverzeichnis

Anne Ameling, geboren 1976 im Münsterland, studierte Geschichte, Anglistik und Romanistik in Köln, wo sie bis heute lebt. Sie arbeitete zunächst in einem Kölner Verlag, ist jedoch seit 2007 freiberuflich als Lektorin und Übersetzerin tätig. Irgendwann flog ihr dabei eine kleine Muse namens Walter zu, die behauptete, Experte für sprechende Tiere, Fabelwesen und Zaubergegenstände aller Art zu sein. Seitdem schreibt sie auch Kinderbücher.

Marliese Arold, geboren 1958 in Erlenbach am Main, studierte Bibliothekswesen und veröffentlichte 1983 ihr erstes Kinderbuch. Seitdem hat sie zahlreiche erfolgreiche Bilder-, Kinder- und Jugendbücher geschrieben, die bislang in 20 Sprachen übersetzt wurden. Ihre Themen sind vielfältig: Sie erzählt von witzigen Alltagserlebnissen, entwirft fantasievolle Abenteuergeschichten und schreibt realistische Problembücher. In ihren Lesungen diskutiert sie mit den Teilnehmern und erzählt davon, wie ein Buch entsteht. »Ich möchte«, so Marliese Arold, »den Spaß, den ich beim Schreiben habe, an meine Leser weitergeben, sie mit originellen Einfällen überraschen und in ihren Köpfen neue Welten entstehen lassen.«

Margit Auer liebt es, sich Geschichten auszudenken! Besonders viel Spaß hat sie an Geschichten, in denen Tiere anfangen zu sprechen und zu allerbesten Freunden werden. Nach dem Abitur arbeitete Margit Auer als Journalistin. Inzwischen sind ihre Bücher so erfolgreich, dass sie hauptberuflich Schriftstellerin ist. Ihre Reihe »Die Schule der magischen Tiere« wird von Kindern auf der ganzen Welt gelesen. Margit Auer lebt mit ihrer Familie in Oberbayern.

Martin Baltscheit, geboren 1965, studierte Kommunikationsdesign und ist Illustrator, Sprecher, Buch-, Hörspiel- und Theaterautor. Für seine Arbeiten erhielt er zahlreiche Preise, darunter alle deutschen Staatspreise, wie den

Deutschen Jugendliteraturpreis, den Deutschen Kurzfilmpreis und den Deutschen Jugendtheaterpreis. Martin Baltscheit lebt mit seiner Familie in Düsseldorf.

Marlies Bardeli ist auf einem Bauernhof in Norddeutschland aufgewachsen. Sie hat Musik und Germanistik studiert und neben Drehbüchern für Kinderprogramme des Fernsehens, Theaterstücken und Songkompositionen acht Kinderbücher geschrieben, die in mehrere Sprachen übersetzt und mit Preisen ausgezeichnet wurden. Sie lebt mit ihrer Familie in Reinbek bei Hamburg.

Kirsten Boie ist eine der renommiertesten, erfolgreichsten und vielseitigsten deutschen Kinder- und Jugendbuchautorinnen. Sie wurde 1950 in Hamburg geboren, studierte dort Germanistik und Anglistik. Nach dem ersten Staatsexamen in den Fächern Deutsch und Englisch promovierte sie im Fach Literaturwissenschaft über die frühe Prosa Bertolt Brechts. Sie arbeitete als Lehrerin in einem Gymnasium, wechselte auf eigenen Wunsch später an eine Gesamtschule. 1983 adoptierte sie mit ihrem Mann ihr erstes Kind. Auf Verlangen des vermittelnden Jugendamtes musste sie ihre Berufstätigkeit aufgeben – so waren die Zeiten damals –, um sich ganz dem Kind widmen zu können. Inspiriert durch die eigene Situation, schrieb sie so ihr erstes Kinderbuch »Paule ist ein Glücksgriff«. Ihr Debüt wurde ein beispielloser Erfolg. Und Kirsten Boie selbst erwies sich als Glücksfall für die deutsche Kinder- und Jugendliteratur.
Inzwischen sind von Kirsten Boie weit mehr als 100 Bücher erschienen und in zahlreiche Sprachen übersetzt worden, die von ihrer enormen literarischen Vielseitigkeit, großem Einfühlungsvermögen, vor allem aber von ihrem sozialen Engagement Zeugnis geben.

Mareike Brombacher ist Jahrgang 1972 und lebt an der Ostsee. Neben ihrem hauptberuflichen Engagement für Flüchtlinge arbeitet sie als freiberufliche Autorin. Die studierte Diplom-Pädagogin ist Journalistin (M. A.) und hat viele Jahre für verschiedene Hörfunkanstalten gearbeitet. Außer Kindergeschichten schreibt sie Kurzgeschichten sowie pädagogisches Arbeitsmaterial für Erzieherinnen.

Die Autoren **Lisa-Marie Dickreiter** und **Andreas Götz** sind schon seit vielen Jahren befreundet, aber erst jetzt haben sie sich mit »Ein turbulenter Spaziergang mit Uropa Rudi« zusammen eine Geschichte für Kinder ausgedacht. Das gemeinsame Erfinden und Schreiben hat ihnen so viel Spaß gemacht, dass sie bald ein ganzes Kinderbuch in Angriff nehmen wollen.

Cornelia Franz wurde in Hamburg geboren. Nach dem Studium der Germanistik und Amerikanistik, vielen abenteuerlichen Reisen sowie diversen Jobs machte sie eine Ausbildung zur Verlagsbuchhändlerin und arbeitete mehrere Jahre als Verlagslektorin für Reiseführer und Kunstbücher. Seit 1993 schreibt sie vor allem Kinder- und Jugendbücher sowie Reiseführer. Als Mitbegründerin des »Hamburger VorleseVergnügens« setzt sie sich für die Leseförderung ein.

Cornelia Funke, eine der bekanntesten deutschen Autorinnen von Kinder- und Jugendliteratur, hat erst nach einer Ausbildung zur Diplom-Pädagogin und einem anschließenden Grafikstudium angefangen zu schreiben. Texte zu Bilderbüchern, Bücher zum Vorlesen, für Leseanfänger und Leseratten entstanden und wurden zum größten Teil auch von ihr selbst illustriert; einige ihrer Romane sind Familienbücher im besten Sinne. Zu großen internationalen Erfolgen wurden »Herr der Diebe«, »Drachenreiter« sowie die Tintenwelt-Trilogie »Tintenherz«, »Tintenblut« und »Tintentod«.
Cornelia Funke lebt mit ihrer Familie in Los Angeles, Kalifornien.

Josef Guggenmos wurde am 2. Juli 1922 in Irsee im schwäbischen Allgäu geboren, in einem Haus, in dem schon sein Urgroßvater lebte und das auf einer Anhöhe am Waldrand lag. Sichtlich geprägt hat ihn seine naturnahe Kindheit. Nach Kriegsende widmete er sich dem Studium der Germanistik und der Kunstgeschichte. 1950 ging er für ein Jahr nach Finnland. Zurück in Deutschland, arbeitete er als Lektor und Übersetzer für Verlage und lebte an wechselnden Orten, Ende der 50er-Jahre kehrte er jedoch in sein Elternhaus in Irsee zurück, wo er fortan mit seiner Familie lebte. Am 23. September 2003 starb Josef Guggenmos in Irsee. 1956 erschienen seine ersten Verse für Kinder: ein Heftchen von 48 Seiten mit dem Titel »Lustige Verse für kleine Leute«. 1967 kam dann der Durchbruch: Der Gedichtband »Was denkt die Maus am Donnerstag« erschien und wurde mit dem Deutschen Jugendliteraturpreis ausgezeichnet. »Gorilla ärgere dich nicht« (1971) wurde von der Kritik als Höhepunkt deutscher Kinderlyrik bezeichnet. Josef Guggenmos hat mehr als 80 Bücher veröffentlicht. Guggenmos wurde mit etlichen Literaturpreisen ausgezeichnet, seine Verse sind in unzähligen Anthologien und Lesebüchern vertreten.

Janosch wurde am 11. März 1931 als Horst Eckert in Oberschlesien geboren. 1960 erschien sein erstes Kinderbuch »Die Geschichte von Valek, dem Pferd« bei dem mit ihm befreundeten Verleger Georg Lentz, 1970 sein erster Roman »Cholonek oder Der liebe Gott aus Lehm«. 1978 gelang ihm nach vielen Jahren der Erfolglosigkeit mit »Oh, wie schön ist Panama« der Durchbruch. Neben seinen Kinderbüchern hat Janosch zahlreiche Romane und Theaterstücke für Erwachsene verfasst, in denen er sich mit ernsthaften Themen wie Religion, der Frage nach dem Sinn des Lebens und wahrer Lebenskunst beschäftigt. Er selbst hat das Ziel eines erfüllten Lebens auf der kanarischen Insel Teneriffa erreicht, wo er seit Beginn der 80er-Jahre lebt. Janoschs Werk wurde weltweit in zahlreiche Sprachen übersetzt. Seine Kinderbücher rangieren in ihrer Bedeutung gleich neben den Erzählungen von

Astrid Lindgren. Der Künstler wurde unter anderem mit dem Deutschen Kinderbuchpreis, dem Prix Jeunesse International, dem Orden de Manuel Amador Guerrero von Panama sowie mit dem Bundesverdienstkreuz ausgezeichnet.

Erich Kästner (1899–1974) wurde in Dresden geboren. Nach Militärdienst und dem Ende des Ersten Weltkrieges studierte er Geschichte, Philosophie, Germanistik und Theaterwissenschaft und promovierte. Er arbeitete als freier Journalist und Theaterkritiker für verschiedene Zeitungen und Magazine. 1929 veröffentlichte er sein erstes Kinderbuch »Emil und die Detektive«, das in Deutschland millionenfach verkauft und in rund 60 Sprachen übersetzt wurde. Nach der Machtübernahme der Nationalsozialisten wurde Erich Kästner aus dem Schriftstellerverband ausgeschlossen, seine Bücher wurden verbrannt. Nach Ende des Zweiten Weltkrieges widmete sich Erich Kästner vorwiegend dem literarischen Kabarett und der Kinderliteratur, für die er u.a. mit dem internationalen Hans-Christian-Andersen-Preis ausgezeichnet wurde. Längst gehören seine Romane zu den Klassikern im Kinderzimmer und faszinieren unvermindert Leser und Publikum, im Buch, auf der Bühne und auf der Kinoleinwand.

Maren von Klitzing wuchs in Italien, der Schweiz, den Niederlanden und Hamburg auf. Im Alter von vier Jahren beeindruckte sie ihre norddeutschen Verwandten durch freie Nacherzählungen Grimm'scher Märchen auf schwyzerdütsch (unterm Esstisch). Das Schweizerdeutsch verlernte sie wieder, die Liebe zu Geschichten blieb. Maren von Klitzing arbeitete mehrere Jahre als Redakteurin für ein Kinder- und Umweltmagazin. Danach fing sie an, eigene Kinder- und Jugendbücher zu schreiben. Unter anderem verfasste sie mehrere Vorlesebücher für kleinere Kinder, die im ellermann Verlag erschienen. Mit ihrer Familie lebt und arbeitet sie in Hamburg.

James Krüss (1926–1997), auf der Nordseeinsel Helgoland geboren und aufgewachsen, absolvierte eine Lehrerausbildung, bevor er 1949 nach Süddeutschland ging. Dort schrieb er als freier Autor für Rundfunk und Zeitschriften. 1953 veröffentlichte er sein erstes Bilderbuch, 1956 seinen ersten Erzählband »Der Leuchtturm auf den Hummerklippen«, der sogleich für den in jenem Jahr erstmals vergebenen Deutschen Jugendliteraturpreis nominiert wurde. Diesen erhielt er dann 1960 für »Mein Urgroßvater und ich«. James Krüss errang durch zahlreiche weitere Bücher und durch seine Präsenz in der Öffentlichkeit auf Lesungen und im Fernsehen große Popularität. In den 60er-Jahren moderierte er u. a. die beliebte Fernsehsendung »James' Tierleben«. James Krüss, der Junge von der Nordseeinsel Helgoland, lebte seit 1966 auf der spanischen Insel Gran Canaria, wo er 1997 starb. Der sensible Poet, fantasievolle Erzähler und virtuose Reimkünstler hinterließ ein umfangreiches Werk und gehört nach wie vor zu den bekanntesten deutschen Kinder- und Jugendbuchautoren.

Hartmut El Kurdi wurde 1964 in Amman/Jordanien geboren und wuchs in London und Kassel auf. Nach einem kulturwissenschaftlichen Studium lebt er heute mit Frau und Kind in Hannover. Er schreibt Theaterstücke und Geschichten für Kinder und Erwachsene sowie satirische Kolumnen. Bei Carlsen ist sein Bestseller »Angstmän« erschienen.

Astrid Lindgren wurde am 14. November 1907 nahe der Kleinstadt Vimmerby in Småland geboren. Als ihre Tochter Karin 1941 einmal krank zu Bett lag, bat sie ihre Mutter, sie solle ihr von »Pippi Langstrumpf« erzählen, einem außergewöhnlichen Mädchen, dessen Namen sich Karin spontan ausgedacht hatte. So entdeckte Astrid Lindgren ihren Spaß am Schreiben.
In Deutschland erschien das Buch »Pippi Langstrumpf« erstmals 1949 und bildete den Anfang und Durchbruch des Kinderbuchprogramms des Verlags Friedrich Oetinger.

Dazu gehören Bücher wie die über die Bullerbü-Kinder, Michel und Madita, die das idyllische Leben ihrer schwedischen Kindheit beschreiben, aber auch Geschichten mit gewagten Themen wie Tod und Sterben.

Mittlerweile sind mehr als 90 Bücher von Astrid Lindgren erschienen und weltweit in mehr als 92 Sprachen übersetzt worden. Für ihr Werk erhielt sie im Laufe der Zeit unzählige Preise, unter anderem den Alternativen Nobelpreis, den Deutschen Jugendbuchpreis, den UNESCO Book Award, die Große Goldmedaille der Schwedischen Akademie und den Friedenspreis des Deutschen Buchhandels.

Neben ihrer Tätigkeit als Autorin und Lektorin engagierte sie sich intensiv für die Rechte von Kindern, Gewaltlosigkeit und den Tierschutz.

Ihren Lebensabend verbrachte sie in ihrer Wohnung in der Dalagatan 46 im Vasaviertel in Stockholm, wo sie seit 1941 lebte und am 28. Januar 2002 verstarb.

Katja Ludwig hat ihre Leidenschaft für Kinderliteratur bei einem Seminar an der Akademie für Kindermedien entdeckt. Für ihr Projekt »Abels Arkaden« erhielt sie 2013 den Förderpreis der Mitteldeutschen Medienföderung. Seitdem veröffentlicht sie regelmäßig kurze und lange Geschichten für Kinder. Neben dem Schreiben von Büchern widmet sich Katja Ludwig der Chirurgie. Sie lebt mit ihrer Familie in Berlin und Brandenburg.

Sabine Ludwig, geboren in Berlin, schreibt seit 30 Jahren Geschichten für Kinder und gehört heute zu den erfolgreichsten deutschen Kinderbuchautorinnen. Für ihre Romane wurde sie vielfach ausgezeichnet, unter anderem als Lesekünstlerin. Ihr Buch »Hilfe, ich hab meine Lehrerin geschrumpft« wurde 2015 fürs Kino verfilmt. Sabine Ludwig übersetzt zudem aus dem Englischen und verfasst Hörspiele und Theaterstücke. Ihre Übersetzungen waren bereits zweimal für den Deutschen Jugendliteraturpreis nominiert. Sabine Ludwig lebt in Berlin.

Usch Luhn kommt aus der Steiermark und lebt abwechselnd in Berlin und am Wattenmeer in Ostfriesland. Sie ist Kommunikationswissenschaftlerin, unterrichtet an einer Filmschule und schreibt eigene Filmdrehbücher. Mittlerweile hat sie über 40 Kinder- und Jugendbücher veröffentlicht und ist besonders gerne auf Lesereisen unterwegs.

Paul Maar ist einer der beliebtesten und erfolgreichsten deutschen Kinder- und Jugendbuchautoren. Er wurde 1937 in Schweinfurt geboren, studierte Malerei und Kunstgeschichte und war einige Jahre als Lehrer und Kunsterzieher an einem Gymnasium tätig, bevor er den Sprung wagte, sich als freier Autor und Illustrator ganz auf seine künstlerische Arbeit zu konzentrieren. Der Schritt hat sich gelohnt! Sein Werk wurde mit zahlreichen bedeutenden Auszeichnungen gewürdigt, u.a. mit dem Deutschen Jugendliteraturpreis, dem Friedrich-Rückert-Preis und dem E.T.A.-Hoffmann-Preis. Für seine Verdienste um Kunst und Bildung wurde er vom Bayerischen Staatsministerium geehrt.
Gemeinsam mit seiner Frau Nele hat Paul Maar übrigens den satirischen Weihnachtsklassiker »Hilfe, die Herdmanns kommen« von Barbara Robinson übersetzt. Auch seine eigenen Bücher sind in vielen anderen Sprachen und Ländern erschienen.

Miriam Mann wurde in Göttingen geboren, wuchs in Norddeutschland und Südafrika auf, studierte anglistische und angewandte Linguistik in Berlin und Sydney und arbeitete viele Jahre als Übersetzerin. Ihr erstes Kinderbuch erschien 2015 im ALADIN Verlag. Heute lebt sie mit ihrer Familie zwischen Berlin und Potsdam.

Antonia Michaelis wurde in Kiel geboren und ist in Augsburg aufgewachsen. Sie hat in Greifswald Medizin studiert und unter anderem in Indien, Nepal und Peru gearbeitet. Heute lebt sie mit ihrem Mann und ihren Töchtern in einem alten Haus gegenüber der Insel Usedom, wo sie zwischen Seeadlern, Reet und Brennnesseln ihre eigenen Geschichten erfindet.

Frauke Nahrgang wurde 1951 in Stadtallendorf (Hessen) geboren, wo sie aufwuchs und heute noch lebt. Sie ist ausgebildete Grundschullehrerin und kam durch ihre beiden Kinder zum Schreiben. Als sie klein waren, hat sie ihnen immer gern vorgelesen und schließlich eigene Geschichten für sie erfunden. Beim Geschichtenerfinden ist sie geblieben: Von ihr sind Kinderbuchtexte, aber auch Geschichten für Kinder ab 6 Jahren erhältlich. Ihr Hobby ist Fußball.

Christine Nöstlinger, 1936 in Wien geboren, gehört zu den erfolgreichsten Kinder- und Jugendbuchautoren der Gegenwart. Nach dem Abitur studierte sie Gebrauchsgrafik an der Akademie für Angewandte Kunst. 1970 veröffentlichte sie ihr erstes Kinderbuch, das Bilderbuch »Die feuerrote Friederike«. Heute hat sie über 100 Bücher für alle Altersgruppen herausgebracht, fantastische und realistische, immer sozial engagierte Geschichten, die in viele Sprachen übersetzt worden sind. Eine ihrer bekanntesten Figuren ist der Franz, der mit seinem Charme zum Liebling der Leseanfänger geworden ist. Als Meisterwerk ihrer fantastischen Erzählungen gilt »Konrad, das Kind aus der Konservenbüchse«. Viele ihrer Bücher wurden verfilmt, u.a. »Villa Henriette« 2004. Christine Nöstlinger, die auch als Journalistin arbeitet und Romane, Essays, Zeitungskolumnen und Lyrik schreibt, hat viele renommierte Literaturpreise erhalten. 2002 war sie – eine ganz besondere Ehre – die erste Preisträgerin des neu geschaffenen Astrid-Lindgren-Gedächtnispreises ALMA.

Alice Pantermüller wurde 1968 in Flensburg geboren. Schon während ihrer Grundschulzeit wollte sie Lehrerin oder »Buchschreiberin« werden. Tatsächlich hat sie dann erst einmal Lehramt studiert und eine Buchhändlerausbildung gemacht, bevor sie sich ganz dem Schreiben zugewandt hat.

Heute lebt sie mit ihrem Mann und zwei Söhnen in der Lüneburger Heide.

Otfried Preußler stammte aus Nordböhmen, wo seine Vorfahren seit dem 15. Jahrhundert als Glasmacher im Vorland des Iser- und Riesengebirges ansässig waren.

Er wurde am 20. Oktober 1923 als Sohn eines Lehrers im nordböhmischen Reichenberg geboren. Nach dem Krieg und fünf Jahren in sowjetischer Gefangenschaft kam er im Sommer 1949 nach Oberbayern, wohin es seine Angehörigen nach der Vertreibung aus der böhmischen Heimat verschlagen hatte. Seither lebte er in Oberbayern. Er starb am 18. Februar 2013.

Sein erstes Buch, »Der kleine Wassermann«, schrieb Otfried Preußler 1956. Damals war er noch Lehrer an einer Volksschule in Oberbayern, und wenn seine Schüler wieder einmal besonders unruhig waren, dann erzählte er ihnen Geschichten, die er später aufschrieb und veröffentlichte. Otfried Preußler hat über 35 Bücher geschrieben, die in mehr als 50 Sprachen übersetzt wurden und in über 350 Ausgaben erschienen sind, und für die er viele Preise und Auszeichnungen erhalten hat. Die weltweite Gesamtauflage seiner Bücher beträgt rund 50 Millionen Exemplare.

Katja Reider, 1960 in Goslar geboren, studierte Germanistik, Publizistik und Kommunikationswissenschaften in Göttingen. Nach einem Volontariat im Bereich Public Relations in Bonn arbeitete sie als Pressesprecherin von »Jugend forscht«, einer gesellschaftlich breit angelegten Initiative zur Förderung des wissenschaftlichen Nachwuchses. Seit der Geburt ihrer Kinder arbeitet sie als freie Autorin in Hamburg und hat sehr erfolgreich zahlreiche Kinder- und Jugendbücher veröffentlicht, die zum Teil in viele Sprachen übersetzt wurden.

Katja Richert wuchs in einem kleinen Dorf in Niedersachsen auf und unterhielt schon früh Familie, Freunde und die ganze Nachbarschaft mit ihren (nicht immer wahren) Geschichten. Später zog es sie in verschiedene Städte, wo sie zunächst Diplom-Pädagogik studierte und dann als Lektorin arbeitete. Doch irgendwann spukten so viele Ideen in ihrem Kopf herum, dass sie beschloss, selbst Autorin zu werden. Heute lebt sie mit ihrer Familie wieder in dem kleinen Dorf, wo alles begann.

Barbara Rose, geboren 1965, ist Kinder- und Jugendbuchautorin und Journalistin. Über zehn Jahre lang hat sie sich Geschichten fürs Fernsehen ausgedacht und Sendungen für Kinder und Jugendliche im Radio moderiert. Inzwischen arbeitet sie als freie Autorin und kann das tun, was ihr am meisten Spaß macht: Bücher schreiben und daraus vorlesen. Sie wohnt mit ihrem Mann und ihren vier Kindern in der Nähe von Stuttgart.

Ursel Scheffler wollte als Kind Urwaldforscher werden. Später hat sich ihr Interesse auf das Schreiben von Kinderbüchern verlagert: Über 300 Kinderbücher sind mittlerweile erschienen und in 30 verschiedene Sprachen übersetzt worden. Ursel Scheffler engagiert sich seit vielen Jahren für Leseförderung. Sie ist Botschafterin der Stiftung Lesen und hat am 11.11.11 das erfolgreiche Programm »Büchertürme« (www.büchertürme.de) initiiert.

Andrea Schütze hat in ihrer Kindheit so ziemlich alle Hobbys ausprobiert, die man sich nur vorstellen kann. Irgendwann ist sie beim Lesen geblieben und schreibt deshalb auch so gerne Bücher. Sie hat einen Gesellenbrief als Damenschneiderin, ein Diplom als Psychologin, aber kein Seepferdchenabzeichen. Mit ihrer Familie lebt sie am südlichsten Zipfel von Deutschland. Dort gibt es eine Stelle, an der man gleichzeitig in Frankreich, Deutschland und der Schweiz stehen kann – vorausgesetzt natürlich, man hat drei Beine.

Andreas Steinhöfel wurde 1962 in Battenberg geboren. Er studierte Anglistik, Amerikanistik und Medienwissenschaften in Marburg. Andreas Steinhöfel schreibt Kinder- und Jugendbücher, Drehbücher und arbeitet als Übersetzer. Sein erstes Kinderbuch, »Dirk und ich«, erschien im Jahr 1991 im Carlsen Verlag. Für seine gesamte Arbeit bis dato wurde Andreas Steinhöfel im Jahr 2009 mit dem Erich-Kästner-Preis für Literatur geehrt. Damit steht er in einer Reihe mit den Autoren Peter Rühmkorf, Loriot, Robert Gernhardt, Tomi Ungerer und Felicitas Hoppe. Im Sommersemester 2011 hatte Andreas Steinhöfel die Poetikprofessur für Kinder- und Jugendliteratur der Universität Oldenburg inne. Eine weitere Dozentur übernahm er in Verbindung mit dem Alice-Salomon-Poetik-Preis im Jahr 2013. Im selben Jahr wurde Andreas Steinhöfel auf der Frankfurter Buchmesse der Sonderpreis des Deutschen Jugendliteraturpreises für sein Gesamtwerk verliehen.

Als erster Autor, der sich im Wesentlichen mit Kinder- und Jugendliteratur beschäftigt, ist Andreas Steinhöfel seit 2016 Mitglied der Deutschen Akademie für Sprache und Dichtung. 2017 wurde Andreas Steinhöfel der James Krüss Preis für internationale Kinder- und Jugendliteratur zuerkannt.

Benjamin Tienti wurde 1981 in Esslingen geboren. Er arbeitete als Erzieher in Wohngruppen und Schulen und veröffentlichte unter Pseudonym Kurzgeschichten in Punkmagazinen. Gegenwärtig lebt der Autor in Berlin und arbeitet neben seiner schriftstellerischen Tätigkeit an einer Schule in Neukölln.

Susanne Weber, 1977 in Oldenburg geboren, studierte in Berlin Germanistik und Romanistik. Sie arbeitete einige Jahre als Lektorin in Kinderbuchverlagen, bevor sie begann, erfolgreich Kinderbücher zu schreiben. Sie lebt mit ihrem Mann und ihren beiden Söhnen in Berlin.

Renate Welsh wurde 1937 in Wien geboren. Sie studierte Englisch, Spanisch und Staatswissenschaften, arbeitete freiberuflich als Übersetzerin und ist seit 1970 Kinder- und Jugendbuchautorin. Für ihre Bücher wurde sie mehrfach ausgezeichnet, unter anderem mit dem Österreichischen Staatspreis und dem Friedrich-Bödecker-Preis. Für ihren Jugendroman »Johanna« erhielt sie 1980 den Deutschen Jugendliteraturpreis.

Elisabeth Zöller, geboren 1945, träumte schon als Kind davon, »später« zu schreiben. Zunächst wollte sie in einem anderen Beruf arbeiten, um vieles »im Kopf zu sammeln«. Sie studierte Deutsch, Französisch, Kunstgeschichte und Pädagogik in München, Lausanne und Münster. Mit dem Schreiben begann sie 1989 nach 20 Jahren als Lehrerin an verschiedenen Gymnasien. Heute hat sie ca. 50 Bücher geschrieben: schwere, leichte, reflexive und die mit dem Augenzwinkern. Ihre Bücher wurden in verschiedene Sprachen übersetzt und wurden mit vielen Preisen ausgezeichnet.

Quellenverzeichnis

Anne Ameling: **Die wahrhaft unglaubliche Reise von Mister Tiger und Edgar Kläff**
© bei der Autorin

Marliese Arold: **Ausflug mit Abenteuer**
© bei der Autorin

Margit Auer: **Eine Wohnung für den Winter**
© bei der Autorin

Martin Baltscheit: **Wenn ein Riese Kopfstand macht**
© beim Autor

Marlies Bardeli: **Nächtlicher Besuch**
© bei der Autorin

Kirsten Boie: **Ein Stier im Wohnzimmer**
© bei der Autorin

Mareike Brombacher: **Marie und die Wolkenlöwin**
© bei der Autorin

Lisa-Marie Dickreiter / Andreas Götz: **Ein turbulenter Spaziergang mit Uropa Rudi**
© bei den Autoren

Cornelia Franz: **Böse Fee, gute Fee**
© bei der Autorin

Cornelia Funke: **Rosannas großer Bruder**
© bei der Autorin

Josef Guggenmos: **Der Riese Mausbiskauz**
Aus: Josef Guggenmos, Ich will dir was verraten
© 1992 Beltz & Gelberg in der Verlagsgruppe Beltz, Weinheim Basel

Janosch: **Die Fiedelgrille und der Maulwurf**
In dieser Textfassung erstmals erschienen im Diogenes Verlag.
© Mit freundlicher Genehmigung der Janosch film & medien AG, Berlin